Rediscovery of Multilateral Diplomacy

다자외교의 재발견

윤 여 철

박영story

차례

PART 03 대한민국과 유엔

PART 04 한국인 유엔사무총장

PART 05 다자외교와 유엔의 역할

PART 06 유엔의 조직문화

PART 07 다자외교의 과제

추천사

윤여철 대사와 나는 오래전 1989년 미국 유학시절에 처음 만났다. 젊은 외교관이었던 그가 연수차 나와 같은 대학원을 다녔는데 여느 외교관과는 다른 모습이었다. 음악과 영화를 좋아하고 미국의 문화를 즐기면서 다양한 관심사를 가지고 있었다. 누구와도 잘 어울리고 상식이 풍부했던 그를 보면서 앞으로 훌륭한 외교관은 이런 사람일 것이라고 생각했었다.

내 예견은 그대로 맞아떨어졌다. 그는 지난 38년 동안 외교관으로 주요보직을 두루 거쳤고 유엔에서도 중요한 실무 경험을 쌓았다. 양자외교와 다자외교의 다양한 요직을 거치면서 한국외교의 중추적 역할을 해왔다.

그는 만날 때마다 늘 새로운 모습이었다. 항상 아이디어도 많다. 유엔에 근무할 때 뉴욕에서 만난 그는 국제기구 공무원으로서 세계평화와 번영을 향한 비전을 보여주었고, 이집트에서 한국 대사로 만난 그는 대한민국 국익을 위해 뛰는 매우 수완이 탁월한 외교관이었다. 대인관계가 좋고 외국어에 능숙한 그가 대한민국을 대표하는 외교관이라는 것은 이미 알고 있었지만, 얼마 전 그가 집필한 '이집트의 재발견'이라는 책을 읽으며 치열한 외교현장에서 일어나는 일들을 독자 바로 앞에서 느껴지게 하는 그의 글 솜씨에 새삼 감탄했다. 그런데 이번에 출간하는 '다자외교의 재발견'은 나를 더욱 놀라게 했다.

그의 풍부한 경험과 해박한 역사 지식에서 우러나오는 내공이 엿보이는 책이다. 이제 국가의 경계가 무너지고 있는 글로벌 사회에서, 이슈의 경계가 사라지고 있는 디지털 사회에서, 양자외교와 다자외교의 경계도 다시 설정되어야 한다. 다자외교와 양자외교의 경험을 모두 갖춘 그는 양자외교와 다자외교가 접목하는 지점을 명확히 파악하고 있는 것으로 보인다.

외교관이 아닌 학자로서 국제무대에서 다양한 사안을 마주하고, 특히 국제 인권 분야에서 일을 하는 나로서는 우리 국민들, 특히 젊은이들이 보다 폭넓은 시각으로 국제문제를 바라볼 수 있어야 한다고 생각해 왔다. 그러한 측면에서 윤 대사는 현재의 국제질서의 근원과 양자외교에서 다자외교가 파생되는 과정을 조명하고, 한편 국제정세와 함께 유엔의 역할이 어떻게 진화해 왔는지를 알기 쉽게 풀어주고 있다. 아울러 그는 다자무대에서는 주로 어떠한 사안이 어떠한 방식으로 다루어지는지를, 왜 유엔과 같은 국제기구는 개별국가와 다른 역할을 할 수 있는지를 본인이 겪은 사례를 들어 전달해 주고 있다.

이 책은 아울러 양자외교의 중요성을 명확히 인식하면서도 한국의 미래에 다자외교가 어떻게 추진되어야 하는지 혜안을 담고 있다. 앞으로 외교관을 꿈꾸거나 국제기구에 진출하고자 하는 젊은이들에게는 필독서라고 생각하면서 이 책을 추천하고자 한다.

서창록
고려대학교 국제대학원 교수
(유엔 시민적 정치적 권리위원회 위원,
전 유엔 인권이사회 자문위원회 위원)

들어가는 글: 왜 다자외교인가?

보통 외교방식을 양자외교와 다자외교로 나눈다. 그런데 다자외교가 단순히 두 나라 이상이 모여서 논의하는 것으로 이해하는 분들이 생각보다 많았다. 아무래도 바로잡아야 하겠다는 생각이 들었다. 그래도 전문집단인 외교부에서는 다자외교 하면 유엔과 제네바를, 그리고 그곳의 회의에서 논하는 수많은 의제를 떠올린다. 심지어 일부 직원들은 다자외교파로 분류되기도 한다.

나는 외교부에서 양자와 다자외교의 경험을 골고루 해 본 경우에 속한다. 주미국, 코트디부아르, 이집트 대사관 등 공관 근무, 국내적으로 북미과, 남미과, 서부아프리카과, 동남아과 등 지역부서에서 양자외교 업무를 다루어왔고, 주유엔 대표부, 유엔총회 의장실, 유엔 사무총장실 및 본부 유엔과 근무를 통하여 다자외교 업무를 경험하였다. 나의 38년 외교관 생활 중에 군 복무, 해외 유학, 의전 및 비서실 근무 등을 제외하면 양자에 17년, 다자에 12년을 투입한 것이다.

일단 외교관들은 외교의 기본이라 할 수 있는 양자외교를 중심으로 훈련을 받고 공관도 양자 공관이 훨씬 많아, 대부분 외교관이 양자 공관에서 근무 경험을 쌓는다. 우리나라와 세계 각국과의 양자 관계를 긴밀하게 하고 양국의 국익을 호혜적으로 극대화하는 것은 외교의 기본이다. 때로는 친하지 않은 나라와도 공동 이익을 발견하고 확대하면서, 한편으로는 그 나라의 동향을 주시하는 가운데 그 나라가 우리에게 줄 수 있는 피해를 최소화하는 노력도 필요하다.

다자외교는 양자외교의 연장선에 있으나 역사적 관점에서 볼 때 한층 더 진화된 외교 형태이다. 국제관계가 긴밀해지고 기능적으로 세계화가 진행되면서 양자외교로 다 충족되지 않는 외교 수요를 해소하기 위하여 자연스럽게 발생한 것이다. 앞으로도 양자외교는 외교의 기본을 이루겠지만 특정 국가를 넘어선 인류 전체의 새로운 문제들을 다루어 나가는 다자외교의 형태는 계속 발전해 나가면서 그 범위를 넓혀 나갈 것으로 보인다.

한국의 경우, 한미동맹을 근간으로 한반도의 평화와 안정을 유지한다는 목표 아래 대미 외교와 주변국 위주의 4강 외교가 외교의 중심을 이루고 있다. 그러나 다른 면에서 보면, 대한민국의 탄생 과정에서 (물론 미국이 이끌었던) 유엔이 있었고 그 이전에 연합국 열강의 카이로 선언으로 한민족의 자유와 독립을 약속했던 것을 돌이켜 보면, 우리나라의 운명에 다자외교가 미친 영향도 상당하다는 것을 새삼 깨닫게 된다. 냉전 시대의 산물이기도 하지만 남북한이 한반도에서의 정통성을 인정받기 위하여 유엔이라는 무대에서 오랜 세월 대결을 벌여야 했으며, 결국은 우리의 지혜로운 북방정책의 결과로 남북한 유엔 동시 가입이 이루어진 기억도 우리 모두에게 다자외교 무대의 중요성을 상기해줄 것이다.

한반도의 항구적 평화를 확보하고 나아가 우리 민족의 궁극적 통일과 공동번영을 구축하는 일은 우리 외교의 지상 명제이다. 이는 한미동맹을 중심으로 주변국의 이해와 협조를 통하여 추진해 나갈 일이기도 하지만, 다자외교 무대에서 우리의 위치와 발언권을 확보하고 우리 입장을 전파해 나가는 준비작업도 못지않게 중요하다. 그러나 대한민국이 국제사회에서 차지하는 위치는 한반도의 평화 유지와 통일 달성을 초월하는 관점을 요구한다. 어느 미국 전문가가 한국이 '한반도 분단의 극복'이라는 과제에 묶여 자신의 잠재력만큼 외교적 상상력을 발휘하지 못한다고 지적하는 것을 신선한 충격으로 받아들인 바 있다. 단순한 인구나 면적 기준으로는 안보리 상임이사국 같은 강대국은 아니지만, 산업화와 민주화에 모두 성공한 신화를 배경으로 세계 10위권의 경제력에 첨단산업에 두각을 나타내고 많은 우수한 인력을 갖춘 우리나라는 글로벌 무대에서 스마트한 '미들파워'로서 다자무대에서 두각을 나타낼 소지가 많다. 우리로서는 국제사회의 당면과제에 대한 성원들의 토론에 적극 참여하고 국제사회에 대한 기여를 축적해 나가는 동시에 우리의 실력을 배양하면서, 우리의 국격을 높이고 국익을 극대화하는 일을 다자외교 현장에서 꾸준히 해나가야 할 것이다.

나 자신 다자외교의 현장에서 근무하면서 한승수 당시 외교통상부 장관의 제56차 유엔총회 의장 업무를 보좌하고, 주유엔 한국대표부에서 북한의 핵실험에 대한 유엔에서의 대응을 준비하고 반기문 장관의 유엔사무총장 진출을 지원한 뒤, 유엔사무국에서 반기문 총장을 보좌하면서 유엔의 각종 주요사안을 엿본 당사자로서 다자외교의 중요성과 매력을 직접 경험하였다. 이러한 소중한 경험과 시각을 후배들 및 독자들과 나눠야 하지 않겠는가 하는 생각이 들었다.

그러한 차원에서 다자외교가 무엇인지 그 진화과정과 역사를 뒤돌아본 후, 그 작동과정을 반기문 총장의 활동과 유엔사무국에서 내가 직접 관찰하고 경험한 바를 곁들여서 우리 일반 독자들이 쉽게 이해하도록 설명을 시도하고 그것이 우리나라에 갖는 의미는 무엇인지를 함께 생각해 보고자 하는 방향으로 이 책을 준비하게 되었다.

고려대학교 서창록 교수, 연세대학교 정태용 교수는 이 책의 초안을 읽어보고 많은 조언을 주셨고 피와이메이트의 노현 대표와 전채린 차장도 이 책이 나오는 과정에 많은 도움을 주셨다.

우리 정부도 다자외교를 보다 적극적으로 활용하면서 우리 외교의 지평을 넓히고 우리 동료 외교관들도 다자외교에 더욱 관심을 가지고 근무하는 기회를 마련하기를 바란다. 아울러 이 책을 통한 이해를 바탕으로 우리 정부의 다자외교 현장에서의 노력에 대한 우리 국민의 보다 큰 지지와 성원이 있기를 기대해 본다.

2022년 8월

윤여철

PART
01

다자외교의 역사

01

다자외교의 역사

1 국제사회의 기본 구조

오늘날의 세계는 다양한 문화권이 어우러져 하나의 세계를 이루고 살아가고 있다. 그러나 우리가 항상 그렇게 살았던 것은 아니다. 한때 동양과 서양은 각자의 생활권을 이루고 각자의 생활양식을 유지하였고 서로의 접촉은 가끔 특산물의 교역을 위한 수준에서 유지될 정도였다.

그러나 18세기 이후 산업혁명과 과학기술의 발달과 함께 유럽 각국이 사방으로 뻗어나가 사실상 전 세계를 제패하면서 다른 국가에 그들의 생활양식과 사고방식을 전파하게 되었다. 특히 그들에게 지배를 당하거나 위협을 받은 국가들은 서둘러서 그들의 우월함의 근원이 무엇인지 파악하고 그것을 도입하고자 노력하였다. 그리하여 중국은 아편전쟁 이후 중국을 개혁하는 방식으로 자국의 전통과 서구의 기술을 접합하는 '동도서기' 같은 방식으로 접근하기도 하고 일본은 메이지유신 이후 서구 각국의 제도를 배우기 위하여 이와쿠라 유람단 같은 방식으로 현지로 가서 배워 오는 노력도 경주하였다.

서두에서부터 동양의 서양을 배우려는 노력을 새삼스럽게 나열하는 이유는 우리가 지금도 그 연장선 속에 살고 있기 때문이다. 우리는 기독교 사상에 바탕을 둔 서양의 서력기원으로 연도를 세고 있고 우리의 달력도 성경의 일주일에 바탕을 둔 7일 한 주일을 중심으로 구성되어 일주일에 한 번 토요일과 일요일을 쉬는 주말이라는 시간을 갖는 것도 그들의 전통을 그대로 도입하여 표준화하였기 때문이다. 나아가 인터넷이나 스마트폰 같은 최신 기술이야 세계가 공유하는 것이라 하더라도 양복이라고 부르는 우리의 복장을 포함하여 우리가 당연시하는 생활의 구석구석이 결국은 유럽식이 세계화의 표준이 된 결과이다. '동도서기'라고 애써서 부르기는 하지만 결국 그보다는 '서세동점'이 계속되는 것이다.

이것은 국제체제에 관해서도 마찬가지이다. 유럽에서 구축된 국제 질서가 현재 세계에 적용되고 있기 때문이다. 일본이 서구열강에 당하는 중국을 보면서 시급하게 연구한 것이 '만국공법'이라고 알려져 있다. 그 만국공법은 정말로 모든 나라에 적용되던 법이 아니라 바로 유럽 국가들이 수백 년간의 전쟁과 협력을 포함한 상호작용을 통하여 성립한, 동등한 국가 간의 행동을 규율한 '국제법'이었다. 물론 초기의 불평등조약들은 시정되었고 국제법은 진정한 의미의 만국공법이 되어있다. 중국을 중심으로 한 비대칭적인 조공 질서를 유지해온 중국과 주변국들은 (그리고 그 질서에서 분리되어 있던 일본 또한) 당시 그러한 규율의 필요성을 느낄 이유가 없었으나 어느새 동양까지 진출하여 위세를 떨치던 그들의 게임의 규칙을 따르게 된 것이다.

그것은 지금은 우리가 국제법의 기본 원칙이라 할 정도로 당연시하는 주권평등의 원칙이나 국내문제 불간섭 원칙과 같이 국가의 대소와 관계없이 다수 국가가 일정한 권리를 인정받고 그러한 준칙에 따라 행동하기를 기대하는 체제로서, 국제사회에서 행위자로서 동등한 다수의 국가가 중심이 되는 국제 질서(multi-state system)를 의미한다.

2 서구의 외교 양식

근대 국제관계의 기초는 1648년의 베스트팔렌 조약이다. 이 조약은 마틴 루터 종교개혁의 결과로 생겨난 신교도들과 기존 구교도들 간의 투쟁으로 유럽 전역, 특히 도시로 나뉘어 있던 독일 지역이 큰 피해를 본 30년 전쟁을 종결하면서 체결되었다. 이 조약은 결국 각 지역의 제후들에게 자기 지역의 종교를 선택할 권리를 부여하고 네덜란드, 스위스 및 이탈리아 도시들을 독립시키면서 유럽 각국 사이의 국경을 획정하였다. 그러나 이 조약의 가장 큰 의미는 유럽의 대소 각국이 주권을 동등하게 인정받고 자기 영토 내에서 모든 것을 결정할 수 있는 '주권불가침'의 원칙이 확립되었고 이로부터 국내문제 불간섭 및 주권평등의 원칙 등이 설정되었다는 것이다.

우리가 현재 살고 있는 세계는 베스트팔렌 체제를 바탕으로 각국이 자기 영토 내에서 주권을 행사하고 타국은 이를 인정하는 방식을 여전히 유지하고 있다. 이러한 서구의 체제는 19세기에 이르러 동서양의 만남을 통해서 전 세계에 적용된다.

보통 국제사회와 국내 사회의 가장 큰 차이점은 주권sovereignty으로 구별된다. 주권이라는 말은 최고결정권의 의미인데, 단일 국가 내에는 전통적으로 내려오는 군주가 있거나, 선거를 통하여 주권을 행사하는 국민으로부터 임무를 부여받은 정부가 국가 내의 가장 높은 권한을 행사한다. 국가는 국민을 보호하고 각종 서비스를 제공하기도 하지만, 국민에 대해 각종 의무를 부과하는 권위를 가지고 있고 이는 그 권한이 미치는 영토 내에서는 아무도 대항하지 못하는 권력이다. 반면, 국제사회에는 국가가 국민을 위해 수행하는 것과 같은

베스트팔렌 조약

역할을 담당한 주체가 없다. 즉, 국제사회의 구성원인 국가를 능가하는 권위를 가진 행위자가 없다는 말이다. 따라서 국제사회의 질서는 오랜 기간 내려온 각종 관습이 국제법이라는 형태로 인정받거나 특정 사안에 대한 국가 간의 '합의'에 의해 이루어진다. 즉, 국가는 스스로 동의한 범위에 한해서만 구속되고 해당 국가의 의사에 반하여 그 국가를 억누를 권위는 없다는 것이 서양 국제관계의 기본 원칙인 것이다.

유럽에서는 이러한 기초 위에 국가 간에 서로 외교사절을 교환하여 자국 국가원수sovereign의 뜻을 전달하고 이 사절은 자기가 주재하고 있는 나라(국가원수)의 입장을 받아서 본국에 보고하는 고전적인 체제가 발달하였다. 이러한 외교사절의 교환은 르네상스 시대 이탈리아 도시국가에서 시작되었고 국가가 형성된 이후 유럽 각국 간에도 사용되었다. 적어도 형식적으로는 동등한 주권과 각종 권리를 인정받는 다수의 국가로 구성된 유럽은 국가 간의 접촉이 지속되는 과정에서 한 국가가 해결하기 어려운, 즉 다수의 국가가 공동으로 해결해야 할 문제들이 발생하고 이러한 문제의 해법을 위한 제도적 틀의 필요가 발생하게 된다.

국가가 양자 간에 해결하기 어렵고 여러 국가가 동시에 참여하여 해결해야 할 문제는 두 가지 상황에서 발생한다. 하나는 자연스러운 과학의 발전과 교통통신 발달의 결과, 여러 나라에 걸친 시스템의 구축이나 거기 수반되는 기술적인 문제들을 통일하는 노력이다. 다른 하나는 대격변이 한 나라를 넘어서 여러 나라에 심각한 영향을 미친 결과 여러 당사자가 모여 앉아 그 결과를 정리하고 새로운 질서를 마련해야 할 경우이다.

3 다자외교의 발생과 진화단계

(1) 다수 국가의 협의

다자외교는 문자 그대로 이해하면, 3개 이상의 국가가 동시에 참여하는 형태의 외교를 의미한다. 이 경우 협의 방식은 양국이 마주 보는 회담의 형태가 아니라 다수 국가의 대표가 돌아가면서 발언하고 조율해 나가는 회의 형태가 되기 마련이다. 19세기의 유럽 정세를 관리하기 위해 강대국들이 모여앉아 논의하던 '유럽협의체Concert of Europe'가 바로 그것이다.

프랑스대혁명 이후 나폴레옹이 이끄는 국민군은 유럽대륙 전체를 휩쓸었다. 자유·평등·박애의 정신과 애국심으로 무장한 프랑스 국민군은 대부분이 용병이거나 직업 군인을 쓰던 다른 유럽 국가의 군대와 달랐고, 신출귀몰한 전략의 맹장 나폴레옹의 지휘하에 유럽 각국의 연합군을 격파하고 굴복시키면서 많은 군주를 떨게 하였다. 다만, 그의 교만과 지나친 전선의 확대는 러시아에서 대패를 가져오고 프랑스 대군Grande Armée은 극소수 패잔병만 살아남아 프랑스로 귀환하게 되었다. 이때 유럽 각국의 정상 또는 외교장관이 1812년부터 비엔나에 모여앉아 나폴레옹 전쟁 이후의 질서를 어떻게 구축할 것이며 어느 지역을 어느 나라에 귀속시키는가 하는 사항을 논의하였다. 이것이 비엔나 국제회의Congress of Vienna로서 프랑스 대혁명과 나폴레옹 전쟁이라는 대격변의 여파를 정리하는 논의의 장이었다. 이 회의는 개최국 오스트리아의 메테르니히 재상의 주도하에 영국, 프로이센, 러시아, 프랑스 등 대표들이 모여앉아 서로가 가져갈 또는 빼앗길 영토와 권리에 대한 토의를 오래 가졌는데, 당시 진전이 없이 끝없는 논의가 이어지는 모습을 그린 "회의는 춤춘다, 그러나 앞으로 나아가지 않는다La conference danse, mais ne marche pas"라는 유명한 표현을 남기기도 하였다. 이때 오스트리아 합스부르크 왕가를 대신한 메테르니히는 유럽 각국 군주의 정통성을 기반으로 구질서를 회복하고자 하였고, 영국의 캐슬레이 외교장관은 유럽 본토 전체가 어느 한 나라의 지배에 속하지 않도록 하는 영국의 고전적인 세력균형 정책을 추구하면서, 이 두 사람은 비엔나 회의를 주도하는 양대 기둥의 역할을 하였다. 이 회의는 한동안 말만 많고 지지부진하다가 프랑스 패잔병을 추격하는 러시아 기마병들이 파리로 진격한다는 소식에 서둘러 결론을 냈다고 한다. 사실상 오스트리아와 영국은 프랑스 격파 이후 유럽의 논의에 참여하게 된 거대한 강국 러시아의 팽창을 견제하는데 공통의 이익을 발견하고 비엔나 회의 이후에는 이를 위한 협업에 집중하였다.

비엔나 회의와 유럽협의체의 탄생

이러한 과정을 통해 탄생한 유럽협의체는 19세기 후반까지 30회의 회합을 거듭하면서 유럽 각지에서 일어나는 크고 작은 분쟁을 거의 모든 나라가 참여하여 논의하면서 각종 불안 요소를 해소하는 역할을 하였다. 1856년의 파리회의, 1870년과 1912년의 런던회의, 1878년과 1884년의 베를린회의, 1906년의 알헤시라스회의 등 국제회의는 비엔나회의 모델의 연장선상에서 이루어졌다. 그 결과 이 협의체는 19세기 유럽이 큰 전쟁 없이 내부적으로는 산업혁명과 과학기술 발전을, 대외적으로는 제국주의 팽창정책을 추진하는 안정된 기반을 제공하였다. 비스마르크가 부국강병책과 천재적인 외교술로 1871년 독일의 통일을 달성하고 1890년 은퇴한 후, 젊은 카이저 빌헬름 2세가 조심성 없이 국력 팽창을 추진한 결과 제1차 세계대전을 맞이하게 되기 전까지는 말이다.

이러한 비엔나회의의 논의과정과 상반된 동기에서 비롯된 메테르니히와 캐슬레이의 협업을 조망한 글이 미국 키신저 국무장관의 하버드대 박사학위 논문이었고, 이 논문은 뒤에 "A World Restored"라는 책으로 출판되었다. 우리 국내에서도 외교부 박용민 대사의 번역으로 "회복된 세계"라는 제목으로 출간된 바 있다.[1]

(2) 국제회의의 정기 개최와 상설기구화

한편 회의체의 다자외교의 형태가 국제사회에서 자리 잡기 위해서는 회의를 계속 정기적으로 개최하는 합의를 이루고, 이 회의를 준비하고 운영하는 전문 직업군이 필요하다. 회의의 상설 또는 정기 개최는 초기단계의 국제기구의 설립과 보다 발달된 형태의 다자외교의

1 헨리 키신저(2014), '헨리 키신저의 회복된 세계, 북앤피플.

등장을 가져온다.

20세기로 들어오면서 이러한 다자외교의 진화를 가져온 체제가 우리에게는 이준 열사가 참석하여 일본의 침탈을 고발한 무대로 알려진, 1899년과 1907년에 개최한 '헤이그평화회의Hague Peace Conference'이다. 특히 1907년 회의는 기존의 국제회의가 유럽 국가 위주로 추진되어 오던 관례와 달리 다수의 남미 국가를 포함하여 1899년의 26개국에 비해 44개국이 참여하여 보편성 원칙에 더 근접하였으며, 당시 유럽의 강대국 중심 진행에서 더 나아가 신생 소국들이 동등한 자격으로 참석하는 성과를 거두었다. 또한 헤이그 회의는 당장 전쟁이나 지역분쟁 같은 구체적 문제가 발생한 데 대한 대응으로서 개최된 것이 아니라, 평시에 평화를 진흥하는 방안을 모색하고자 국제법의 법제화나 국제상설중재재판소의 설립 등 분쟁의 평화적 해결방식을 구축하는 노력을 기울이고 회의의 정례 개최를 추진하여 국제회의의 제도화와 체계화에 기여한 것으로 평가받는다. 1차와 2차 회의가 8년의 간격을 둔 것처럼 1915년에 3차 회의를 개최하기를 희망하였으나 아쉽게도 제1차 세계대전의 발발로 더 이상 이어지지 못한다.

한편, 과학기술의 발달로 국가 간 경제, 사회, 문화적 연계성이 증대하자 비정치 분야의 기능적 기구들이 생기기 시작하였다. 여기에는 유럽 여러 국가를 지나는 하천의 관리를 위한 기구에서부터 국제전신연맹(1868), 만국우편연합(1875) 등이 속한다. 이들 기구는 동일한 시스템을 사용하는 각국 정부에 대한 서비스를 제공하는 역할을 하면서 이를 담당할 상설 사무국을 설치하게 된다. 이들 기구는 전체 회원국이 모여 토론하고 의결하는 총회, 그리고 총회가 개최되지 않는 기간 중 이들의 위임을 받아 운영을 담당하는 이사회를 설치하여, 총회, 이사회, 사무국의 구조를 도입하는 전례를 구성한다.

(3) 국제기구 중심의 다자외교: 주권의 제한

상설화된 국제기구는 국제사회의 총의를 모아서 행동하기는 하지만, 그 과정에서 어느 국가의 주권도 무시하지 못한다. 주권의 정의상, 주권을 가진 어느 국가도 자신이 동의하지 않는 결정에 구속되지 않기 때문이다. 두 차례에 걸친 세계대전 경험의 결과, 침략자에 대한 국제사회의 대응에 있어 보다 신속하고 단호한 결정이 필요하다는 시각이 대두한다. 이에 따라 다수결에서 소수의견에 속하는 국가는 자국이 선택하지 않은 다수파의 의견을 국제사회의 뜻으로 받아들여야 하는 상황이 발생하게 된다. 이는 절대불가침의 주권의 개념에 처음으로 제약이 가해지는 단계에 다다르면서 국제기구의 권능이 강화되는 모습을 시현하게 된다. 물론 강대국의 뜻에 따라 정해진 규칙이 일반 국가에 대해서 강제되는 성격이 강한데, 이는 15개 이사국이 결정한 유엔안보리 결의가 유엔회원국 전원에게 구속력이 있다는 사실에서 확인할 수 있다.

한편, 우리나라에서는 다자외교라고 하면 대부분 숫자가 둘 이상이면 무조건 다자외교라는 개념을 적용하는 성향이 있는데, 현대외교에서 다자외교는 바로 이런 국제기구라는 무대에서 세계의 회원국이 모두 참여하는 회의체로 운영하면서 각국의 입장을 공개적으로 발표하고 투표를 통하여 우열을 가리는 과정을 의미한다. 물론 이 다자무대는 전쟁과 평화의 문제뿐 아니라 경제사회적 기능적 문제도 다루는데, 세계 각국의 다양한 견해를 청취하고 최선의 공통방안을 도출하는 매우 중요한 기능을 하고 있다. 21세기 유엔의 가장 대표적인 업적인 지속가능개발목표SDGs의 채택과 기후변화에 대한 국제사회의 대응을 결집한 파리 기후협약 체결이 그 대표적인 사례이다.

그러한 의미에서 한반도 주변의 4강을 참여시키는 6자회담 같은 형태는 다자외교라고 부르기는 적절치 않은데, 우리 언론은 이러한 형태도 다자외교라고 하여 오해를 낳기도 한다. 한편, 이러한 차이점을 해소하는 차원에서 보편적인 회원국이 아닌, 일부 한정된 숫자의 참가자가 있는 외교 형태를 이르는 '소다자'라는 표현이 새로 등장하여 사용되고 있다. 한국 정부가 한때 지향하던 멕시코, 인도네시아, 한국, 터키, 호주 등 5개 중견국 간의 포럼인 MIKTA도 대표적인 소다자 외교의 사례에 속한다.

4 제1차 세계대전과 새로운 외교방식의 도입

독일 통일을 달성한 철혈 재상 비스마르크

독일은 1871년 숙원인 통일을 달성하고 유럽 본토 최강의 국가로 등장하지만, 통일 과정에서 외교와 무력을 과감하게 배합하여 활용하던 비스마르크는 이번에는 독일의 평화와 안전을 수호하기 위하여 이번에는 조심스러운 외교를 수행한다. 그러나 그를 중용하던 카이저 빌헬름 1세 서거 이후 즉위한 급한 성격의 젊은 빌헬름 2세와는 충돌이 잦아 비스마르크는 1890년 자리에서 물러나게 된다. 19세기 제국주의의 선도국으로 먼저 해외에 막대한 영토와 자원을 확보한 영국과 프랑스에 후발주자 독일이 도전하면서 각지에서 충돌이 발생한다. 유럽은 점차 양대 세력이 대치하게 되는데 독일, 오스트리아, 이탈리아의 삼국동맹Triple Alliance과 영국, 프랑스, 러시아의 삼국협상Triple Entente이 그것이다.

사실상 인척관계에 있던 당시 군주들[2]이 일부러 전쟁을 일으킬 생각은 아니었으나, 과학기술 발달과 이성의 시대에 각국의 군사전문가들이 전쟁 대비태세를 정교하게 갖춘 결과, 후일 '심판 날의 장치Doomsday Machine'라고 불리는 군비확장, 무기 고도화, 동원령 실시 계획, 군사력 수송체제가 확립된다. 그 결과 1914년 7월 '사라예보의 총성'이라고 불리는 세르비아 청년의 오스트리아 황태자 암살이 도화선이 되어 오스트리아와 세르비아의 전쟁에 오스트리아의 동맹국 독일과 슬라브 민족의 수호자 러시아, 그리고 러시아의 동맹 프랑스가

2 영국, 러시아, 독일의 군주들은 모두 할머니가 영국의 빅토리아 여왕이었다.

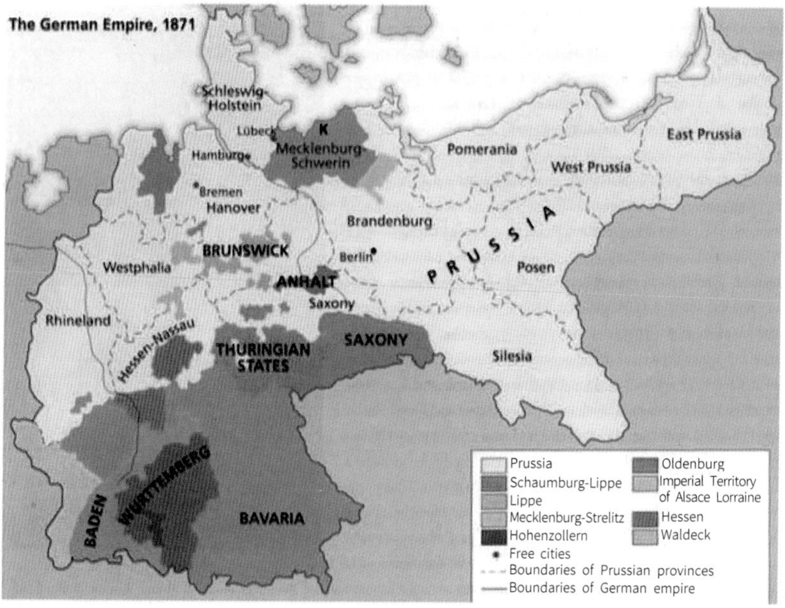

통일 이전의 독일

휘말려 들어가면서 각국의 전쟁 준비 매뉴얼에 따른 총동원과 선전포고가 돌이킬 겨를도 없이 이어지고 당시로서는 전대미문의 규모인 1차 세계대전이 발발한다. 이렇게 자기도 모르게 전쟁에 빠지는 과정을 후일 역사가들은 몽유병 환자sleepwalkers라고 표현하면서 분석하기도 하였다. 그전까지는 유럽에서의 전쟁은 제한적인 공격을 하다가 일정한 목표가 달성되면 공격을 중단하고 평화협상을 하는 '제한전'이었는데 제1차 세계대전은 국가의 모든 힘을 동원한 전면전total war에 서로 인적, 물적 자원이 동이 날 때까지 싸우는 소모전war of attrition이었다. 참호를 파고 지루한 포격전을 펼치면서 수많은 젊은 이들이 죽어나갔다.[3] 서구에서는 제2차 세계대전이 나기 전까지는 유

3 철조망과 참호를 넘어서서 전투를 하기 위해 발명된 무기가 탱크였다.

인척간인 러시아, 영국, 독일의 군주들과 참호전 속의 병사들

사 이래 가장 큰 전쟁이 된 제1차 세계대전을 '대전쟁The Great War'라고 불렀다. 전쟁의 결과 독일, 러시아, 그리고 오스트리아의 3개의 제국이 망하고 공화국이 들어선다. 러시아는 승전국인 영국, 프랑스 편이었으나 1917년 11월 레닌이 주도하는 공산혁명이 일어나 로마노프 왕조가 망하고 새로 성립된 소련은 독일과 많은 영토를 잃는 굴욕적인 브레스트-리토프스크 강화조약을 맺고 전쟁에서 일단 빠져나온다.

이제 세계대전에 유럽 밖의 국가가 참여하여 균형을 뒤흔들게 되니, 유럽의 사악한 국가들의 싸움에 휘말리지 말고자 고립주의를 오랫동안 유지해온 미국의 참전이다. 전쟁 후반기에 참전한 미국은 결정적인 무게를 실어서 영국·프랑스와의 연합군이 승리하게 한 후 강력한 발언권을 가지게 된다. 당시 전후 처리를 위한 파리 강화회의에 참석하는 미국의 윌슨 대통령은 구세계 유럽 지도자들의 외교방식에 문제가 있었다고 지적하면서 새로운 방식의 외교를 제안한다. 미국은 자유를 찾아 구대륙인 유럽을 떠난 청교도들이 신대륙에 세운 나라가 아닌가? 따라서 미국은 유럽적인 것을 구악으로 보는 경향

파리 평화회의에 참석하는 프랑스 클레망소 대통령, 미국 윌슨 대통령, 영국 로이드 총리

이 강했다. 이 전쟁을 겪은 후의 반응도 사상 최대의 전쟁이 일어난 이유가 유럽의 강국들이 구시대적인 비밀 외교를 통하여 자국 또는 왕조의 이익을 극대화하고자 국민의 동의 없이 비도덕적인 야합을 거듭한 결과라는 것이었다. 이에 따라 윌슨 대통령은 새로운 형태의 외교방식을 제안하게 되는데 이것이 현재도 사용되고 있는 새로운 국제기구/회의체 다자외교 방식이다.

윌슨 대통령은 소위 '밀실 외교'라고 불리는 구시대의 외교와 선을 긋고 각국의 대표들이 모두 모여서 당대의 문제들을 공개적으로 토론하여 민주적인 방식으로 해답을 구하는 방식을 제안한다. 새로운 방식은 ① 모든 나라가 동등하게 참여하여 공개적인 토론을 갖고 이에 반응하는 국제여론에 기초하여 결정을 내리고 ② 평화를 깨뜨리거나 위협하는 국가는 모든 회원국의 적으로 규정하고 규탄하고 제재를 가하는 집단안보의 개념을 도입하고 ③ 이러한 과정을 뒷받침하는 행정적 지원을 제공하기 위하여 상설기구를 설치하자는 것인데 그 결과 국제연맹League of Nations이라는 상설기구를 1920년에 창설하여 스위스 제네바에 본부를 두게 된다.

5 새로운 외교방식: 국제연맹의 첫 경험

국제연맹은 국제사회가 최초로 탄생시킨 본격적인 국제기구로서, 보편적인 회원국 구성을 바탕으로 공개적인 토론을 통하여 각국 입장을 교환하고 주요 결정을 내리며, 회원국 간의 모든 분쟁을 평화적으로 해결할 것을 규정하고, 평화를 파괴하거나 위협하는 국가는 모든 회원국의 적으로 삼고 회원국 전체가 제재를 가하는 새로운 실험을 하게 된다.

(1) 국제연맹의 설립

제1차 세계대전을 전후하여 세계 평화를 관장하는 국제기구 설립의 필요성을 주장하는 목소리가 영국과 프랑스에서도 나왔지만, 결정적인 목소리는 미국의 윌슨 대통령이었다. 그는 1917년 4월 미국의 참전을 선언하는 의회 연설에서 미국 참전의 목적이 '자유로운 각국 국민 간의 협력concert of free peoples'과 모든 국가에 평화와 안전을 가져오고 세계를 자유롭게 하는 체제의 설립이라고 정의하였고, 1919년 파리회의에서의 유명한 14개 조항 연설에서는 '국가 간의 일반적인 연합a general association of nations'을 설립할 의지를 피력하였다.

국제연맹 헌장Covenant의 초안은 파리회의에서 설치한 특별위원회에서 검토하였고 여기에는 미국, 영국, 프랑스, 이탈리아, 일본의 5개 강대국을 비롯한 10여 개국이 포함되었으나 사실상 헌장의 성안은 미국과 영국이 주도하였다. 1919년 4월에 제출된 초안은 파리 조약의 일부로서 채택되고 1920년 1월에 발효되었다.

제1차 국제연맹 회의

연맹의 중추기관은 이사회Council였는데 이는 19세기 유럽의 평화를 지킨 유럽협의체를 현대판으로 되살려서 제도적 틀과 권위를 부여하고 강대국과 중소국이 적절히 배합된 이사국들로 구성하였다. 총회Assembly는 헤이그평화회의의 연장선상에서 일반 회원국들이 모두 참여하여 정기적인 회의를 통하여 일반적인 토의를 하도록 하였다. 그간 각종 기능적 국제기구들의 경험이 축적되어 이들 이사회와 총회의 회의 개최를 지원할 사무국이 설치되었고, 사법기구로서 국제상설사법재판소Permanent Court of International Justice가, 그 전부터 설치되었던 국제노동기구ILO도 연맹과 연결되었다.

(2) 국제연맹의 새로운 구상

모든 국가가 참여하여 모든 사안을 다루는 최초의 보편적 국제기구로 등장한 국제연맹은 그동안 진행되던 국제기구들의 진화과정을 대부분 반영한 결과이기도 하지만, 당시로서는 새로운 구상을 도입하여 획기적인 의미를 가진 것으로 평가되었다.

우선 국제연맹은 19세기를 통하여 누적된 서구의 자유민주주의적 이상이 윌슨의 제안을 통하여 구현된 것이며, 이러한 민주주의와 자결권과 같은 요소들은 국제사회에서 무력 분쟁을 방지하는 주요 요소로 간주되었다. 또한 윌슨 대통령의 주장과 같이 일반 국민이 전쟁과 평화의 문제에 결정권을 갖도록 하고자, 분쟁당사자의 입장을 공개적으로 토론하여 국제여론이 형성되도록 하였다.

제1차 세계대전은 강대국들이 당초에는 의도치 않았으나 예기치 못한 상황이 연속되어 큰 전쟁으로 이어졌다는 반성(소위 Accidental War)으로 국가 간의 대화와 협력을 장려하는 분위기가 조성되고 국제연맹이 분쟁의 평화적 해결을 위한 각종 장치를 마련하는 데 역점을 두게 하였다. 즉, 분쟁 당사국들은 냉각기를 가지고 사실 확인을 하면서 오해를 풀고, 무력에 의존하지 않고 상호타협을 통한 우호적인 해결 방안을 모색하도록 한 것이다.

한편 국제연맹은 유럽 각국이 밀실 외교를 통하여 추구하던 고전적인 세력균형 외교가 국가들을 진영으로 나누어 대립하게 만들어 결국 전쟁의 원인을 제공하였다고 보고, 세력균형 방식을 대체할 새로운 틀인 집단안보 체제를 도입하기로 한다. 즉, 회원국 간에 분쟁의 평화적 해결 노력이 실패하여 일방의 타방에 대한 침략이 발생할 경우, 회원국 전체가 단합하여 침략자를 외교적 고립, 경제제재 또는 군사적 제재에 이르는 방식으로 단죄한다는 것이다. 모든 회원국이 각자의 의무를 수용하여 이와 같은 집단안보 체제가 확립되어 있으면, 잠재적 침략자는 압도적인 국제사회의 압력에 저항할 엄두를 내지 못하고 침략의 성공 가능성을 낮게 판단하고 실제로 대치 상태에 가기도 전에 침략을 포기할 것이라는 억지 효과도 이 구상은 기대하고 있다.

(3) 국제연맹의 한계

국제연맹은 전쟁을 방지하고자 하는 원대한 목표를 가진 보편적 국제기구로서 처음 시도해본 경우여서 당초 예상치 못한 허점도 많이 드러났다. 국제연맹의 의사결정은 회원국 전체의 동의를 통해서 이루어졌는데 이는 신속한 결정이 불가능하게 만들어 적시에 효과적인 조치가 어렵게 만들었다. 이는 또한 당시 국제기구의 발달 단계가 회원국이 동의하지 않은 결정을 따를 의무가 없는 상태, 즉 회원국의 주권에 제한을 가할 수준에 도달하지 못하였음을 보여준다. 누군가에 대한 침략은 모두에 대한 침략이라는 평화의 불가분성indivisibility of peace에 기반한 집단안보 역시 각국이 국제적 의무 때문에 주권을 포기할 수 없어 개별적인 국익을 우선시하는 현실에 직면하면서 그 실효성을 상실하게 된다. 아울러 전시 연합국들은 전시에 효과를 거두었다고 본 경제제재의 효용성에 주목하고 연맹의 전쟁 방지를 위한 주요 수단으로 자리 잡았으나 그 이상의 효과적인 제재 수단이 사용되지 못하였다.

전승국의 입장에서 볼 때, 국제연맹의 임무는 평화를 지키되 그 평화는 전후에 형성된 힘의 분포, 즉 현상 유지에 초점이 맞춰져 있었음을 부정할 수 없다. 집단안보가 특히 그러한 현상유지에 대한 위협에 대한 대응책으로 채택된 것인데 현 상황에 만족하지 않는 국가들, 자신들이 부당한 상태에 있다고 판단하는 국가들은 평화보다 자신들의 정당한 권익을 위해 현상의 변경을 추구하면서 연맹을 붕괴시키기 시작한다. 물론 국제연맹의 가장 큰 허점은 이 비전을 제시한 미국이 파리 조약에 대한 상원의 비준을 받는 데 실패하여 연맹의 활동에 참여하지 못하였다는 점이다. 윌슨 대통령은 국제연맹의 창설로 노벨평화상까지 수여받고 실제 운영에는 참여하지 않는 아이러니가 발생하였다.

결국 인간사의 모든 것이 그러하듯이, 과거에 일어난 일을 중심으로 구성된 체제는 그와 다른 양태의 상황에는 대처하기가 어려우니, 그것은 '우연에 의한 전쟁'이 아니라 의도적인 수순에 따른 도발과 정복을 꾀하는 히틀러의 등장이었다. 결국 국제연맹은 국제사회의 질서를 무너뜨리던 독일, 이탈리아, 일본이 차례로 탈퇴하면서 형해화하고 제2차 세계대전이 발발하면서 역사의 뒤안길로 사라지고 말았다. 강대국 간의 경쟁구도에서 서로의 오해로 대전쟁이 벌어졌다는 반성 속에서, 그와 정반대로, 계획적인 도발로 한걸음 한걸음 전쟁으

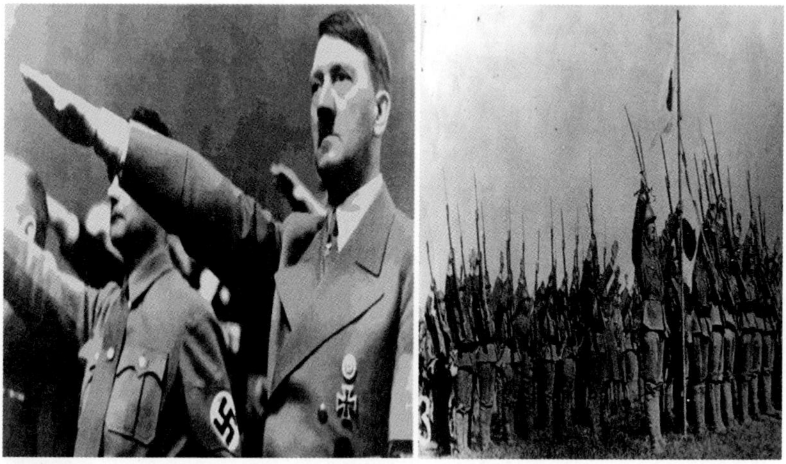

국제연맹의 한계-독일과 일본의 침략

로 향해온 히틀러의 독일을 조기에 저지하지 못한 국제사회는 다시 전대미문의 제2차 세계대전에 빠지게 된다. 전쟁 후반기에 루즈벨트 미국 대통령은 새로운 국제기구를 창설할 계획을 세웠으나 안타깝게도 본인은 전쟁의 종결과 유엔의 창설을 보지 못하고 세상을 떠난다.

PART
02

유엔의 탄생과 다자외교의 새 출발

02

유엔의 탄생과 다자외교의 새 출발

1 연합국의 유엔 조직 노력

국제연맹이 윌슨 대통령의 구상이었던 것처럼 유엔은 루즈벨트 대통령의 구상이었다. 윌슨 대통령은 자신의 구상이 실현되었어도 미국 의회의 파리 조약 비준 거부로 국제연맹의 운영에 참여하지 못했던 반면, 제2차 세계대전이 마무리 단계에 들어간 1945년 들어 4번째 임기를 시작한 루즈벨트는 급격히 건강이 악화되어 4월 12일 서거하고 자신이 구상한 유엔이 미국의 주도와 참여하에 출범하는 것을 보지 못하였다. 그러나 트루먼 부통령은 그의 유업을 이어받아 포츠담 회담에서 정상간 합의를 완결하고 그해 10월에 샌프란시스코에서 50개국 외교장관들이 참석한 가운데 유엔헌장을 채택하고 유엔의 창설을 결정하여 헌장이 발효하여 유엔과 함께 우리도 10월 24일을 유엔의 날로 기념하고 있다.

연합국 측은 제2차 세계대전 후반에 들어가면서 전후 질서를 이끌어나갈 국제기구의 설립에 대해 공감대를 이루고 일련의 정상회의를 통하여 기본 틀을 짜나갔다. 루즈벨트 대통령과 처칠 총리는 1941년 8월 양국이 채택한 대서양헌장에 이미 '전후 세계 안보를 위한 상설 시스템의 창설' 조항을 포함하였으나 실패한 국제연맹을 상기시키는 '국제기구'라는 표현은 피하였다. 루즈벨트 대통령은 코델 헐 국무장관에게 바로 미국, 소련, 영국, 중국 4개국을 "4명의 경찰관"이라고 부르면서 4국 중심의 한 전후 국제체제 수립 방안을 연구할 것을 국무부에 지시했다.

첫 번째 회의는 1944년 8월 워싱턴 외곽 덤바튼 오크스 Dumbarton Oaks에서 열린 미국, 소련, 영국, 중국 대표단 간 회의였다. 미국은 스테티니우스 국무차관, 소련은 그로미코 주미대사, 영국은 케이도건 외교차관이 각각 대표단장을 맡았다(장개석의 중국은 공산당 편인 소련의 무시로 철저히 조연 역할만 했다). 루즈벨트는 덤바튼 오크스 회의에 앞서 기자들에게 어느 국가가 침략을 시도할 경우, 새로운 국제기구는 침략이 시작되기도 전에 저지할 것이라고 설명했는데 이는 국제연맹에서 도입한 집단안보의 개념을 4명의 경찰관의 단합된 힘에 바탕을 두고 실현하고자 함을 염두에 두고 있던 것이다. 반면, 처칠과 스탈린은 고전적인 유럽의 '세력균형'에 기초한 국제질서를 구상하고 있었다. 미국은 미국 국민의 불만으로 미국의 국제연맹 가입이 좌절되었음을 들어 나머지 국가들을 압박하여 자국 입장을 하나하나 관철해 나갔다. 이때 전원일치의 경우에 경제제재만 부과할 수 있었던 국제연맹의 이사회에 비해 훨씬 강화된, 5개 상임이사국과 소수 비상임이사국으로 구성되어 필요하면 군사력을 이용하여 침략을 저지하는 권능을 가진 안전보장이사회 구상이 제시되고 합의되었다. 아울러 전체 회원국이 주요사안에 대한 토의하고 예산을 승인하되, 강제조치 집행의 역할은 없는 총회, 그리고 국제공무원 집단인 사무국에 대해서도 합의하였다.

그러나 두 가지 문제가 걸림돌이 되었다. 당시 국제사회는 서구와 남미 국가들이 주종을 이루고 모두 친미 세력이었는데, 미국 세력에 대한 수적 열세로 인해 유엔의 각종 결정에서 수세에 몰릴 불안감을 느낀 소련은 유엔총회에 소련을 구성하는 16개 공화국이 개별적으로 투표권을 행사해야 한다고 요구한다. 미국은 그럼 자국은 48표가 있어야 한다면서 반대하였으나 이 문제는 추후 해결하기로 미루어 둔다. 다른 하나는 미국이 제시한 안보리 상임이사국의 거부권 행사의 범위에 대한 것이었다. 소련은 자신의 열세를 방어하기 위해 모든 사안에 거부권 행사가 가능해야 하며 특히 특정 사안이 토의에 상정되는 것도 거부할 수 있다는 입장인 반면, 영국과 미국은 아무리 상임이사국이라도 자신이 당사자가 되는 분쟁에 있어서는 거부권 행사가 제한되어야 한다는 입장이었다. 이 또한 덤바튼 오크스 회의에서 해결하지 못한다.

1945년 1월 전례 없는 4연임 취임식을 마친 루즈벨트 대통령은 크림반도의 휴양지 얄타까지 항공편과 배편으로 사실상 무리였던 마지막 여정을 떠난다. 그곳에서 미국, 영국, 소련의 지도자들은 나머지 문제들을 해결한다. 총회 투표권 관련 소련은 16개에서 4개로 깎았으나 미국은 우크라이나와 벨라루스를 포함한 3표를 주기로 하고 자신도 3표를 받겠다고 절충했다가, 큰 의미가 없다고 보고 자신은 일반 회원국과 같이 1표로 최종 결정하고 말았다. 안보리의 거부권

얄타회담의 세 거두: 처칠, 루즈벨트, 스탈린

문제는 절차적인 문제에 대해서는 행사하지 않고 '평화적' 분쟁의 당사자인 경우, 투표에서 기권하기로 소련도 합의한다. 안보리에서 그러한 논의가 허용되어도 어차피 그와 관련한 '조치'를 취할 때는 거부권 행사를 통한 저지가 가능하기 때문이다.

1945년 4월 12일 루즈벨트 대통령 서거 후 트루먼 대통령이 유엔 창설의 과업을 이어받았다. 4월 25일 미국 샌프란시스코에서는 연합국에 가담한 50개국이 전후질서를 좌우할 유엔의 설립을 위한 헌장의 채택을 위한 회의를 열었다. 미국은 의회의 비준 거부로 국제연맹 가입에 실패한 전철을 밟지 않고자 스테티니우스 국무장관을 단장으로 초당적인 대표단을 구성하여 반덴버그 상원의원 등 공화당 중진들을 대거 포함하였다. 샌프란시스코 회의에서도 거부권 문제가 가장 첨예한 사안이 되었다. 미국은 한편으로는 자신을 열세로 여기

샌프란시스코 회의 비공식 협의: 영국, 미국, 소련, 중국 대표

면서 거부권을 강화하여 모든 것을 막으려는 소련의 태도를 설득하고, 반대로 5개국의 특권에 반발하는 호주와 같은 우방 중진국들에게는 자칫 잘못하면 유엔 창설이 수포로 돌아갈 것이라고 협박하면서 얄타 회담의 합의사항을 고수하는 데 성공한다.

샌프란시스코 회의는 정확히 2개월 만에 6월 25일 유엔헌장을 만장일치로 채택하였다. 트루먼 대통령은 헌장 서명식에 참석하여 대통령 취임 후 처음으로 공개석상에 나타나 힘을 실어주고 며칠 후 미국상원 연설에서 유엔헌장의 비준을 강력하게 촉구하였다. 7월 28일 미국 상원은 89 대 2 표로 유엔헌장을 비준하였다. 미국은 각국 비준서의 기탁소 역할을 하였는데 미국 자신이 8월 8일에 제일 먼저 기탁하였고, 헌장 110조에 따라 안보리 상임 5개국을 포함한 과반수의 회원국의 비준이 이루어지면 유엔헌장이 발효하게 되어 있었는데 1945년 10월 24일 그것이 완성되었고 미국 국무장관은 유엔헌장이 모든 회원국 국내법의 일부가 되었음을 선언하였다. 우리나라를 포함한 많은 회원국이 10월 24일을 유엔의 날로 기념하고 있다.

2 유엔의 기본 구조

유엔의 보통 6개의 '주요 기관principal organ'으로 구성되어 있다고 한다. 국제연맹의 예를 따라 ① 주요 강대국들이 국제안보 문제를 다루는 안전보장이사회, ② 전 회원국이 참가하여 모든 문제를 토론하는 총회, ③ 개발도상 상태 회원국의 경제사회 발전 문제를 논의하는 경제사회이사회, ④ 국가로서의 기틀이 아직 안 잡힌 영토의 적절한 운영과 순차적 독립에 대한 지원을 맡은 신탁통치이사회, ⑤ 국가간 분쟁에 대한 사법적 판단을 내리는 국제사법재판소, 그리고 ⑥ 이들 기구의 운영과 각종 회의 진행을 위한 모든 행정적 지원을 제공하는 사무국이다.

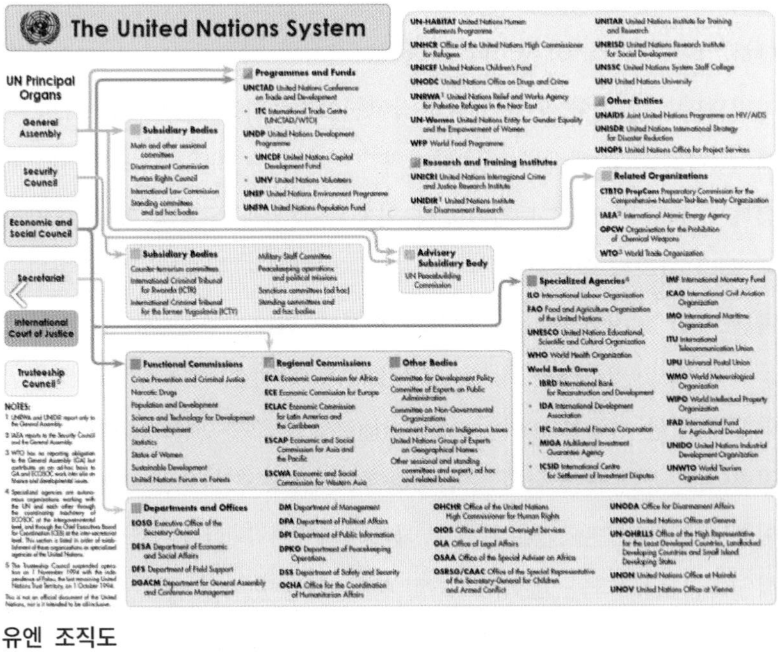

유엔 조직도

기구로서의 유엔을 대표하는 차원에서 가장 많은 관심은 안보리와 총회의 활동에 맞춰지게 된다. 미국의 상원과 하원을 모델로 만든 안보리와 총회는 헌장에 규정된 기능과 권한과는 별개로 유엔의 진화에 따라 그 영향력과 논의사안의 범위가 부침을 겪어 왔다. 안보리는 제2차 세계대전 당시 연합국의 주축을 이룬 강대국의 희생과 기여, 그리고 전후 압도적인 국력의 현실을 반영하고 그들의 적극적인 참여를 담보하기 위하여 그들의 우선권을 인정하면서, 특히 유엔창설의 근본목표인 전쟁과 평화의 문제는 안보리의 토의대상이고 안보리의 결정은 회원국을 기속하도록 하면서 근대 주권국가 체제의 예외를 구성하기도 하였다. 물론 이는 유엔에 가입하면서 동의하는 사항이니 스스로 주권적 선택으로 기속 된다고 볼 수도 있겠다. 한편 총회는 모든 회원국이 참여하여 유엔의 보편성을 확보하고 이들이 당대의 주요 문제들을 논의하게 하여 국제여론을 형성하는 역할을 담당하였다. 그러나 유엔 창설과 함께 시작된 동서냉전으로 안보리가 마비되면서 총회를 활용한 창의적 접근도 나타나고 1960년 이후 아시아·아프리카의 신생국들이 대거 가입하여 총회를 압도하면서 총회에서 모든 사안을 토의하고 결의를 통과시켜 도덕적 압력을 가함에 따라 이러한 엄격한 구분은 서서히 없어지고 두 기구 간의 관할권의 문제를 둘러싼 대립이 종종 발생하게 된다.

한편, 개별국가의 경우 국민의 수요가 점점 다양해지고 정부의 역할에 대한 기대가 많아질수록, 삼권분립에도 불구하고 입법부의 결정 사항을 집행하는 역할을 담당하는 부서executive branch의 힘이 늘어왔던 것처럼, 유엔의 위치가 국제사회에서 자리를 잡으면서 유엔 회원국의 안보리와 총회의 결정 사항의 집행을 담당하는 사무국의 역할도 점차 늘어갔다. 사무국은 회원국의 주문에 맞춰 묵묵히 봉사하는 국제공무원의 집단으로 표현될 수도 있으나, 언론과 일반시민들이 객관적인 조직보다는 그 조직을 대표하는 개별 인물에 관심을 가져서 그런지, 우리는 결국 그 조직의 최상급자, 즉 사무총장이라는 직위에 있는 인물로 조직을 기억한다. 유엔사무총장은 점차 개별국가의 이익이 아닌, 인류 전체의 이익을 대변하는 '세계의 양심' 또는 '속세의 교황'으로 불리면서 유엔의 상징이 되어 버린다. 유엔을 구상하고 자신이 총회의장으로 등극하여 이를 좌지우지하고 사무국을 그 시종으로 만들고자 했던 루즈벨트 대통령이 들으면 신기하게 생각했을 현상이라 하겠다. 인간이 만드는 조직이라는 것은 이와 같이 최초 창설자의 의도와는 상관없이 그 조직이 처한 환경과 거기 영향을 미치는 주요 행위자와의 역동적 상호관계dynamics 속에서 스스로 진화하기 마련이다.

유엔의 가장 중요한 기구, 안보리와 총회의 역할과 상호관계의 추이를 먼저 알아보고, 유엔이라는 기구를 대표하는 유엔사무총장 직책에 대해서 별도로 들여다보고자 한다.

3 안보리와 총회

안보리, 특히 5개 상임이사국은 별도 선거를 통하지 않고 안보리의 논의를 주도함은 물론 거부권 행사를 통하여 자신의 이익에 반하는 결정을 저지하는 특권을 가진 소수라는 현실은 이 그룹에 속하지 않은 많은 국가의 비난을 받아 왔다. 그럼에도 불구하고 안보리는 평화와 전쟁의 문제는 자신의 고유한 영역으로 자부하고 이에 대한 도전을 허용하지 않았다. 안보리에서 결정한 사항은 모든 회원국에 대한 구속력이 있어서 제재 부과의 경우, 별도의 제재위원회를 설치하여 개별 회원국의 이행 상황을 점검하는 임무를 부여한다. 우리에게는 북한의 핵·미사일 관련 안보리의 각종 제재의 이행을 감시하기 위한 위원회가 익숙하다.

자신이 유엔의 창시자이기도 한 미국은 안보리를 중심으로 유엔을 운영해 나가는 당초의 비전에서 소련의 무차별적인 거부권 행사를 통한 저지 공작에 직면한다. 미국은 유엔 창립 초기의 회원국 가운데 대다수가 친미 성향의 서구 및 중남미 국가인 상황에서 자신이 수적인 우위를 점하고 있는 총회를 활용하여 이를 극복해 나가기로 한다. 가장 대표적인 사례가 바로 한국전쟁 발발 시 유엔이 취할 대응 조치를 위한 토의가 소련의 방해로 안보리에서 마비되자, 이를 총회로 가져가서 '평화를 위한 단결 결의Uniting for Peace Resolution'를 통하여 극복하는 창의력을 발휘한 것이다(한국전쟁 관련 사항은 3부의 '한국과 유엔'에서 별도 설명). 문제는 안보리에서 강대국이 자신이 원치 않는 결정을 저지하는 특권을 행사하는 경우 총회를 통하여 이를 우회하는 방식이 미국의 목표를 좌절하는 데에도 사용되는 역사의 아

이러니가 후일 일어난다는 것이다.

특히 총회의 변화는 1960년부터 구 식민지 지역 여러 나라가 독립하고 신생 회원국으로 대거 유엔에 가입하면서 미국을 추종하던 서구와 중남미 회원국들만으로 다수를 확보하는 것이 불가능해지고 아울러 이러한 신생국들이 구 종주국들에 대한 반감 및 당시 풍미하던 비동맹 운동의 영향 아래 서방 국가들과 기조를 같이 하기를 거부하면서 일어난다. 이러한 과정을 거쳐 총회는 회원국 전체가 참여한다는 보편성과 일부 특권층이 구성하는 안보리에 비해 공정성을 상대적으로 담보할 수 있다는 면에서 유엔을 가장 대표하는 기관으로 부상하게 된다. 그러나 전쟁과 평화의 문제, 그리고 회원국들을 기속하는 결정을 할 수 있는 것은 안보리라는 사실은 변하지 않고 각종 국제 위기는 여전히 안보리를 무대로 하여 논의된다.

한편, 냉전 이후 안보리의 역할이 살아났다는 시각도 있지만, 동시에 국제사회의 현안이 다양해지면서 모든 문제를 토의하는 총회의 역할은 더욱 강화되고 있다. 회원국들이 총회를 활용하는 빈도도 증가하는 추세에 있으며, 안보리의 특권에 대한 일반 회원국들 간의 개혁 욕구는 갈수록 누적되어 오고 있다. 총회에서는 각종 개혁방안이 제기되고 있으나 정작 안보리상임이사국들은 별다른 반응을 보이지 않고 있다. 우리는 이러한 총회와 안보리의 역학관계의 진화과정을 주시하고 우리의 국익을 극대화할 대응방안도 잘 만들어 나가야 할 것이다.

(1) 총회

유엔헌장 IV장은 총회의 구성, 역할, 절차에 대해 기술하고 있

유엔의 상징인 유엔총회 회의장

다. 총회는 모든 주제에 대한 토론의 장을 모든 국가에 제공한다. 따라서 총회는 국제평화와 안전의 유지, 국제협력의 촉진, 신탁통치 등 헌장 범위 내에 있는 모든 문제에 대한 심의 및 권고를 할 수 있다. 단, 안보리가 특정 분쟁이나 사태에 관하여 임무를 수행하고 있는 동안에는 총회의 권고가 불가능하여 안보 문제에 대한 안보리의 우위를 인정하게 된다. 그러나 이러한 토론의 장으로서 총회의 기능은 세계 모든 이가 유엔을 말하면 총회 회의장을 떠올리게 한다.

한편 총회는 모든 회원국이 모여서 그들 가운데 특정 숫자를 다른 기구에 선출하는 선거장의 역할을 하여, 10개의 안보리 비상임이사국 선출, 54개의 경제사회이사회 이사국 선출, 국제사법재판소 재판관 선출 등이 총회에서 이루어진다. 사무총장도 형식상으로는 총회에서 이루어진다. 물론 안보리에서 검토를 마친 후 총회에 추천한 단일후보에 대해서 말이다.

또 하나의 총회의 고유 기능은 일반 국가의 의회와 마찬가지로 유엔 예산의 심의 승인권이다. 총회는 회원국 간의 기여금 할당, 전문기구의 행정예산 심의 등 유엔의 재정 전반을 통제한다. 전통적으로 유엔 총회의 예산 승인은 컨센서스로 이루어지기 때문에 모든 나라가 예외 없이 찬성하는 데 많은 시간과 협의가 소요된다. 이러한 작업이 항상 연중 마지막에 하게 되어 매년 예산 토의 철이 되면 다들 '크리스마스 휴가를 제대로 떠날 수 있는지' 불확실한 마음에 전전긍긍하다가 12월 23일 또는 크리스마스이브에 밤을 새우다가 타결이 이루어지곤 한다. 반 총장 재직 시절에도 그러한 상황이 자주 일어났다.

총회는 매년 9월 셋째 주 화요일에 개회하도록 2003년 총회 결의로 정하고 있으며 이 정기회기Regular Session는 보통 12월 셋째 주에 종료하고 연말연시 휴가 시즌을 마친 후 2월부터 속개 회기 Resumed Session가 시작되어 다음 회기 전날까지 계속된다. 그 이외에 총회는 안보리 또는 회원국 과반수의 요청이 있는 경우 특별총회를 개최한다. 특별총회는 1947년에 팔레스타인 문제로 개최된 1차 특별총회로부터 2021년 반부패에 관한 32차 특별총회까지 개최되었다. 또한 한국전쟁으로 인하여 총회가 채택한 평화를 위한 단결 결의 Uniting for Peace Resolution는 총회가 국제평화와 안전의 유지, 회복을 위한 집단적 조치를 권고할 수 있는 긴급 특별총회를 개최할 수 있다고 규정하고 있어, 안보리 9개 이사국 또는 총회 과반수의 요청으로 개최하고 있다. 긴급 특별총회는 1956년 수에즈 사태로 처음 개최된 이후 1997년 이스라엘의 예루살렘 및 팔레스타인 점령지 내 조치에 대한 제10차 회의까지 개최된 후 동 10차 회의의 속개 회의가 2018년까지 개최되었다.

총회의 의사결정은 기본적으로 '출석하고 투표한 국가'들의 단순

과반수로 한다. 다만, 일부 중요사항은 출석하고 투표한 국가들의 3분의 2를 요한다. 이들은 국제평화와 안전의 유지에 관한 권고, 안보리 비상임이사국, 경제사회이사회, 신탁통치이사회 이사국 선출, 회원국의 가입, 권리와 특권의 정지, 제명, 신탁통치 제도의 운용, 예산 관련 문제 등이 이에 속한다.

총회는 의장 1명에 부의장 21명, 기능별로 나누어진 6개 주요위원회main committees 의장을 선출한다. 제1위원회는 군축 및 국제안보 문제, 제2위원회는 경제개발 및 금융 문제, 제3위원회는 사회적, 인도적 및 문화적 문제, 제4위원회는 특별정치 및 탈식민 문제, 제5위원회는 행정 및 예산 문제, 제6위원회는 법률문제를 다룬다. 한승수 제56차 총회의장은 뉴욕에서 일하는 동안 사무차장들을 초청한 오찬을 하거나 주요위원회 의장들을 초청한 오찬을 하면서 당시의 주요 현안에 대해서 청취하고 총회의장이 해야 할 일들을 정리하곤 했다. 그때 40대 중반의 샤시 타루Shashi Tharoor 공보담당 사무차장이 내 옆에 앉아서 화려한 달변을 과시하던 기억이 생생한데 그는 후일 반기문 장관의 사무총장 선출 당시 코피 아난의 뒤를 이은 사무국 내부 후보자로서 마지막까지 경쟁을 벌인다.

총회 산하에는 각종 기구가 있는데 그중 가장 대표적인 것은 경제사회이사회 산하에 있던 인권위원회Commission on Human Rights가 발전적 해산을 한 뒤 총회 산하에 2006년에 새로 창설한 인권이사회Human Rights Council이다. 인권이사회는 제네바에서 회의를 갖고 인권이사회에 대한 사무국역할은 인권최고대표사무소OHCHR: Office of the United Nations High Commissioner for Human Rights가 제공한다. 우리나라는 2006년부터 2011년, 2013년에서 2015년, 2020년에서 2022

년까지 이사국으로 활동했다. 총회는 총회운영을 위한 절차를 다루기 위하여 총회의장을 중심으로 구성된 운영위원회와 신임장위원회를 두고 있다. 그 외에 총회의 예산 심의를 위한 분담금위원회와 행정예산자문위원회ACABQ를 두고 있다. 총회는 그 외에 팔레스타인 민족권리위원회, 유엔군축위원회UNDC, 제네바군축회의CD, 군축자문위원회에서 회계감사단, 투자위원회, 안보리개편실무위원회에 이르기까지 각종 사안별로 다수의 산하기관을 두고 관련 사안을 검토하고 자문을 제공하게 하고 있다.

(2) 안전보장이사회(안보리)

1) 안보리 결정의 구속력

유엔 헌장 제V장은 안보리의 구성, 권한, 절차에 관해 설명하고 있다. 안보리는 국제평화 및 안전 유지에 대한 일차적 책임을 지며, 유엔 회원국에 대해 구속력을 갖는 결정을 할 수 있는 유일한 기관이다.[1] 안보리는 평화에 대한 위협, 평화의 파괴 또는 침략행위의 존재 여부를 결정하고 국제평화와 안전의 회복을 위하여 권고 또는 강제 조치를 집행할 권능을 가지고 있다. 안보리는 이러한 가능성이 있는 분쟁 또는 사태에 관한 조사를 실시하고 분쟁의 조정 방법이나 해결 조건을 권고한다. 안보리는 회원국에 대해 경제제재 조치를 포함한 군사적 강제조치의 실시를 요청할 수 있고 이 경우 모든 회원국은 안보리와 특별협정을 체결하여 병력과 시설을 안보리에 제공하게 되어

1 헌장 25조는 유엔 회원국이 안보리의 결정을 수용하고 이행한다고 명시하고 있다. 즉, 유엔에 가입할 당시부터 회원국은 안보리 결정을 이행할 의무를 수용하고 들어오는 것이다.

있으나 아직 이러한 협정이 체결된 바는 없다.

2) 안보리이사국의 구성과 운영

유엔안보리는 • 거부권veto을 가진 5개 "상임이사국"Permanent Five: P-5과 • 그렇지 않은 2년 임기의 10개 "비상임이사국"Elected Ten: E-10으로 구성된다. 상임이사국(미국, 러시아, 중국, 영국, 프랑스)은 제2차 세계대전의 승전국들이고, 핵 비확산 조약NPT에 나오는 "핵보유국"Nuclear Weapon State과도 일치한다. 비상임이사국은 평화유지에 대한 회원국의 공헌과 지역적 배분을 고려하여 총회에서 출석하여 투표한 국가 3분의 2 다수결로 매년 5개국을 2년 임기로 선출하고 연임은 허용되지 않는다. 지역 배분은 1963년 총회 제1991A호 결의에 따라 아시아/아프리카 5, 동유럽 1, 중남미 2, 서유럽 및 기타 2로 되어 있고 2022년 현재 비상임이사국은 케냐, 가나, 가봉, 인도, UAE, 알바

안보리 회의장

니아, 브라질, 멕시코, 아일랜드, 노르웨이 10개국이다. 비상임이사국은 "선출직"으로서의 자긍심을 "E-10" 호칭으로 표현한다.

안보리 의장은 15개 이사국이 영어 알파벳 순서에 따라 매월 윤번제로 교체하고 의장은 이사회에서 심의하는 문제가 자국과 관련되어있는 경우 사회를 맡지 않을 수 있으며 이 경우 알파벳 순서에 따른 차순위 국가가 의장직을 수행한다. 안보리는 이사회에서 결정한 시기에 연 2회 정기회의를 개최하고 의장은 필요하다고 인정하는 경우 회의를 소집할 수 있다. 유엔 회원국이 국제평화와 안전의 유지를 위태롭게 할 우려가 있는 분쟁이나 사태를 안보리에 제기하는 경우, 분쟁 당사국인 유엔 비회원국이 현장에 규정된 평화적 해결의 의무를 미리 수락한다는 조건으로 이 분쟁을 안보리에 제기하는 경우, 총회 또는 사무총장이 국제평화와 안전을 위태롭게 할 우려가 있는 사태에 대하여 안보리의 주의를 환기하는 경우가 그것이다.

유엔 회원국이지만 안보리 이사국이 아닌 국가는 안보리에 제기된 문제에 대하여 이사회가 회원국의 이해에 특히 영향이 있다고 인정할 경우, 투표권 없는 참석이 가능하다. 유엔 비회원국도 안보리에서 심의중인 분쟁의 당사자인 경우, 투표권 없는 참석이 가능하다. 내가 주유엔 한국대표부에 근무하던 시절, 2006년 10월 9일 (한국시간) 북한의 첫 핵실험이 있고 나서 14일에 열린 안보리 회의에서 최영진 당시 한국 대사가 북한의 박길연 대사와 참석하여 각국의 입장을 설명한 바 있다.[2]

---

2 당시 박길연 북한 대사는 자기 발언문을 읽고 나서 그대로 나가버렸는데, 박대사를 연설 직후 혼내주려고 벼르다가 허탈해진 존 볼튼 미국대사는 흥분해서 '저 빈자리를 보십시오! 국제사회를 위협하고 무책임하게 나가버린 저 빈자리를 보십시오!' 하면서 콧수염과 안 어울리는 높은 목소리로 소리쳤다.

3) 거부권의 적용 사례

안보리의 결정은 절차문제는 15개국 가운데 9개국 찬성으로 기타 모든 문제는 상임이사국 5개국 전체를 포함한 9개국 찬성으로, 즉 거부권이 적용되는데, 특정 사안이 절차문제인지 실질문제인지 여부를 결정하는 행위는 실질문제로 간주되고 거부권 적용대상이 되어 이를 '2중 거부권double veto'이라고 부른다.

우리의 2013-14 임기 안보리 이사국 활동 기간에도 안보리 결의안이 거부권 행사로 부결된 사례가 있다. 2014년 3월, 당시 우크라이나 영토였던 크림반도가 주민투표를 통해 러시아로 병합하려 하자, 서방측(미국 주도)은 이에 반대하는 안보리 결의안을 상정하였고, 러시아의 거부권 행사로 부결되었다. 2014.3.15.(토) 안보리 회의에서 이루어진 표결 결과는 찬성 13, 반대 1(러시아 - 거부권 행사), 기권 1(중국)이었다.

유엔헌장 규정(제27조)에 따르면, 안보리의 모든 결정decisions은 9개 이사국 이상의 "찬성"이 필요하며, 이는 모든 상임이사국의 "동의 투표"concurring votes를 포함해야 한다. 상임이사국의 "기권"은 동의(묵인)로 간주되지만, "반대"는 전체 찬성 투표수와 무관하게 결의안을 바로 부결시키게 된다. 의장이 "반대국those against이 누구인지" 물을 때, 상임이사국(이 경우 러시아)이 손을 들면 거부권 행사가 되는 것이다.

다만, 실질문제가 아닌 명확한 "절차문제"의 경우에는 통과에 필요한 최소 찬성 요건(9개 이사국 이상)은 같지만, 상임이사국의 거부권이 적용되지 않는다. 예를 들어, 2006년 9월, "미얀마 상황"의 안보리 의제 포함 여부(절차문제)가 쟁점이 되어 안보리 표결이 이루어졌는데, 찬성 10, 반대 4(중국·러시아 포함), 기권 1로 가결되어, 의제 포함이 결정된 바 있다.

상임이사국의 거부권은 어디까지나 결의안을 부결시킬 수 있는 “부정적 성격의 권한”이지, 이를 가결시킬 수 있는 “긍정적 권한”은 아니다. 5개 상임이사국이 아무리 단결해도, 최소 4개 이상 비상임이사국 찬성을 확보해야 결의 채택이 가능한 것이다.

4) 안보리 산하기구

안보리는 국제사회의 평화를 위협한 국가나 단체에 대해 안보리가 부과한 각종 제재의 이행 현황을 점검하기 위한 14개 제재위원회를 두고 있다. 이들은 관련 안보리 결의 번호로 불리는데 이라크에 대한 결의 3종은 1518 위원회, 소말리아에 대한 무려 33개의 제재결의는 위원회를 설치한 결의에 따라 751 위원회로 불린다. 북한의 경우, 2006년 1차 핵실험 관련 최초로 제재위원회를 설치한 결의에 따라 그 이후 채택된 17개 결의를 합쳐 1718 위원회로 불린다.

이러한 제재위원회들과 별도로 비국가행위자인 테러리스트 그룹에 대한 대량살상무기 확산 방지를 위한 1540 위원회, 각국의 반테러 협약 가입 및 관련 국내입법을 독려하는 대테러위원회, 이라크의 쿠웨이트 침공에 대한 피해보상을 위한 배상위원회를 두고 있으며, 신규가입국 심사를 위한 위원회와 안보리가 가동하는 군 병력의 배치 및 지휘를 위한 군사참모위원회를 두고 있다.

유엔이, 즉 안보리가 종식한 분쟁의 사후 처리와 관련한 기구도 안보리 산하에 두고 있는데 가장 대표적인 것이 한국전쟁 결과 탄생한 주한유엔군사령부이고 대규모 학살이 발생한 구유고와 르완다 국제형사재판소와 캄보디아 특별재판소가 있다.

(3) 안보리 개혁 문제

제2차 세계대전 종전 후 미국이 소련·중국·영국·프랑스와 함께 '5명의 경찰관'으로 세계질서를 유지해 나가고자 유엔 내의 핵심기관으로 설립된 안보리는 지난 근 80년 동안 변함없는 특권적 지위를 누리고 있다. 보다 수평화된 국제구조와 민주화된 각국 국민들의 의식에 따라 전후 질서에 기초한 특권의 영속화에 반감을 느끼는 정서가 갈수록 깊어지고 이에 대한 노력이 전개되어 왔다. 이는 5개 상임이사국의 독점적 구조에 대한 반감으로서 안보리 구성에 대한 개혁, 그리고 안보리 운영에 있어 거부권이라는 불평등하고 불합리한 제도를 개선하기 위한 노력이라는 두 가지 형태로 발현되어 왔다.

이 두 가지 주제는 모두 타당한 근거가 있고 나름 상당한 지지세력을 확보해 왔다. 문제는 이 개혁이 실제 제도화되기 위해서는 유엔 헌장의 개정이 필요한데, 헌장 108조는 이러한 개정은 총회 회원국 3분의 2의 지지를 얻어 통과되고, 5개 상임이사국 전원을 포함한 전 회원국 3분의 2가 국내 헌법절차를 통해 비준하여야 한다. 바로 문제의 핵심인 거부권 행사가 없이 즉, 이 개혁으로 권한이 축소될 5개국의 찬성을 요하는 것이니 현실적으로 이루어지기 어려운 목표라고 하겠다. 그러나 총회의 "평민" 국가들은 이러한 주장을 계속하면서 도덕적 우위와 당위성을 축적하고 있어 예기치 못한 지각변동이나 역사적 계기를 만나는 날, 이러한 노력이 실현될 가능성도 배제할 수 없다고 보인다. 현재 진행 중인 우크라이나 전쟁도 그중 하나가

될 가능성이 있다.

1) 안보리 개혁 1: 안보리 확대 문제

안보리상임이사국 구조는 1945년 당시 세력분포의 정지화면이라 할 수 있다. 그런데 시간이 지나면서 각국 국력의 변화와 함께 상임이사국 자격이 있다고 자부하는 국가들이 이러한 배타적인 특권적 그룹에 속하기를 희망하게 되었다. 기존의 특권층들은 '평민' 국가들의 이러한 부질없는 희망을 무심하게 바라보는 반면, 이들 희망국가의 이웃 국가들은 예민하게 반응하였다. 이웃의 '평민' 국가가 새로운 상임이사국으로 신분상승을 할 경우, 대개 경쟁관계인 이웃의 남아있는 '평민'국가는 국민들의 상대적 박탈감에서 비롯되는 국내정치적 부담이 매우 크기 때문이다. 이에 따라 희망국가의 신분상승을 저지하기 위해 희망국가의 이웃 국가들끼리 연합하는 묘한 형국을 가져오게 되었다.

안보리 구성에 대한 첫 번째 변경은 1965년에 비상임이사국을 6개국에서 10개국으로 늘린 것이다. 물론 이는 5개 상임이사국의 특권적 지위를 위협하지 않고 나머지 국제사회에 대한 비상임이사국의 대표성을 늘리는 조치였으므로 채택이 가능하였다. 본격적인 변화는 상임이사국 확대의 문제였다.

1992년 부트로스-갈리 사무총장의 야심찬 유엔개혁방안 'An Agenda for Peace'는 평화유지군 확장 등 유엔 기능의 강화도 포함하고 있었지만, 안보리 등 유엔 전반의 제도적 개혁 문제도 다루고 있어서 이 문제가 다시 점화되었다. 제2차 세계대전 종전 당시 적국으로 분류되던 일본과 독일은 미국에 이어 두 번째와 세 번째로 많은 기여금을 내고 있어 유엔에 충분한 기여를 하고 있다고 믿고 있었고 남미대륙을 대표하는 브라질과 세계인구 2위이자 남아시아의 맹주인 인도도 자신들의 지도적인 지위를 자부하고 있었다. 유엔 외교가에서는 이들을 '지망생Aspirant'이라는 별명으로 부르다가 Group of Four라는 의미로 'G4'로 부르기 시작하였다. 이들은 각자의 국력과 외교력으로 상임이사국 가입의 당위성을 축적해 나가다가 점차 4국의 연합전선을 형성하여 국제사회를 설득해 나가면서 헌장 개정에 충분한 표를 확보하고자 노력한다.

한편, 이들 G4 각자 지역의 경쟁국들이 반대세력을 형성하기 시작했는데 독일의 경우, 영·불·독 다음의 국력과 자부심을 가진 이탈리아와 스페인, 일본의 경우 각종 역사문제가 있는 일본이 충분한 반성도 없이 유엔의 지도국 위치에 오르는 것을 반대하는 입장에서 한국이 (기존 상임이사국이자 동아시아의 숙적인 중국은 비공식 멤버로서 더욱 강력한 압박을 제공하고), 브라질은 중남미의 다음 대국 멕시코와 아르헨티나, 그리고 콜롬비아가, 인도는 건국 당시부터 천적인 파키스탄이 나서서 G4의 야심을 저지하는 공작의 선봉을 맡는다. 이들은 처음에는 이탈리아가 풀치Fulci 대사가 커피를 마시면서 공통관심사를 논하자는 비공식 모임 '커피클럽Coffee Club'으로 1995년에 시작하여 '안보리의 형태와 규모의 변경은 모든 회원국의 합의하에서만 가능하다'는 차원에서 '합의를 위한 단합'의 의미로 'Uniting for Consensus, UfC'라는 이름을 채택했다. UfC는 한 번의 선출로 영구적 지위를 갖는 방식은 민주성과 책임성 원칙에 정면 위배되므로 이러한 안보리 특권층을 확대하기보다는, 보다 광범위한 회원국들이 안보리의 결정에 참여하도록 비상임이사국을 증대하자는, 보다 명분이 강한 방안을 주장하면서 많은 국가들을 포섭하였다.

기존의 상임이사국들은 각자의 양자관계에 기초한 '영혼 없는' 형식적인 입장을 발표하는데, 미국은 일본과 인도의 상임이사국 자격을 지지하고, 영국과 프랑스는 독일에 대한 입장 때문에 전반적인 G4 방안과 아프리카 의석 증설 지지 입장을, 중국은 인도를 비롯한 개도국 참여 강화를 일반적인 차원에서 지지하고, 러시아는 인도의 상임이사국 자격을 지지하는 정도였다. 그러나 어느 하나도 자신들과 동등한 권한, 즉 '거부권을 가진 상임이사국의 추가'를 상정하지는 않고 있다고 보는 것이 현실적이라고 하겠다.[3]

2005년 3월에는 코피 아난 총장이 'In Larger Freedom'이라는 자신의 유엔 종합개혁 보고서에 안보리 개혁을 포함하여, 안보리를 15개에서 24개 의석으로 확장하되, 9개의 추가의석을 ① 상임이사국 6개와 비상임 3개로 구성하거나 ② 새로운 범주의 4년 임기 비상임 이사국 8개와 현행 비상임 1개로 구성하자는 방안을 제시하였다. 그는 같은 해 9월 개최되는 총회에서 이 해묵은 문제에 대한 결론을 내리자고 촉구하였는데, 사실상 이 방안은 G4측을 지지하는 성격이 강했기 때문에 UfC 그룹을 긴장하게 만들었다. 당시 한국 대표부에서도 위기감을 느끼면서 우리가 주도하지는 않지만 UfC 그룹을 중심으

3 그러나 내가 2006년 안보리 담당 참사관을 맡았을 때 미국 참사관은 P5(현 5개 상임이사국) 가운데 상임이사국 증설을 바라는 국가는 아무도 없고 그들의 대외적 입장 표명은 미일 동맹관계 등 각자의 양자관계의 필요에서 비롯된 빈말(lip service)이라는 것이 현실이라고 실토한 바 있다. 나는 UfC 회의에서는 목적이 수단을 합리화한다는 식의 위험한 발상을 하는 이탈리아와 파키스탄에게 경고발언을 하는 한편, 어찌 보면 과감하게 G4 국가의 담당 참사관(다른 업무로는 다들 친한 동료들이므로)들을 접촉할 때 안보리 개혁에 대한 입장 교환을 시도하기도 하였는데, 이때 각자의 민족성과 외교방식을 반영하는 일본·독일·인도·브라질의 각양각색 반응은 흥미로웠다.

로 대항해 나가는 수밖에 없었다.

UfC 그룹은 아난 사무총장 제안에 대항하여 비상임이사국을 10개 증설하고 현행 연임불가 규정을 수정하여 각 지역그룹의 결정에 따라 연임을 허용하는 결의안을 제출하여 G4급 국가들의 위상을 반영하되 상임이사국의 특권은 거부하는 제안을 하여 나름 상당한 공감을 일으키면서 G4 대세를 중화하는 데 성공한다. 한편, UfC 그룹에 대한 가장 큰 도움은 정식 멤버가 아니지만 게스트 자격으로 논의에 참여하면서 자신의 외교망을 통하여 전방위적 압력을 행사하는 중국, 그리고 19세기의 제국주의/식민주의의 희생자요 유엔의 결정과정에서 가장 소외되었다고 주장하는 아프리카 그룹에서 왔다.

아프리카 그룹은 역사적으로 피해를 입은 당사자이며 현행 유엔의 주요 사안이 아프리카에 집중되어 있음을 들어 특별한 권리가 있다고 주장한다. 2005년 3월 아프리카 연합이 채택한 '에줄위니 컨센서스Ezulwini Consensus'는 주요외교문제에 대한 아프리카 연합 회원국들의 입장을 정리하면서 유엔 개혁에 대한 입장을 포함하였다. 이 입장은 아프리카 지역에 최소한 2개의 기존 상임이사국과 같은 거부권이 부여되는 상임이사국과 5개의 비상임이사국 의석이 배정되어야 하며 구체적인 의석 배정은 아프리카연합이 결정하겠다고 주장한다.

이는 각종 설득과 회유로 다수 유엔회원국들을 결집시키면서 헌장개정에 필요한 회원국 3분의 2를 향해 다가가던 G4를 당혹시켰다. G4 자신들도 기존 상임이사국들이 거부권을 보유하는 신임 상임이사국을 허용할 가능성이 없음을 알고 있는 상황에서, 아프리카 그룹의 2개국 추가는 물론이요, 그들에게 거부권을 부여하는 방안을 지지하기는 곤란한 일이었다. 거듭된 설득 노력에도 불구하고 아프리카

그룹은 거부권을 가진 상임이사국 2석 이상의 주장을 굽히지 않았다. UfC 그룹은 이러한 아프리카 그룹의 주장의 역사적 당위성에 적극 동조하여 「G4 + 아프리카 그룹」의 주장의 실현가능성을 더욱 희박하게 만드는 데 주력하였다. 결국 2005년은 G4 국가들이 유엔회원국 3분의 2의 찬성을 통한 유엔헌장 개정에 가장 근접한 순간이었으나, 아프리카 국가들의 단호한 입장으로 인하여 이들의 소망은 이루어지지 않았다. 2005년의 격돌이 무산으로 끝난 후 유엔총회는 안보리개혁에 대한 작업반을 설치하고 안보리의 공정한 대표성과 이사국 확대에 관한 보고서를 내고 정부간 협상을 통한 해결책 모색을 건의한다. 그러나 기존 상임이사국의 무관심과 G4 vs. UfC 구도가 지속되면서 안보리 상임이사국 증설을 위한 개혁은 동력을 상실한다.

UfC는 2009년에는 비상임이사국에 기존의 2년 임기보다 한 단계 위의 3년에서 5년 임기의 새로운 범주를 창설하여 동 의석은 각 지역그룹 내에서 분배하도록 하여 G4 같은 준 대국의 역할을 배려하는 보다 구체적인 타협 가능한 안을 제시하고 G4가 추진하는 '특권층' 상임이사국 증설안의 효력을 더욱 잃게 만든다.

2) 안보리 운영 개혁: 거부권 사용 문제

안보리 상임이사국의 거부권 행사는 유엔 제도의 가장 불공정한 측면으로 지적된다. 거부권 행사를 통하여 상임이사국은 자신의 마음에 들지 않는 (절차문제가 아닌) 결의안의 채택을 막을 수 있고 거부권 사용을 위협하는 것만으로도 결의안의 내용에 변경을 가하거나 아예 상정을 막는 ('포켓 비토') 위력을 갖고 있었다. 이에 따라 냉전기간 중 소련의 체코슬로바키아 침공이나 미국의 월남전같이 국제평화를 해치는 중대한 상황에 대해 안보리가 필요조치를 취해야 하는데도 상임이사국 가운데 한 나라가 반대하여 조치를 취하지 못하는 상황이 자주 발생함에 따라 유엔헌장이 지나친 권한을 상임이사국에 부여하고 있음이 지적되어왔다. 한편, 자신이 안보리에 들어갈 자격이 있다고 생각하는 중견국/대국은 안보리 상임이사국 확대를 추진하여 스스로 특권을 누리고자 노력하는 반면, 그럴 가능성도 없는 중소국은 합리적인 기준을 제시하여 거부권 사용을 제한함으로써 이러한 불공정한 상황을 줄여나가는 노력을 전개하였다. 이들은 유엔의 효과성과 반응도effectiveness and responsiveness를 증진한다는 목적에서 거부권 사용방식에 대한 개혁을 주장해 왔다. 즉, 거부권의 사용을 사활적인 국익이 걸린 상황으로 제한하거나, 거부권 사용 전에 복수 국가의 동의를 구하거나, 거부권 자체를 철폐하거나, 하자는 노력을 전개한 것이다.

한편, 안보리상임이사국 P－5의 특권 그리고 그들만의 비밀회의로 상징되는 불투명성에 반대하는 의미에서 5개 소국 코스타리카, 요르단, 리히텐슈타인, 싱가포르, 스위스가 모여서 S－5Small Five라는 이름으로 안보리 운영방식을 개선하는 노력을 전개한 바 있다. 새천년정상회의 권고사항 내용 가운데 안보리 개혁 필요성이 언급된 데 착안한 이들 5개국은 안보리이사국이 아닌 유엔회원국들이 안보리 업무에 참여할 기회를 늘림으로써 안보리의 책임성과 투명성을 높이고자 S－5를 2005년 후반에 결성하였다. S－5는 2006년 3월 이러한 목적을 달성하기 위한 결의안 초안을 회람하였는데, 여기에는 ① 총회와 안보리간의 관계 개선, ② 안보리이사국과 비이사국간의 정례 의견교환, ③ 안보리 연례보고서에 대한 총회 회원국과의 비공식협의,

④ 잡단학살, 인륜에 반한 범죄 및 국제인도법의 심각한 위반사항에 대한 거부권행사를 제한, ⑤ 안보리와 병력공여국과의 소통 개선, ⑥ 안보리 신규이사국과의 효과적 통합 이라는 제안이 포함되었다. 이 결의안은 표결에 붙여지지 않았으나 많은 공감을 불러일으켜 그해 7월 채택된 '안보리의 효율성과 투명성을 제고하고 안보리와 여타 회원국과의 대화를 증진하기 위한 안보리 의장 문서(S/2006/507)'에 그 내용이 상당부분 반영되었고 후일 의장문서(S/2007/749, S/2008/847, S/2010/507)에서도 반복되어 안보리 운영에 지침자료가 되었다.

한국전쟁 당시 창안되어 위력을 발휘한 '안보리가 상임이사국의 의견불일치로 평화의 파괴나 침략행위가 있어도 평화·안보 유지의 의무를 이행하지 못할 경우, 총회가 즉각적으로 회원들이 취할 집단조치에 대한 권고사항을 검토할 수 있음'을 규정한 유엔총회 377호 '평화를 위한 단결Uniting for Peace' 결의에 의거, 2013년에는 프랑스 대통령이 집단학살이 자행되었음이 확인된 상황에서는 상임이사국이 거부권 행사를 자발적으로 자제하자는 제안을 내놓는다. 이 제안은 2015년 시리아 내전 당시 화학무기 사용 등 잔학행위에 대하여 시리아를 국제형사재판소ICC에 제소하자는 안보리 결의안을 중국과 러시아가 반대함에 따라 다시 제기되어 주목을 받으면서 거부권 제한의 필요성을 상기시켜 주었다.

3) 러시아의 우크라이나 침공과 거부권 문제의 부각

2022년 2월 24일 시작된 러시아의 우크라이나 침공은 거부권을 가진 안보리상임이사국이 침략행위의 당사자가 될 경우, 유엔이 이를 논의하거나 필요한 조치를 취할 방법이 없게 되는 모순을 적나라하게 보여줬다. 러시아가 유엔회원국 자격이 없다느니 안보리상임이사국 자격이 없다느니 성토가 이어지는 가운데 23년간 주유엔 대사로 일하면서 S-5 노력을 경주해온 리히텐슈타인의 베나베서Christian Wenaweser 대사는 상임이사국이 거부권을 행사할 때 정치적 비용을 부과하는 내용의 총회결의를 컨센서스로 2022년 4월 26일 통과시켰다. 리히텐슈타인은 당초 이 "거부권 구상Veto Initiative"를 안보리가 조치를 취하지 못하던 시리아 내전과 관련하여 2020년에 추진하고자 했으나 코로나19 사태로 협의가 이루어지지 못하였다. 그러나 러시아의 우크라이나 침공과 안보리의 마비로 인하여 회원국들의 경각심이 고조되면서 새로운 모멘텀을 찾아 이번에 통과되었다. 당초 2022년 3월에 15개 공동제안국으로 시작된 이 결의는 미국·영국·프랑스 3개 안보리상임이사국을 포함한 83개국의 공동제안국 참여 가운데 개별투표 없이 컨센서스로 채택되었다.

이 구상은 안보리가 거부권 행사로 인하여 국제적 위기 상황에 대한 조치를 취하지 못하는 상태에 처할 경우, 거부권으로 조치를 막은 회원국의 책임을 총회에서 묻는다는 것이 핵심 내용이다. 이 결의는 안보리에서 거부권이 행사되는 시점에서 10일 이내에 총회가 자동 소집되고, 거부권 행사국은 총회 토의에 제일 먼저 거부권 행사 배경을 설명하도록 규정하고 있다. 과거의 유엔안보리 개혁방안은 헌장의 수정이 필요하여 실현 가능성이 희박했으나 이 결의는 총회에서 그대로 실행 가능하다는 면에서 새로운 접근으로 평가된다. 일단 총회에서 거부권 행사에 대한 책임을 묻는 토의를 가진 후 '평화를 위한 단결' 결의에 따라 총회가 안보리를 대신하여 유엔이 택할 조치를 권고하는 역할로 이어질 가능성도 있다고 전망되어 안보리의 특권과 불평등, 그리고 기능 마비를 획기적으로 개선하는 계기가 될 것으로 기대된다.

2022년 일련의 북한의 탄도미사일 시험발사 관련 안보리 추가 제재 결의안에 대한 중국과 러시아의 거부권 행사 이유를 설명하는 총회 회의가 2022년 6월 8일 개최되어 이 총회결의가 처음 이행되었으나 불행하게도 우크라이나 전쟁을 계기로 국제사회가, 그리고 유엔이 미국·EU·한국·일본 같은 자유진영과 러시아·중국·북한 같은 권위주의 진영으로 분열되었음을 확인해 주는 역할을 하였다.

4 유엔사무총장의 역할

안보리와 총회는 유엔을 구성하는 조직이지만 그 말을 들으면 회의장만 떠오를 뿐, 유엔을 대표하는 사람을 꼽으라면 우리는 사무총장을 꼽는다. 우리 한국인들은 제8대 반기문 사무총장의 선출과 함께 사무총장을 유엔이라는 가장 대표적인 국제기구를 이끌면서 세계의 양심을 대변하는 직책으로 자랑스럽게 생각하면서 많은 관심을 가졌다.[4]

그런데 유엔사무총장이라는 자리는 원래 유엔을 이끌어가는 용도로 만든 자리가 아니었다. 유엔을 구상한 루즈벨트 대통령은 회원국들 전체가 모이는 총회의 의장으로서 세계의 지도자 역할을 할 것을 기대하였다. 물론 유엔이 창설되기 전에 그가 서거하여 그 꿈을 이루지 못하게 되었고 총회의장을 통한 적극적 역할을 도모하는 인물도 없었다. 사무총장으로 번역되는 Secretary-General은 서구 관료제에서 정무직인 장관 바로 밑에서 조직의 인사·예산 등 주로 살림살이를 다루는 사무차관에 해당하는 자리인데 유엔헌장은 그 직책을 수석행정관Chief Administrative Officer이라고 규정하였다. 즉, 총회와 안보리 회의를 준비하고 진행하는 국제공무원들을 지휘하는 최고

4 막상 반 총장이 2007년 1월 1일부터 2016년 12월 31일까지 뼈를 깎는 성실함으로 일하는 동안 그가 어떤 일을 하고 그 결과가 인류의 미래에 어떤 영향을 주는지에 대해서는 관심이 없었다. 그러한 점에서 반 총장이 한창 일하던 2014년 나는 남정호 당시 특파원과 함께 「반기문, 나는 일하는, 사무총장입니다.」라는 책을 통해 유엔 사무총장이 어떤 일을 하는 얼마나 어려운 자리인지를 알리고자 시도한 바 있다. 이 책은 그의 임기 후반에 이루어진 지속가능개발목표(SDGs)의 채택과 파리기후변화협약의 성사를 추가로 반영하여 2016년 말에 「반기문의 도전」이라는 제목으로 개정판을 발행하였다.

국제연맹의 에릭 드러몬드와 ILO의 알베르 토마

위 공무원으로서 정치적인 역할은 당초 부여하지 않았던 것이다.

국제기구 수장의 역할은 두 가지 유형으로 대별된다. 첫 번째는 회원국으로부터 위임받은 사무에 철저하게 자신의 역할을 국한하여 그야말로 '사무'만 보는, 관료조직의 최고위직으로서 그들의 행정업무를 지휘하는 것이다. 영국 출신의 국제연맹 초대 사무총장 에릭 드러몬드Eric Drummond는 연맹 사무국에 자국의 이익을 대변하지 않고 행정업무에 집중하는 국제공무원들을 양성하여 당시로서는 혁신적인 경영이라고 칭송을 받았다. 본인도 공개석상에서 전혀 발언하지 않고 자신을 국제연맹의 상징으로 내세우지 않았다. 반면 정치인 출신으로 초대 ILO 사무총장을 맡은 프랑스의 알베르 토마Albert Thomas는 사회당 소속 정치인이자 노동운동가로서, 선명하고 역동적인 지도력을 보여준 국제기구 수장으로 남아있다.

일견 국제공무원들이 각국의 이해관계를 초월하여 중립적으로 행정적인 업무에 전념하는 것이 이상적인 모습으로 각인될 듯한데,

유엔의 창시자들은 유엔사무총장이 행정사무의 영역을 벗어난 국제사회의 구심점으로서 세계가 나아갈 길을 보여주는 역할도 수행할 가능성도 배제하지 않고 있었다. 즉, 헌장 97조는 사무총장을 '수석 행정관chief administrative officer'이라고 규정하는 한편, 99조에는 사무총장이 '국제평화와 안전에 관련된다고 판단하는 사안'을 안보리에 토의대상으로 상정할 권한을 부여하고 있다. 이 권한은 사무총장을 당시 11국으로 구성된 안보리의 '12번째 이사국'으로 자리 잡게 하였다. 과연 헌장상의 역할이 어떻게 수행되고 회원국들은 어떻게 받아들이냐 하는 것은 실제상황에서의 사무총장의 선택과 주요국들의 입장에 의하여 결정되고 축적되었다.

5 역대 유엔사무총장

반기문 총장 이전까지의 7명의 사무총장의 족적을 간단히 조망하면서 유엔이 직면해온 주요 사안과 아울러 사무총장 역할의 진화 과정을 살펴보고자 한다.

(1) 트뤼그베 리(Trygve Lie, 1946-1952)

무엇이든지 첫 시도는 전례도 없고 미래도 불확실한 환경 속에서 많은 시행착오를 겪으면서 자리를 잡게 되는데, 유엔사무총장이라는 직책도 그러하였다. 초대 사무총장은 제2차 세계대전 중 노르웨이 망명정부의 외교장관을 지낸 트뤼그베 리가 미국이 당초 추진하던 캐나다 후보에 대한 소련의 반대 대안으로 양측이 타협하면서 임명되었다. 그는 과거 국제공무원 수장의 틀을 벗어난 정치적 지도자로서 역할을 하고자 하는 생각에서 독자행보를 일부 시도하였으나, 미-소 냉전이 무르익는 가운데 양측의 비난에 많은 좌절을 느꼈다. 그는 유엔을 미국 외교의 도구로 당연시하는 미국의 태도와 유엔 내에서 소수파이지만 절대로 밀리지 않기 위해 사무총장의 '중립성'을 명분으로 그를 길들이려는 소련의 압력 틈에서 끝없이 고뇌하였다. 소련은 1946년 2월의 첫 거부권 행사 이후 리의 7년 재직 기간 중 50회의 거부권 행사를 통하여 유엔의 기능을 마비시킨다. 첫 거부권 행사의 단초를 제공한 이란 주둔 소련군 철수에 대한 논쟁과 관련, 리 사무총장은 '소련군이 철수하였으므로 안보리 의제에서 제외하는 것이 합당하다'는 요지의, 이 의제를 유지하여 소련을 궁지에 몰고자 하는 당시 서방 입장과 일치하지 않는 독자적인 사무국 견해서

memorandum를 제출하여 파문을 일으켰다. 이 사안에 대한 전문가 위원회 투표 및 안보리 투표가 동·서 양대 진영의 분포대로 3대 8로 마무리되면서 리 총장의 독립성 확립을 위한 최초 시도는 '소련의 대변자'라는 서방의 비난을 받게 된다. 그래도 이 선례로 인하여 '사무총장은 안보리의 어떤 사안에 대해서도 자기 입장을 제시할 수 있다'는 원칙이 확립되었으니 일시적인 비난은 감수할 만한 가치가 있었다고 하겠다.

리 사무총장은 한국전쟁에 대한 유엔의 개입을 결정하는 과정('유엔과 한국' 참조)에서 총장직을 수행하여 우리의 기억에 남아있다. 그는 당초 미국이 초대 사무총장으로 선호하던 캐나다 후보에 대항마로 소련이 선택했던 후보였다. 그러나 한국전쟁 발발 후 북한의 침략을 격퇴하는 과정에 있어 유엔의 중심역할을 강조한 그의 대응으로 소련과 불신관계에 빠진다. 한국전쟁이 한창이던 1950년 가을 사무총장 선출 문제가 대두하자, 소련은 리 사무총장을 '미국의 하수인이네, 이중 첩자네' 하면서 그의 재선을 저지하는 데 전력을 다하고, 입장이 뒤바뀐 미국은 그의 재선을 강력지지 한다. 소련이 추천한 폴란드 후보 등은 모두 충분한 표를 획득하지 못하고 미국이 유일한 후보로 미는 리 사무총장은 다수의 표를 얻지만, 소련의 거부권 행사에 가로막힌 교착상태가 되면서 안보리는 새로운 임기의 사무총장 선출에 실패한다. 미국은 아직은 자신이 주도하는 총회에서 리 사무총장의 현 임기를 3년 연장하는 결의를 통과시키고는 안보리에서의 정식 선출이 아니므로 소련의 거부권이 해당되지 않는다고 밀어붙인다. 당시 서방측에서도 이러한 꼼수에 대한 비난이 있었고 소련과 공산권 국가들은 아예 리를 사무총장으로 인정하지 않겠다는 강경한 입장을

연임 포기를 선언하는 트뤼그베 리 사무총장

고수한다.[5]

소련의 무례한 처사에 대해 서방국가가 자신을 보호해주지 않는 데 실망하고 회원국의 3분의 1이 자신을 인정하지 않는 상황에서 정상적인 기능이 불가능하다고 판단한 리 사무총장은 1952년 11월 10일 총회 연설에서 사임 의사를 밝힌다. 그가 후임 함마르셸드를 처음 만난 자리에서 '유엔사무총장은 지구상에서 가장 불가능한 자리the

5 이러한 상황에서 미국 국내적으로 불던 매카시즘으로 유엔 사무국에 근무하는 미국인 직원들 가운데 일부가 충성심 부족(즉, 공산당과의 교류 기록)으로 지목 당하자 리 사무총장은 자신은 유엔에 대해서만 책임진다는 입장을 고수하면서도 불가피하게 해당직원들을 해고하는 괴로움을 겪는다.

most impossible job'라고 경고했다는 이야기는 바로 이러한 맥락에서 나온 좌절감의 표현이다. 결국 북한의 침공으로 발발한 한국전쟁은 동서 양 진영의 중간에서 중재자를 자처하던 리 사무총장을 적극적인 투사로 만들었고 유엔을 배경으로 한 미·소간 경쟁의 흐름을 결정적으로 바꿔 놓았다.

(2) 다그 함마르셸드(Dag Hammarskjold, 1953-1961)

스웨덴 외무차관 출신의 함마르셸드는 유엔사무총장의 위상을 가장 많이 높인 인물로 남아 있다. 반기문 총장도 12살이던 1956년 소련의 헝가리 침공에 대한 호소의 편지를 함마르셸드 총장 앞으로 보냈다고 회고할 정도로 그는 지구상 많은 사람들에게 유엔사무총장의 대명사였다고 할 수 있다. 그는 전임자의 시행착오 덕택인지 몰라도 사무총장직을 수행하는 과정에서 각종 국제 위기에 뛰어들어 문제를 해결하고 유엔의 독자적 역할을 확보하는 탁월한 능력을 보여주기도 하였다. 한편, 그는 동성애의 의심을 사면서 독신으로 살면서(유엔 건물에서 살았다는 설이 있고) 개인적으로는 신비주의 경향을 보이면서 일본 하이쿠 풍의 난해한 시와 그의 고뇌가 담긴 일기를 남겨서도 세인의 관심을 끌기도 하였다. 그러나 그는 무엇보다도 헌신적인 자세로 일하던 중, 콩고 현장에서 원인불명의 항공기 추락사고로 순직하는 기구한 운명을 맞이하여, 유엔을 개혁하고 유엔을 위해 희생한 위인으로 자리매김을 하고 우리의 기억에 오래 남게 된다.

함마르셸드의 선출도 사무총장 후보에 대한 미·소간 대립 속에서 이루어진 타협의 결과였다. 취임 초기 그의 겸손한 태도에 회원국들과 사무국 직원들은 그가 조용한 행정가의 역할을 할 것으로 예상

했다. 그러나 그는 깊은 철학에서 우러나오는 달변으로 기자단을 매료하고 훌륭한 연설을 통하여 유엔의 가치를 강조하였으며 상대국 정상들을 설득하는 능력과 현장에서 뛰는 모범으로 사무총장의 위상을 격상시켰다. 리 사무총장 시절 시작된 미국 국적 유엔 직원에 대한 매카시즘 광풍은 함마르셸드 총장 임기 초기에도 계속되었는데, 여기서 새 총장은 미국 의회의 압력을 전부 거부하지는 않았지만, 리 총장이 해임한 20명 직원 가운데 11명의 정규직에게 보상금을 지급하거나 잔류희망자는 복직(9명 임시직 해임은 정당성 인정)시키라는 유엔행정심판소가 내린 판정에 대해, 미국의 희망대로 복직은 불허하되 보상금을 지급하였다. 이는 절반의 승리이기는 하지만 유엔 직원들의 자존심을 지키고자 하는 노력으로 직원들의 존경을 자아내기도 하였다.

그의 외교적 수완은 미국이 직접 풀기 어려운 몇 가지 위기에서 빛을 발했다. 한국 전쟁 후반에 만주 상공 비행 도중 격추된 미군 항공기에 있던 미 공군 11명과 CIA 요원으로 추정되는 민간인 2명은 1954년 11월 중국 군사재판소에서 4년에서 종신형의 유죄판결을 받았다. 이들이 불법첩보활동을 했다는 중국 측의 주장을 반박하던 미국의 일부 강경 세력은 무력 응징도 언급하였으나, 확전의 위험을 우려한 아이젠하워 대통령은 이 항공기가 유엔사령부 지휘 아래 활동하였으므로 유엔이 이들을 석방을 달성할 의무가 있다고 하고는 뒤로 빠진 것이다. 같은 해 12월 유엔총회는 이들을 억류한 중공정부를 규탄하고 사무총장에게 이들의 석방을 추진할 것을 요구한다. 유엔총회결의는 통과되었으나 당시에 아무도 함마르셸드 사무총장이 이를 실현할 것으로 생각하지 않았다. 북경 직접 방문을 결심한 그는 이 방문은 유엔의 특정 결의가 아니라 유엔헌장이 부여한 사무총장의 임무에서 비롯된 것임을 강조하면서 북경에 저우언라이(周恩來) 총리 면담을 요청하고, 놀랍게도 중공은 그의 방문을 환영한다. 그는 1955년 1월 북경에 4박 5일간 머물면서 저우 총리와 매일 4~5시간 대화를 나눈다. 저우 총리는 승무원들이 간첩이라는 기존 입장을 유지하면서도 미국 측이 호전적 언사를 중단할 경우 중공측이 관대하게 처리할 수도 있다고 하면서 평화를 추구하는 함마르셸드 사무총장의 진정성에 대한 신뢰를 표명한다. 저우 총리의 승무원 가족에 대한 중국방문 초청을 두고 미국 정부가 부정적 입장을 보이고 우왕좌왕하면서 함마르셸드 총장은 이들과 거리를 두는 한편, 주스웨덴 중공 대사와 연락을 유지한다. 저우 총리는 4월 반둥 비동맹회의에서 미국과의 대화 의지를 표명하고 5월말 4명의 승무원을, 8월에 나머지 11명을 석방한다. 석방의 시점은 미국이 제네바에서 중공과의 대사급 대화 용의를 표명한 데 대한 화답이었으나, 석방의 물꼬를 튼 것은 바로 유엔사무총장의 방문과 설득이었음을 모두 알고 있었다. 미국 정부는 유엔과 사무총장의 역할에 감사를 표하였고 격추된 B−29기의 기장은 직접 함마르셸드 총장을 찾아와 감사를 표했다.

1956년 10월에 일어난 제2차 중동전쟁은 그들에게 공동 위협으로 인식된 이집트의 나세르 대통령에 타격을 입히기 위하여 영국, 프랑스와 이스라엘이 사전 모의한 합동작전이었다. 이스라엘군이 시나이반도를 가로질러 이집트를 침공하고 수에즈운하 지역에 공수부대를 투하하자 영국과 프랑스는 이스라엘과 이집트의 무력충돌을 중단하라는 최후통첩의 성격의 호소문을 발표한다. 그러나 이는 이집트가 수용하기 어려운 조건을 포함하여 양국의 이집트 침공을 위한 명분을 만드는 장치에 불과하였다.

젊은 장교 나세르는 1952년 쿠데타로 이집트의 왕조를 멸망시키고 이집트인들의 이집트를 되찾고, 아랍 전체의 단결을 촉구하는 범아랍주의를 설파하며 중동지역의 영웅으로 떠오르고 있었다. 나세르가 메가 프로젝트인 아스완댐 건설을 위한 차관 관련 서방과 소련 양측에 경쟁을 유도하려고 하자, 1956년 7월 미국은 차관 제공을 갑자기 철회한다. 이에 나세르는 혁명 4주년 기념일인 7월 23일 영국이 최대주주로 관리해오던 수에즈 운하를 전격 국유화하여 서방의 허를 찌른다. 평소 나세르를 히틀러나 무솔리니에 비유하며 거부감을 표시하던 이든 영국 총리는 강경대응을 요구하고 나섰으나 미국은 국유화에 대한 정당한 보상이 이루어진다면 평화적 해결이 가능하다고 하면서 군사행동을 자제할 것을 경고하였다. 그러나 덜레스 미국 국무장관의 강경한 어조에 고무된 이든 총리는 군사행동 준비에 착수한다. 영국과 프랑스는 수에즈 국유화 문제를 유엔 안보리에 회부한다. 안보리 회의장에서의 대치상황을 타개하기 위해 유엔 사무총장의 제안으로 영국·프랑스·이집트 외교장관들이 총장사무실에서 합의의 기초를 만들어냈음에도 불구하고 영국 총리는 외교장관의 귀국을 명령하고 안보리에서의 합의 도달을 무산시킨다. 영국·프랑스·이스라엘은 10월 하순 프랑스에서 비밀회합을 갖고 각본에 합의하고 실행에 옮긴다. 이스라엘은 파죽지세로 밀고 들어가고 영불 연합군도 뒤늦게 수에즈 지역에 접근하는데, 문제는 이들이 예상치 못한 미국 정부의 반응이었다. 미국은 양국이 미국과의 사전협의도 없었으며 무력을 통한 분쟁의 해결을 수용할 수 없다면서 반대 입장을 고수하는 한편, 당시 폭락하던 영국의 파운드화 방어에도 전혀 협조하지 않아 영국을 당혹하게 하였다. 심지어 영국 국내 여론마저 돌아서자 이든 총리는 사면초가에 처한다.

미국은 영·프 연합군의 침공 다음 날 이 문제를 유엔 안보리에 회부 하였다. 당연히 영국과 프랑스는 미국과 소련이 제출한 결의안에 거부권을 행사한다. 영국 최초의 거부권 행사라고 한다. 이때 바로 한국전쟁 당시 마비된 안보리 대신 유엔의 결정을 이끌어냈던, 총회의 '평화를 위한 단결 결의' 방식이 사용된다. 함마르셸드 총장은 안보리에서 유엔헌장이 사무총장에게 부여한 의무를 재확인하면서 회원국들의 신임 여부를 묻고 모든 대사의 지지를 확보한 다음, 이러한 도덕적 권위를 바탕으로 다음 날 열린 긴급총회를 이끌어간다. 미국 덜레스 국무장관이 영국, 프랑스, 이스라엘을 호되게 비난하고 이집트에서 철수할 것을 촉구하자, 미국의 반제국주의적 태도에 아시아와 중남미 국가들은 깊은 인상을 받고 영국은 미국의 배신에 큰 충격을 받는다. 미국 결의안은 64대 5로 통과되고 캐나다 외교장관은 결의 이행을 위하여 영·프·이스라엘 점령지역에 유엔 군사력을 배치할 것을 제안한다. 유엔긴급군UN Emergency Force이라는 유엔 최초의 평화유지군이 탄생한 것이다. 함마르셸드 사무총장은 영국, 프랑스, 이스라엘 군대가 신속히 철수하고 이집트가 유엔 평화유지군을 받아들이도록 설득하는 데 성공하고 1주일 만에 6천 명의 병력을 회원국으로부터 받아 11월 15일부터 현지에 배치하고 안보리 결의 이행상태를 점검한다. 당시 유엔 병력의 철모는 유엔기의 색깔인 파란색을 칠하여 청색철모Blue Helmet/Casque Bleu는 이때부터 유엔군의 상징이 되었다.

수에즈 사태의 원만한 마무리로 함마르셸드 사무총장의 인기는 천정부지로 올라가고 특히, 미국 정부의 강력한 지지 속에 유엔의 가

유엔의 영원한 숙제, 콩고의 루뭄바 총리와 다그 함마르셸드 사무총장

치 또한 더욱 올라갔다. 또한 이 시기에 영국과 프랑스 국내적으로도 유엔에 대한 높은 평가가 있어 자기 정부가 취한 조치에 대한 강력한 반대여론이 형성되었고 특히 수에즈 사태는 대영제국의 종말을 알리는 역사적 사건으로 기록되었다. 한편, 정확히 같은 시기에 일어난 헝가리의 개혁정부에 대한 소련의 무력진압에 대해서는 유엔총회의 규탄 결의 이외에는 유엔이 아무런 역할도 하지 못하는 대조를 보여주었다는 지적도 동시에 남아있다. 이 모습은 잊혀졌다가 최근의 러시아의 우크라이나 침공으로 유엔의 불평등한 구조에 대한 비난을 재점화시킨다.

1960년도는 아시아와 아프리카의 많은 신생국이 탄생하여 유엔 회원국이 부쩍 늘어난 해이다. 그해 6월 말에 독립한 벨기에 식민지인 콩고[6]는 그중에서도 가장 독립할 준비가 안 되어 있었다. 독립 2

6 한때 고유어로 자이르 Zaïre라고 부르다가 지금은 콩고민주공화국(Democratic Republic of Congo, DRC)으로 지칭

주일 전 급조된 의회가 독립 1주일 전에 카사부부 대통령과 루뭄바 총리를 선출하고 나라가 출범하지만, 독립선언 5일 만에 콩고 국방군 폭동이 일어나고 잔류했던 벨기에군과 충돌이 일어난다. 한편 자원이 풍부한 카탕가 주(州) 지도자 촘베가 벨기에 용병의 지원을 받으며 분리·독립을 선언하여 혼란은 가중된다. 국제여론은 미국의 개입을 촉구하나 미국은 다시 한 번 유엔이 나서야 한다며 피한다.

7월 14일 안보리는 아프리카 병력으로 구성된 유엔 평화유지군을 콩고에 보내 벨기에군을 대체하고 콩고 국내질서를 회복하자는 함마르셸드 총장의 건의를 승인한다. 30개국에서 파견된 병력은 최고점에서 19,828명에 이른다.[7] 유엔군은 살인과 약탈 등 범법행위를 저지르는 콩고 국방군의 행태에 경악하면서도 어떠한 조치도 취하지 못하는 가운데, 카사부부 대통령과 루뭄바 총리가 권력투쟁에 빠져있는 사이에 국방군 참모장이던 모부투 대령이 9월 14일 쿠데타를 일으켜 정부를 전복한다.

급진적인 루뭄바가 자신들에게 도움이 된다고 판단하던 소련은 유엔군이 루뭄바를 지원하지 않는 데 실망하고 유엔을 공격하기 시작한다. 특히 서방의 사주를 받는 사무총장 직을 철폐하고, 대신 서방, 소련, 중립국을 각각 대표하는 3인으로 구성된 '트로이카' 체제를 수립할 것을 촉구한다. 소련의 사임 압력에 대해 함마르셸드 총장은 소련이 불편하다면 자신이 사임하는 것이 마땅할 것이나, 소위 트로이카 선출을 위해 유엔이 혼란에 빠질 우려가 명확한 상황에서 자신은 유엔을 그러한 혼란에 빠트릴 권리가 없다고 하면서 사임 요구를

7 콩고 현지인들은 UN의 불어 표현인 ONU(Organisation des Nations Unies)를 듣고는 "오뉘는 어느 부족 이름이냐?"라고 물었다고 전해진다.

거부한다. 이 대목에서 함마르셸드 사무총장은 그간 수차 위기를 통해 입증된 능력과 권위를 통하여 유엔과 사무총장의 독자적인 위치를 확보한 것으로 평가되었다.

1961년 1월 카탕가 측에 의한 루뭄바 총리 살해로 국제사회는 이를 막지 못한 유엔 비난 일색이 되었다. 함마르셸드 총장은 유엔군 권한 확대를 요청하고, 안보리는 필요시 유엔군의 무력 사용을 허가하는 결의안을 통과시킨다. 유엔군은 카탕가의 분리주의자들을 분쇄하기 위한 대대적인 군사작전을 전개하나, 카탕가 지도자 촘베는 협조약속과 배신을 반복하다가 인근 국으로 탈출하고 벨기에 용병들과의 전투에서 유엔군이 고립되자 국제사회는 다시 유엔 비난으로 돌아선다. 9월 18일 함마르셸드 총장은 휴전을 위한 촘베 설득을 위해 현장으로 달려가던 중 그가 탑승한 항공기가 착륙 직전 실종되고 다음 날 지금의 잠비아 지역에서 그를 비롯한 탑승객 전원이 사망한 채 발견된다. 그해 12월 노벨 위원회는 그에게 노벨평화상을 수여한다. 평소 많은 존경을 받기도 했거니와 그가 남긴 글에 자신의 죽음을 암시하는 부분이 있어 일각에서는 그가 순교자의 길을 걸었다고 할 만큼 그의 죽음은 신비롭게 추앙되었다.

함마르셸드는 지금도 유엔을 상징하는 인물로 남아있다. 47번가에 유엔본부 건너편에 자리한 공원은 '다그 함마르셸드 플라자', 유엔본부 건물 옆에 있는 유엔 자료를 모아놓은 도서관은 '다그 함마르셸드 도서관'이라 불리며 평화유지군 활동을 하다가 목숨을 잃은 병사들에게는 '다그 함마르셸드 메달'을 수여하여 그 영예를 기리고 있다. 그 이후의 유엔 사무총장들은 모두 그의 지도력과 비전을 상기하며 유엔의 독자적인 역할을 달성하고자 노력하였고 그들 각자의 스타일과 업적 역시 다그 함마르셸드와 비교되는 부담을 안게 되었다. 한편 건국 당시부터 국제사회의 고민거리였던 콩고는 후임 우탄트 사무총장이 새로 정비한 유엔군의 총공격으로 1964년 1월에 카탕가 지도자 촘베의 항복과 분리·독립 포기선언으로 마무리되고 유엔군은 최초 배치 후 4년만인 6월말에 철수한다.[8]

(3) 우탄트(U Thant, 1961-1971)

다그 함마르셸드 총장 사망 당시 버마의 우탄트 주유엔 대사는 콩고화해위원회 위원장과 유엔재원개발기금 위원장 등 중요한 역할을 수행하고 있었다. 유엔 총회는 1961년 11월 안보리의 추천을 받아 그를 함마르셸드의 잔여임기 동안 유엔사무총장 대행으로 임명하고 1962년 11월에 제3대 유엔사무총장으로 정식 임명하고 대행으로 근무한 13개월을 포함한 5년 임기에 이어서 1966년에 재임명하여 1971년 말까지 10년간 근무한다. 당시 국제정세와 지금도 역력한 서양 중심의 유엔문화를 보면 국내 교육자 출신의 버마 대사가 사무총장으로 임명되었다는 것이 신기하기만 하다.

당초 소련은 다그 함마르셸드 후임 총장의 임명을 고려하지 않았다. 그들이 주장하던 서방, 공산권, 그리고 제3세계 대표로 구성된

8 그러나 콩고는 1994년 르완다 대학살의 결과 120만의 후투족 난민이 동부 콩고로 유입하고 콩고 내부적으로 1996년부터 로랑 카빌라의 반군이 1997년 수도를 점령하고 모부투를 실각시키고 국명을 자이르에서 콩고민주공화국으로 바꾼다. 그러나 카빌라 정권에 대항하는 다른 반군이 일어나 내전이 계속되고 유엔은 1999년 MONUC이라는 평화유지군을 창설한 뒤 정파 간 휴전과 평화협상 지원을 제공하였다. 콩고는 로랑 카빌라의 아들 조셉 카빌라가 이어받고 유엔군은 2010년에는 민간인 보호와 인도적 지원 임무를 강화한 MONUSCO로 개편하여 현재까지도 콩고에 주둔하며 태생 때부터 계속되어온 끝없는 숙제를 이어가고 있다. (현직 대통령은 카빌라 계열의 치세케디)

트로이카 체제를 여전히 원했기 때문이다. 그러나 제3세계 개발도상국들은 이러한 삼두체제에서 서방과 공산권에 밀려서 문자 그대로 '제3의' 조연을 할 마음이 없었다. 오히려 그들 가운데 후임 사무총장이 나오기를 바라는 그들의 희망이 반영되어 후보는 함마르셸드 생전에 후임자로 지목하던 튀니지 대사와 버마 대사로 압축되었다. 튀니지는 소련, 이스라엘, 프랑스가 각각 다른 이유로 부정적이어서 결국 상대적으로 조용한 버마 대사로 결정되었다. 한편 스티븐슨 미국대사의 제안으로 유엔 임무의 각 분야를 담당하는 사무차장들을 지역배분을 통하여 임명하기로 하여 소련의 트로이카 구상에 대한 타협이 이루어졌다.

우탄트는 독실한 불교신자로서 항상 평정을 유지하고 자신의 공적을 내세우지 않는 성격을 보이면서도 도덕적인 신념 아래 판단하는 스타일로 남아있다. 그의 전임자가 사망하게 된 콩고 문제는 그의 단호한 방식으로 일단락 지을 수 있었다. 그는 특히 정치·외교적 협상을 통한 월남전 종식을 위한 많은 노력을 기울였으나 국내적으로 궁지에 몰린 미국 정부의 조롱과 비협조9로 무산되고 후일 유사한 정치적 거래 방식으로 닉슨과 키신저가 월남전을 종결짓게 된다. 그의 재임기간 중 가장 큰 사건인 쿠바 미사일 위기도 현재는 특히 서방은 케네디 대통령의 지도력만 기억하지만, 당시 우탄트 총장이 미·소 양측 지도자의 인류 문명의 말살을 피해야 할 책무를 상기하면서 미국의 해상봉쇄 중단과 소련의 쿠바 배치 미사일 철수를 맞교환하자는 제안을 내놓아 양측이 체면을 구기지 않고 세계대전을 피할 수 있었

9 딘 러스크 국무장관은 우탄트가 노벨상 욕심에서 월남전 중재를 희망한다고 비열한 비난을 하였다.

우 탄트 사무총장과 새로 부임한 조지 부시 주유엔 미국대사

음을 기억하는 이들은 별로 없다. 그는 1967년 이집트의 나세르가 요구한 유엔감시군UNEF의 철수를 (나세르를 만나 설득노력을 하기는 했으나) 너무 쉽게 받아들이고 이스라엘 선박 통과 봉쇄 같은 이집트의 도발을 허용하여 제3차 중동전쟁(속칭 '6일 전쟁') 발발을 초래하였다는 비난을 받고 크게 권위를 잃었다. 유엔의 노력으로 건국한 이스라엘은 6일 전쟁 이후 유엔사무국에 대한 불신을 갖게 되고, 1960년 이후 개도국이 대거 가입한 유엔 총회는 미국과 이스라엘의 성토장이 되고 반 이스라엘 결의를 다수 채택하면서 이스라엘은 유엔을 회피하게 된다.

한편, 제2차 세계대전의 결과 창설된 유엔의 주된 목표가 인류를 전쟁의 재앙으로부터 구출하는 것이기는 하지만, 아울러 사회적 진보와 생활수준의 향상을 가져오는 책무도 헌장에 명시되어 있다. 이러한 측면에서 1960년 이후 개발도상국이 대거 가입하여 유엔 회원국 숫자가 100개국을 넘어서던 시점에 우탄트 총장은 UNDP, UNICEF, UNESCO 등 유엔 전문기구의 역할을 강화하고 유엔의 의제를 보다 확대하여 개발, 인구, 식량, 환경, 수자원 같은 세계적 문제들이 유엔에서 토론되고 해결책을 도출하는 토대를 만든 것으로 평가된다.

(4) 쿠르트 발트하임(Kurt Waldheim, 1972-1981)

1971년 12월 제4대 유엔 사무총장으로 선출된 쿠르트 발트하임은 훤칠한 오스트리아 외교관으로 주캐나다 대사, 주유엔 대사에 외교장관을 역임하고 1970년 대선에 출마했다가 고배를 마신 경력이 있었다. 그는 당초 미소 양측이 밀던 핀란드 외교장관과 전 주소련 스웨덴 대사가 (새로 가입한 중공의 반대까지 겹쳐) 교착상태에 빠진 상황에서 타협안으로 선출되었다. 그가 독일의 오스트리아 합병 후 독일군 장교로 근무한 것은 공지의 사실이었으나 실제 어떤 역할을 했는지는 선출 당시에는 별로 알려지지 않았다.

그의 유엔사무총장 재임 기간인 70년대는 소련 등 강대국에 대한 지나치게 굴종적인 그의 자세와 미국의 키신저 국가안보보좌관/국무장관이 중동이나 아시아에서 직접 외교적 돌파구를 만들어 내는 과정에 유엔은 소외되는 모습으로 기억되고 있다. 후일 언론은 그의 약한 태도는 나치 장교 전력 관련 소련에게 큰 약점이 잡힌 데서 기인한 것으로 의심하기도 했다.

60년대부터 아시아·아프리카 신생국들이 대거 가입한 이후 유

쿠르트 발트하임 사무총장의 나치장교 전력

엔총회 내에서 수적인 우위를 점하면서 과거와 같은 서방의 주도가 불가능해지는데 가장 획기적인 사건은 건국 이후 20여 년 동안 미국이 저지해오던 중국(중공)의 가입이 실현된 것이었다. 당시 탄자니아의 살림 총회의장 등 신생국 대표들은 총회회의장에서 환호의 춤을 추었고 당시 조지 부시 미국대사(후일 제41대 대통령)는 큰 좌절을 맛보았다. 유엔 회원국으로서 지금의 대만을 축출한 중국이 안보리 의석도 차지하면서 유엔의 판도는 큰 변화를 겪게 되고 미국은 결과적으로 외교적 도구로서 유엔의 유용성에 회의를 갖게 된다. 발트하임 재임 중 창설한 3개의 유엔 평화유지군(이스라엘-이집트 국경의 UNEF, 이스라엘-시리아 국경 골란 고원의 UNDOF, 레바논-이스라엘간의 UNIFIL)은 모두 미국이 사전 정지작업을 마친 후 소련과 합의하에 유엔안보리에서 사후적인 처리를 한 경우에 해당되어 함마르셸드가 보여주던 유엔사무총장이 주도하는 평화 만들기는 다시 볼 수 없었다.

어찌 보면 이러한 유엔의 어려움은 당시 시대적 변화의 소산이므로 반드시 발트하임의 탓이라고 할 수 없으나, 발트하임은 유엔사무총장의 힘의 한계를 너무 의식한 나머지 강대국 압력에 꼼짝 못하고 아프리카의 각종 문제도 그들 눈치를 보느라 적극적으로 제기하지도 못하여 유엔의 위상을 추락시켰다는 비난을 면치 못했다. 1971년 최초 당선 시에도 열심히 선거운동을 했던 것으로 알려진 발트하임은 연임 후 1981년에 사상 초유의 3선을 시도하면서 회원국들을 회유하는데 힘써 그들의 쓴웃음을 자아냈다.

한편, 중국을 중심으로 다시 개도국 출신 사무총장을 선출하자는 바람이 불고 탄자니아의 살림 장관이 유력한 후보로 등장하지만, 살림이 춤을 추며 미국을 농락하던 당시의 조지 부시 대사가 부통령으로 자리 잡은 레이건 행정부는 거부권을 행사하고 중국은 발트하임에 대해 거부권을 행사하면서 두 사람은 중도 사퇴하고 선거운동을 전혀 하지 않던 조용한 페루의 케야르가 선출된다.

발트하임이 유엔 퇴임 5년 후 1986년 오스트리아 대선에 출마하자, 그의 나치장교 전력을 문제 삼은 세계유대총회World Jewish

중국의 유엔 가입 결정 후 춤을 추는 살림살림 대사

Congress가 조사에 착수하고 그가 발칸 반도에서 독일군 정보장교로 일하면서 유고슬라비아 빨치산 검거 및 그리스 지역 유대인 색출에 간접적으로 연루된 사실이 드러난다. 발트하임은 당시 많은 젊은이들처럼 독일군 군복을 입고 근무한 것은 불가피했다고 하고 전쟁범죄와 관련이 없다고 강변한다. 역설적으로 이 사태는 발트하임에게 국내정치적으로 호재로 작용하는데, 오스트리아 국민들이 외국의 압력에 반발하고 반유대정서 속에 발트하임을 대통령으로 선출한 것이다. 그러나 발트하임은 당선 후에도 미국 정부가 입국 불허 명단에 올리고 유엔이 창설 50주년 행사에도 초청하지 않는 불명예를 겪는다. 1998년에서 2000년까지 주오스트리아 대사를 역임한 반기문 총장은 비엔나의 대사관저가 발트하임 전 총장의 옆집에 위치하여 발트하임 총장 및 가족들과 가까이 지낸 바가 있으며 외교장관 재직 중에도 만나곤 했다. 반 총장은 취임 후 유엔 보좌진들의 강력한 반대에도 불구하고 이웃으로서의 인연과 전임 총장에 대한 존중의 차원에서 자신의 취임 첫해인 2007년 오스트리아 방문 중에 발트하임의 예방을 받기도 하였다. 이는 비공개 일정이었으나 현지 언론에 누출되어 한동안 구설수에 오르기도 하였다. 발트하임은 그해 2007년 6월 88세로 별세하였다.

(5) 페레스 데 케야르(Javier Perez de Cuellar, 1982-1991)

케야르는 1946년 개최된 제1차 유엔총회에 페루 대표단의 일원으로서 참가를 시작으로 1971년 주유엔 대사를 거쳐 1975년에는 발트하임이 임명한 키프로스 담당 특별대표, 1979년에는 사무차장직을 맡아 유엔과 긴 인연을 맺은 인물이었다. 케야르는 전임 발트하임과

레이건 미국 대통령과 하비에르 데 케야르 사무총장

는 달리 자신을 전혀 내세우지 않는 조용한 사람으로 알려져 있어 '케야르는 물에 뛰어 들어도 물결 하나 일어나지 않을 사람'이라는 조롱 섞인 묘사가 나올 정도였다. 그러나 케야르 사무총장은 냉전의 최악의 시점에 임기를 시작해서 냉전 종식의 순간을 목도하고 유엔의 효용성을 확인하면서 퇴임한 행운을 갖고 있다. 하지만 그것은 단순한 역사의 행운만은 아니고 그의 조용하지만 끈질긴 성격, 위기 속에서 기회를 포착하는 통찰력 등이 작용한 것으로 후대에는 평가하고 있다. 일부 유엔 역사가들은 화려함보다 실질적 성과를 중시하는 반기문 총장을 케야르에 비교하기도 하였다.

케야르의 임기 초기에 일어난 영국과 아르헨티나 간의 포클랜드 전쟁에 대한 유엔의 중재는 수포로 돌아가고 결국 영국의 무력으로 전쟁이 마무리되어 아르헨티나는 군부 정부가 몰락하는 결과를 가져온다. 한편 취임 전인 80년 9월부터 시작된 이란-이라크 전쟁은 수많은 사상자를 내면서 계속되어 왔는데 1986년 연임에 성공한 케야르는 1987년 1월 이란-이라크 전쟁의 종식을 촉구하면서 안보리 상임이사국들의 책임을 강조하고 새로운 형태의 협의를 제안한다. 그전까지 안보리 회의는 공개회의에서 공식입장만 주고받는 경직된 형태였는데, 케야르 총장은 자신의 오랜 외교관 경험을 살려 국제안보의 중책을 지고 있는 상임이사국들이 편안한 분위기 속에서 비공식 협의를 통해 접점을 찾을 것을 제안한다. 비공식협의는 급진전하여 1987년 7월 양국 간 휴전, 상대국에서 철수, 유엔 감시단 파견을 골자로 한 안보리 결의가 채택되고 당시 미국 슐츠 국무장관은 케야르 총장의 역할에 찬사를 보낸다. 당시 유리한 전황을 포기하고 이란이 이 결의를 수용하느냐를 두고 논란이 벌어지다가 이라크가 총공격을 개시하여 이란을 몰아내고는 국경에서 추적을 중지할 것을 선언하자 결국 이란도 이를 수용하여 1988년 8월 휴전이 성립된다.

이러한 유엔 내 주요국들의 협력을 유도하는 노력이 성공한 것은 고르바초프 서기장 집권 이후 나타난 소련의 유연성으로 미·소 간에 협력이 가능한 환경이 조성되었음을 케야르 총장이 간파하였기 때문이라고 평가된다. 그는 또한 평화유지군의 기능을 확대하고 지역 긴장을 완화하는 데 유엔이 기여하는 길을 열어 나가기도 하였다. 즉, 과거에는 분쟁당사자들이 일단 교전을 중단하면 유엔의 평화유지군은 그 정전상태만 감시하고 구체적인 평화협상은 당사자들이 맡아 왔으나 새로운 유엔은 일단 평화가 달성된 후 유엔군이 선거 감독, 인권침해 감시, 무장 해제, 제도 강화 등 다양한 역할을 맡아서 평화가 뿌리를 내리도록 지원하기 시작하였다. 당시 남아공의 신탁통치에서 독립하던 나미비아를 지원하던 유엔임무단이 성공사례로 유명한데, 미국의 중재와 유엔의 적극적인 역할로 이룩한 1990년 3월 나미비아의 독립은 반대편에 완고하게 변혁을 거부하고 있던 남아공 측의 사고의 전환에 영향을 미쳐 몇 년 후 남아공의 인종차별 정책 철폐를 결정하는 중요한 계기를 마련하였다. 한편, 부패한 보수 정치권과 좌익 반군의 끝없는 싸움이 계속되던, 케야르의 출신 지역인 중남미의 엘살바도르나 니카라과에서도 유엔의 중재를 통하여 평화적 민주선거, 반군 무장해제 및 정부 진출, 진실화해위원회 출범 등 획기적인 개혁으로 조화로운 사회를 건설하는 데 성공하였다. 당시 엘살바도르 협상은 케야르 총장의 임기종료일인 91년 12월 31일까지 계속되고 케야르는 협상 타결을 위하여 유엔의 사무실을 떠나지 않겠다고 할 정도로 결의를 보였는데 협상은 다행히 자정 직전에 타결되었다.

물론 케야르 총장 재임 중 가장 큰 국제적 사건은 1990년 발생한 이라크의 쿠웨이트 침공과 이라크를 축출하기 위한 국제사회의 응징, 즉 걸프 전쟁이다. 이 전쟁은 한국전쟁 이후 유엔의 집단안보체제가 제대로 작동한 유일한 사례라고 칭송받지만, 사실 침공 직후부터 전쟁 완수에 이르기까지 전적으로 미국이 주도한 과정이었다. 케야르 사무총장은 이라크의 철수시한 3일 전 바그다드를 방문하여 마지막 설득시도를 하지만 별 성과 없이 돌아왔다. 미국은 연합군이 유엔기를 사용하기를 희망했으나 케야르는 유엔의 실질적 지휘권 없는 한국전쟁 당시의 미군 주도의 유엔군이 재현될 것을 우려하여 거부하였다. 결국 케야르는 쿠웨이트의 해방은 유엔의 상징인 "파란 철모"를 쓴 유엔군의 업적이 아니라면서 거리를 두었다. 그러나 시종일관 유엔을 통한 국제사회의 규합, 그리고 개전까지도 유엔 안보리의 결의를 통해 진행한 미국 정부의 행보는 그때까지는 보기 드문 유엔에 대한 미국의 존중을 담고 있었다. 한편 소련 고르바초프 서기장과

셰바르드나제 외교장관의 유연한 입장도 이러한 변화에 큰 기여를 하였다. 이는 1989년 베를린 장벽 와해와 독일통일로 일구어진 냉전 종식 이후 새로운 세계 질서가 다가옴을 예고하였다.

유엔 안보리는 1990년 8월 2일 이락의 침공 즉시 채택한 침공 규탄 결의에서 11월 29일 채택한 유엔의 무력사용 허가 결의에 이르기까지 12개의 결의를 채택하였다.[10] 일반 대중은 걸프전의 영웅으로 전쟁 현장의 노먼 슈워츠코프 장군이나 그의 상사 콜린 파월 합참의장을 기억하지만, 그 뒤에는 외교의 달인 토머스 피커링 미국 대사가 있었다.[11] 그는 특유의 친화력과 탁월한 조정 능력으로 안보리 회원국들을 이끌어 줄줄이 결의 채택을 달성해 나갔다. 나는 걸프전이 나기 전인 1990년 5월(6년차 사무관 시절), 미국 플레쳐스쿨Fletcher School of Law and Diplomacy에서 외교부 해외연수로 석사 과정을 마쳤는데, 그때 졸업식 연설을 피커링 유엔대사가 했던 기억이 남는다. 그리고 나도 외무부 유엔과로 발령받고 서울로 돌아간다. 그때부터 나와 유엔의 기나긴 인연이 시작된 것이다.

1991년 말에 퇴임한 케야르는 국내정치에도 발을 담가 1995년 후지모리 대통령의 연임을 위한 선거에 그에 대항하여 출마했다가 낙선한다. 후지모리 대통령이 부패혐의로 사임한 후 수립된 관리형 내각에서 총리 겸 외교장관직을 수행한 후 톨레도 정부에서는 주프랑스 대사 등을 역임한다. 반기문 총장은 뉴욕에서 케야르 총장을 면담한 바도 있으나 마지막 만남은 2014년 12월 페루의 수도 리마에서

10 마지막 결의는 소련의 요청에 따라 유엔의 8월 2일 결의에 따른 무조건 철수 시한을 사담 후세인에게 1월 15일까지 부여하였다.

11 미국 정부에서 각료급 지위를 받는 주유엔 미국대사는 주로 정치인이 임명되는데 피커링은 그 자리에 임명된 두 번째 직업외교관이었다.

개최된 COP20 참석 기회였다. 이때 케야르 총장은 반 총장을 자택으로 초청하는데 케야르는 온 가족이 정장을 갖춘 채 후배 사무총장을 정중하게 맞이하여 깊은 인상을 남겼다고 한다. 남미의 선비가 동양의 선비를 맞이한 것이다. 케야르는 100세까지 장수를 누린 후 2020년에 별세한다.

(6) 부트로스 부트로스-갈리
(Boutros Boutros-Ghali, 1992-1996)[12]

유엔사무총장이 지역그룹을 돌아가면서 배출된다는 규칙은 어디에도 명문화된 바가 없었다. 케야르의 후임으로 미국은 캐나다 총리 출신 브라이언 멀루니를 검토했으나 개도국들은 크게 반발하고 멀루니 전 총리 자신이 후보 사퇴를 하고 말았다. 한 번도 사무총장을 배출해 보지 못한 아프리카의 차례가 되었다는 여론이 거셌다. 미국은 일단 사태를 관망하기로 했다. 그런데 의외의 상황이 벌어졌다. 법학자 출신의 이집트 외교관이자 콥틱 기독교도인 부트로스-갈리는 당초 고령에 소극적인 인물로 알려져 별로 승산이 없을 것 같았는데, 안보리에서 충분한 득표를 하고 제6대 사무총장으로 선출되고 말았다. 일단 선출되자 부트로스-갈리는 당초의 인상과는 달리 유엔사무총장의 역할을 확대하고 독자적인 영역을 확보하고자 노력하였다. 이슬람 국가 이집트에서 기독교 소수파(부인은 유대계)로서 좋은 집안

12 그의 집안은 원래 아랍어로 '고귀하다'는 의미의 갈리 씨였는데 총리를 지낸 그의 조부를 기념하여 그의 이름을 붙여 부트로스-갈리가 집안의 성이 되었고 영특한 손자가 조부를 닮으라고 이름도 부트로스로 붙여서 부트로스가 반복되는 이름이 되고 말았다. 유엔 대변인은 서구인들에게 지명도가 낮은 이집트 외교관을 널리 알리고자 부트로스-갈릭(마늘)이라는 말장난을 만드는 노력까지 하였다.

부트로스 부트로스-갈리 사무총장을 쳐다보는 매들린 올브라이트 대사

배경과 스스로의 노력으로 올라와 아무에게도 진 빚이 없다는 그의 도도한 성격 탓에 그는 항상 외로웠고 서방은 물론 아랍권 비난의 표적이 되었다.

그가 케야르 총장에게서 유엔사무국을 인계받던 시기는 1989년 베를린장벽 붕괴, 1990년 독일 통일, 1991년 소련 멸망으로 이어지면서 냉전이 완전히 종식되고, 이념의 대결 없이 세계화를 통하여 경제적 효율성을 증대하여 모두 풍요로운 미래를 즐기는 소위 '평화배당금'[13] 시대의 도래를 환호하는 분위기 속에서 유엔의 역할이 한층 더 강화될 것을 기대하던 시점이었다. 미국 정부의 대외정책 기조도 유엔을 중심으로 한 자유민주주의의 확산을 기치로 삼고 주유엔 대사가 각료급임을 강조하여 올브라이트 대사의 위상도 강화하여 유엔

13 peace dividend, 냉전기 동서대결 때문에 군비에 들어가던 자원을 경제와 복지를 위해 지출하면서 증대되는 혜택을 일컫는 말로 냉전 종식 후 한동안 유행하던 개념이다.

을 미국 외교정책의 주요도구로 삼고자 하였다. 미국 정부의 이러한 의욕이 냉전 이후 속출한 지역분쟁의 해결이 쉽지 않다는 현실과 새로운 시대의 유엔에서 나름 독자적인 위치를 추구하는 사무총장을 마주하면서, 미국이 스스로의 실수나 패착을 유엔을 탓하고 유엔과 미국의 관계가 틀어지는 결과를 낳게 된다. 부트로스-갈리 총장은 자신의 독립성을 강화하고자 전임자 케야르 총장과 같이 특정 사무총장 보고서 완성 이전에 안보리이사국들의 의견을 구하거나 안보리 이사국들의 비공식협의 자리에 참석하지도 않았다. 한편 각국 외교장관들과 직접 연락하면서 유엔 현장의 대사들을 무시하는 경향에다가, 언변이 부족하여 언론에 대한 소통도 원활하지 못하여[14] 일반 대중으로부터 좋은 감정이나 평판을 얻기가 어려웠다. 그러한 배경에서 미국의 올브라이트 대사가 부트로스-갈리와 대립하고 그의 역할을 폄하하고 제한하는 행동이 가능하였다.

부르토스-갈리 총장은 취임 초인 92년 6월 안보리의 요청에 의해 작성한 '평화 구상Agenda for Peace'을 통하여 유엔이 예방외교, 평화 만들기와 평화 유지를 위한 역량을 강화해 나갈 것을 강조하고 잠재적 분쟁지역에 당사국의 요청에 따라 유엔군을 '예방배치'하는 방안, 평화유지 기능을 위한 신속투입 상비군을 회원국과 마련하는 방안, 보다 강화된 무장을 하고 위험한 임무를 수행하는 평화집행군 방안을 제시하였다. 그리고 부트로스-갈리가 지휘하는 동안 배치된 캄보디아, 소말리아, 보스니아 평화유지군의 활동은 그와 미국과의 관계가 흔들리는 계기를 만들게 된다. 내전을 종식하고 선거를 통한

14 프랑스 소르본느대학에서 수학하여 불어는 유창한데 영어가 그만큼 완벽하지 못한 점도 이유 중 하나로 평가된다.

정부수립을 완수하는 캄보디아 평화유지군은 나름 성공적이었으나, 미국은 소말리아에서 반군지도자 아이디드 색출 작전 도중에 (영화 블랙호크 다운에도 나오는) 미군 18명이 사망하는 사건이 발생하자 미군 전면철수를 결정하고 유엔을 비난의 표적으로 남는다. 보스니아 사태에 직접 개입을 주저하는 서방은 부트로스-갈리 총장의 독자노선을 이용하여 국내여론을 무마하는 용도로 유엔에 공을 넘기고 빠지는 모습을 보인다. 부트로스-갈리 총장은 이들의 속내를 알면서도 아무리 부족해도 유엔이 그 역할을 맡아야 한다며 이를 수용한다. 그러나 전황이 악화되고 현장의 유엔대표는 소극적 태도를 견지하면서, 국제여론은 유엔이 감당하지도 못할 일을 맡았다고 비난하고 유엔의 신뢰도가 실추하게 된다.

부트로스-갈리 총장은 1995년 발표한 '평화구상' 중간평가에서 평화집행peace enforcement 구상 자체가 잘못된 것이 아니라 회원국의 지원 부족, 안보리의 지나친 간섭micromanage이 문제라고 변명하면서 안보리의 긴급대응군 창설이 시급하다고 주장한다. 그런데 미국의 올브라이트 대사는 총장이 유엔의 실패를 안보리에 넘긴다고 이를 직접 반박하면서 골은 더욱 깊어진다. 그전 1994년 5월의 르완다의 인종학살 사태에 안보리가 긴급 개입할 것을 보트로스-갈리 총장이 요청할 때에도 올브라이트 대사는 미국의 유엔평화유지군 참여를 제한하는 조건을 제시하는 '대통령 정책지침 25호'를 근거로 평화유지군 전체의 파견을 지연시키면서 사무총장을 압박한다. 그 후 미국은 사무총장이 사무국의 행정관리 업무를 담당한 사람이지 유엔의 정책을 좌지우지 하는 역할을 담당하는 것이 적절치 않다는 입장을 피력하면서 그의 기반을 잠식해 나간다.

특히 부트로스-갈리 총장과 올브라이트 대사는 유엔사무총장의 역할과 권한에 대한 인식이 다르기도 하지만 상호간의 개인적인 감정이 누적되면서 공개적인 충돌로 이어지곤 했다. 부트로스-갈리 총장은 발칸 내전 전후처리 관련 유엔을 하부기관처럼 이용하려는 미국의 태도에 모욕을 느끼고 반기를 들었다. 이에 올브라이트 대사는 그를 축출할 것을 결심하고 '부트로스-갈리 재선저지 작업반'을 미국 대표부에 설치한다. 미국은 우선 그가 자진해서 퇴진하는 길을 권하지만, 부트로스-갈리는 이를 거부하고 재선 시도를 하겠다고 공개 선언한다. 그는 내심 클린턴의 재선 선거운동 차원에서 유엔을 격하하는 것으로 판단하고 미국 선거만 지나면 입장 변화가 있을 것으로 희망적 예상을 하였다. 그의 전방위 노력은 국제사회의 동정을 받았고 미국정부 일각에서도 올브라이트의 부트로스-갈리 재선 저지 노력을 비난하는 목소리가 나왔다. 그러나 1996년 11월 19일 미국 선거는 끝났으나 올브라이트는 자기 입장을 관철하고 부트로스-갈리 재신임에 대한 거부권을 행사한다. 나머지 14개국은 모두 찬성이었다. 한편, 미국은 다른 대륙은 모두 사무총장을 배출하였으나 이번에는 아프리카 차례라는 주장으로 부트로스 갈리의 1991년 당선을 관철한 아프리카 회원국 그룹의 감정을 달래기 위해, 다른 아프리카 후보를 물색해야 할 필요가 있었는데, 이를 위해 당시 평화유지 담당 사무차장을 하던 무명의 유엔 간부 코피 아난을 밀었다. 프랑스는 아난의 입후보에 끝까지 반대하다가 아난의 후임 평화유지 사무차장직을 프랑스 국적이 맡는다는 약속을 받고 나서야 찬성으로 선회하는 전략을 구사한다. 이로써 코피 아난이 후임 사무총장으로 선출되고 부트로스-갈리의 축출은 완수되었다. 그는 현재까지 선출된 9명의

부트로스-갈리의 회고록

유엔사무총장 가운데 연임에 실패한 유일한 인물로 남는다(트뤼그베 리는 자진 포기).

부트로스-갈리는 미국과 갈등을 겪던 과정을 그린 회고록의 제목을 "UNVANQUISHED"라고 붙였다. 표면적으로는 수많은 도전과 역경에도 정복당하지 않았다는 의미인데, 잘 보면 UN VANQUISHED가 되어 유엔이 정복당했다는 역설을 담고 있다고 해석되기도 한다. 나름 국제사회에서 바른 소리를 하면서 사무총장직을 수행하다가 강대국의 희생양으로서 단임으로 끝난 그의 소회를 잘 보여주는 표현으로 보인다.

반기문 총장은 파리에 머물고 있던 부트로스-갈리 전 총장을 만나 경의를 표했는데 당시 그는 반 총장에게 유엔사무총장 업무가 너무 많아 일일이 다 하자면 수명에 지장을 주니 천천히 11시에 출근해서 오후에 일찍 퇴근하라느니, 외교가에서 초청장이 무수하게 오지만 전혀 갈 필요가 없고 불가피한 경우에는 부인을 대신 보내라는 말을 해주었다고 한다. 물론 이는 반은 농담이고 반은 진실인 것이 그는 유엔 문서를 가져가서 밤늦게까지 숙독하느라 시간을 다 보내고 외교가의 사교 행사에는 관심이 없었다고 알려져 있다. 그는 유엔 퇴임 후 세계 불어권 기구OIF, Organisation Internationale de la Franchophonie 초대 사무총장을 역임하는 등 활동을 하다가 2016년 2월 고향 카이로에서 93세를 일기로 별세하였다. 내가 주이집트 대사로 있는 동안 부르토스-갈리 재단은 반기문 총장의 이집트 방문을 통한 부트로스-갈리 총장의 업적 재평가를 기대하기도 하였으나 일정 문제로 반 총장의 이집트 방문은 아쉽게도 실현되지 않았다.

(7) 코피 아난(Kofi Atta Annan, 1997-2006)

코피 아난의 유엔사무총장직 수임은 순전히 부트로스-갈리와 올브라이트 간의 감정싸움으로 인한 미국의 거부권 행사 때문에 이루어져 그는 그야말로 '우연히 당선된 사무총장Accidental Secretary-General'이라고 불리기도 하였다. 아난은 유엔사무국 실무자로 차근차근 올라온 인물로 무엇보다 차분한 성격과 친화력이 장점으로 각국 대사들, 언론인들과 내부 직원들 사이에 인기가 높았다. 그는 다소 독단적인 부트로스-갈리 전임 총장과는 달리 직원들과 상의하고 그들의 의견을 존중하는 리더로서, 기자들과는 소탈하고 솔직하게, 겸손한 태도로 말하는 자그마한 인물로 자리매김하고 있었다. 그가 사무총장으로 선출될 당시에는 평화유지 사무차장을 하고 있었으나 원래 그는 1962년 세계보건기구WHO의 예산회계 담당 직원으로 시작하여 유엔 시스템 내 각종 기구에서 주로 인사·재무 관리직을 맡아 왔고 1992년 부트로스-갈리 총장이 평화유지 사무차장으로 임명할 때야 고도의 정무업무를 처음 담당하게 된 것이다.

사실 같은 아프리카라고는 하지만 이집트와 가나는 전혀 다른 그룹에 속한다. 이집트는 지중해 연안의 중동국가로서 로마시대부터 유럽과 교류한 문명권이고 가나는 소위 '사하라이남' 혹은 '黑아프리카'로서 비교적 최근 근대화가 이루어진 곳이다. 아난은 여러모로 부트로스-갈리와 달랐다. 그는 사무실과 집만 오가는 일벌레였던 부트로스-갈리와는 달리, 뉴욕 사교계에 스웨덴 국적의 부인과 함께 등장하고 외교단과도 적극 교류하여 유엔과 자신의 인기를 높였고 미국과도 적극적으로 협력하여 미국과 유엔의 관계를 회복시켜 주유엔 미국대사들의 찬사를 받았다. 또한 냉전 후 세계에서 각국 국민들이 기본인권을 침해당할 때 유엔의 개입권한이 있다고 헌장을 해석하는 적극적인 독트린을 제시하여 국제사회의 환영을 받았다.

아난 총장 첫 임기 5년은 르완다나 소말리아 같이 유엔의 명예가 실추되는 큰 위기 없이 지나갔다. 물론 1999년 발칸반도의 유고 해체 과정에서의 세르비아의 인종 학살이 있었으나 미국을 중심으로 한 NATO군이 해결해 주었고, 독립을 선택한 1998년 동티모르 주민투표 결과에 대해 인도네시아 민병대의 폭력사태가 벌어졌으나 아난 총장의 하비비 대통령에 대한 끈질긴 설득으로 유엔군이 투입되면서 사태가 진정되고 동티모르의 궁극적인 독립의 길이 열렸다. 국제사회의 사찰을 거부하던 이라크에 대해서도 영·미가 폭격을 검토하던 시점에 아난 총장이 바그다드를 전격 방문, 사담 후세인과 담판을 하여 사찰 재개를 합의하고 돌아와 함마르셸드를 상기시키는 유엔의 예방외교 임무를 달성하는 모습을 보여주었다. 아울러 새로운 세기를 맞이하면서 새천년정상회의Millennium Summit를 통하여 국제사회를 결집하고 개발노력을 통하여 전 인류의 삶을 개선하겠다는 의지를 담은 새천년개발목표MDGs, Millennium Development Goals를 채택하고 15년간 추진해 나가기로 한다. 유엔은 대망의 21세기를 맞아들이는 과정에 이같이 중심적 역할을 하여 국제사회의 갈채를 받았다. 2001년 6월 안보리는 일찌감치 아난의 연임을 승인하고 10월에는 노벨위원회는 '코피아난과 유엔'에게 평화상을 수여하기로 발표한다. 아난이라는 개인과, 유엔이라는 조직에 대한 표창이었는데, 이때 유엔 조직은 보편적인 회원국을 가지고 있는 총회가 가장 상징성이 있는 기구로서 당시 제56대 총회의장인 한국의 한승수 외교통상부 장관이 대

2001년 노벨평화상을 수상한 절정기의 코피 아난 사무총장

표로 수여받았다. 아난 제1기는 그의 국제적 명성이 극치에 달하던 가장 행복한 시절이었다.

그러나 아난 제2기는 전혀 다르게 전개되었다. 2001년 노벨상 수상자 발표가 있기 한 달 전에 9/11 사태가 벌어지고 세계는 냉전 종식 이후 10년 만에 낙관적인 '세계화를 통한 복지 극대화' 분위기에서 완전히 달라진 새로운 시기에 접어들게 된다. 당초 9/11 사태는 테러 집단이라는 비국가행위자가 국제 안보에 위협으로 최초로 대두한, 냉전 이후의 변곡점으로서 국제사회가 테러활동 저지를 위해 단합하고 새로운 시스템을 구축하는 결과로 가져왔으나, 한편으로는 테러 집단 발생의 근본 원인root cause이 이스라엘의 부당한 팔레스타인 점령이라는 주장을 다수의 중동국가가 전개하는 단초를 제공하기도 하였다. 그러나 9/11 자체를 저지른 테러리스트 가운데는 이라크 사람이 없고 알카에다의 두목 오사마 빈 라덴과 사담 후세인도 상호 관련이 없었으나 체니 부통령을 비롯한 미 정부 강경파는 10년 전 걸프 전쟁에서 내쫓지 못한 사담을 축출할 호기가 드디어 왔다고 판단하였다. 당초 미국은 관심이 없었으나 영국의 주장으로 미국의 무력사용을 승인하는 안보리 결의를 추진하나 프랑스와 몇몇 비상임이사국의 반대로 실패한다. 이에 일부 미국 국민은 프랑스 와인 불매운동에 돌입하고, 부시 대통령은 2003년 3월 미국이 불가피하게 이라크를 공격한다는 연설과 함께, 유엔 안보리가 국제평화를 위해 필요한 조치도 취하지 못한다고 비난한다. 물론 안보리는 회원국들의 책임이지만, 이로 인해 유엔과 아난 총장은 가장 불행한 시기를 맞이하게 된다. 유엔사무국은 아예 미국의 침략행위와 관여하지 말자는 그룹과 그래도 유엔의 역할을 하자는 그룹으로 양분되는데, 결국 난민에게 인도적 지원을 제공하고 신정부 수립 과정에서 선거를 지원하는 등 역할을 맡게 된다. 아난은 자신의 후계자로 떠오르던 브라질 출신의 유엔 인권최고대표 비에이라 데멜로가 미국 점령하 이락에서의 유엔 활동을 지휘하도록 하였다. 미국의 폴 브레머 행정청 대표는 미국을 거부하는 이라크와 소통을 수월하게 하는 데멜로의 도움에 점점 더 의지하게 된다. 2003년 8월 19일 유엔이 사무소로 쓰던 호텔에 트럭에 실려온 무려 1톤의 자살폭탄이 터지고 데멜로를 포함한 유엔 직원 22명이 사망한다.[15] 아난은 가장 우수한 직원을 보내 유엔이 반대하는 전쟁의 결과를 정리해주게 하였더니 오히려 공격을 받

---

15 이 사망자 숫자는 유엔 역사상 가장 큰 직원희생으로 기록되었다가 2010년 아이티 지진으로 아이티 주재 유엔사령부 전체가 붕괴하면서 115명이 사망하여 더 큰 사건이 되었다

아 죽게 했다고 개탄한다.

한편, 유엔은 1991년 걸프 전쟁의 결과로 국제제재를 받던 이라크에 1996년부터 제한적인 석유 판매를 허용해서 이라크 국민에 식량을 공급하는 '식량을 위한 석유 프로그램Oil for Food Program, OFFP'을 운영하고 있었다. 이를 통하여 이라크는 640억 달러 어치의 석유를 팔아 370억 달러 어치의 식량을 구입하고 차액인 270억 달러는 유엔이 동 사업 운영비, 식료품 분배작업, 쿠웨이트에 대한 배상금 등으로 지출한다. 일상적으로 관리되던 이 OFFP 사업이 유엔과 미국의 관계 악화를 계기로 유엔 공격용으로 재조명받게 된다.

아난은 부시가 재선 운동 중이던 2004년 9월 BBC 방송과의 인터뷰에서 미국의 이라크 침공이 합법적이냐는 질문에 대해 '유엔헌장과 합치하지는 않는다'는 대답으로 피해 가다가, '합법적이냐 아니냐?'는 집요한 질문이 반복되자, '헌장에 의하면 불법으로 간주된다'는 답을 하고 만다. 게다가 아난은 이라크의 수니파 성지 팔루자에 대한 미군의 공격계획에 대한 반대 입장을 서한으로 보내는데 하필 서한은 선거 바로 전날에 발송되었고 그 내용이 언론에 누출되어 선거 다음 날 아침 이 내용을 확인한 미국 정부는 발칵 뒤집힌다. 이에 대한 반발로 OFFP 사업을 통한 유엔의 부패상을 알리는 기사가 나오고 아난은 전 미국중앙은행 총재 폴 볼커가 이끄는 조사위원회를 임명한다. 볼커 위원회의 조사 결과, 이라크 정부가 OFFP를 통해 거래하는 유가에 웃돈을 얹거나 식료품 업체로부터 뒷돈을 받아서 총 18억 달러를 챙겼고 특히 요르단과 터키에 110억 달러 상당의 석유를 밀매하였다고 드러났다. 사실 터키와 요르단은 이락 제재로 인한 피해가 커서 이러한 밀거래를 미국의 용인하에 진행했던 것이었다. 그러나 미국 의원들은 이 모든 숫자를 유엔의 착복으로 만들어서 유엔이 200억 달러 이상의 부정을 저질렀다고 주장했다. 사실 이러한 부정은 이라크 정부와 업체들이 저지른 것이고 감독책임도 이 사업을 만들고 이를 감시하기 위한 영·미가 주도하는 제재위원회까지 설치한 안보리 회원국들에 있었다. 이러한 점들을 아무리 아난이 지적해도 미국 여론은 부패한 유엔사무국을 상징하는 아난의 사임을 요구하였다. 이 사업을 담당한 유엔 직원 세반 국장은 OFFP 사업으로 판매되는 석유를 위한 쿠폰을 제공하였고 14.7만 달러가 그의 계좌에 입금되었음을 조사위원회가 밝혀냈다. 이는 회원국들의 전체 비리에 비하면 극히 소액이지만 유엔사무국 직원의 연루 사례가 확인되자 아난 총장의 입장이 더욱 어려워졌다. 더욱이 그의 아들 '코조' 아난이 OFFP에 연관된 나이지리아 소재 스위스 업체에 부당 채용되었다는 의혹이 제기되었다. 볼커 위원회는 조사 결과 증거 불충분으로 판정했고 아난의 잘못도 없다고 결론을 냈으나 아난 총장은 엄청난 정치적 타격을 받고 우울증에 빠지고 업무불능의 지경에 이른다.

아난은 리챠드 홀부르크 전 미국 유엔대사의 뉴욕 아파트 모임에서 그동안 밀착해서 아난을 보좌하던 간부진을 전면 개편할 것을 조언받고 익발 리자 비서실장을 비롯한 측근들을 모두 내보내고 UNDP 총재를 맡고 있던 영국의 마크 맬록-브라운을 비서실장으로, 그리고 부총장으로 기용하면서 분위기를 쇄신한다. 말이 쇄신이지, 사실은 그의 수족이 잘려나가고 대외 이미지가 파손된 그의 중심 역할이 점차 소멸되는 과정이었다고 할 수 있다. 게다가 인준이 어려워 보일 정도의 강경한 성향 때문에 미국 부시 대통령이 2005년 8월 휴회 기간에 임명한[16] 존 볼튼이 '유엔본부는 10개 층이 사라져도 상관

없다'는 독설을 내뿜으며 유엔 대사로 오면서 아난의 마지막 17개월을 마주하며 보내게 되어 그의 괴로움을 가중시켰다. 그러던 중 2006년 여름 이스라엘과 레바논의 헤즈볼라와의 전쟁이 발생하여 유엔이 휴전을 중재하고 평화유지군을 투입하여 양측간 휴전을 감시하는 역할을 하면서 잠시 유엔의 중요성을 상기시키는 순간을 맞이한다.

임기 말기의 무기력한 아난은 같은 시기에 진행된 후임 총장 경선이 가열되는 가운데 역사 속에 사라져 갔다. 반기문 총장이 당선 확정 후 아난 총장을 예방할 때 배석하면서 내가 본 아난은 불과 5년 전 한승수 장관의 유엔총회 의장 시절 활기차고 여유 있는 모습은 사라지고 우울한 표정에 목소리가 잘 들리지도 않는 쇠약한 모습이었다. 예방이 끝날 쯤에 그는 작은 메모지를 내밀었다. 그것은 자신의 임기 중에 수고해준 실무진 명단이었고 그는 그들이 유엔에서 계속 일하게 해 줄 것을 반 총장에게 간청하였다. 거기에는 '갑질'로 악명 높은 가나 출신의 여비서의 이름도 포함되어 있었다. 나는 아난 총장을 2007년 12월 케냐 대선 관련 인종 분규를 진화하는 역할을 반 총장이 그에게 요청하였을 때 다시 보았는데 그때는 현직을 떠난 후 많이 회복되었는지 자신 있고 단호한 현자의 모습을 보여주었다. 원래 운동을 많이 하고 강철 체력을 자랑한다던 사람인데 2018년 80세의 나이로 갑자기 별세하여 그들 자신과 같이 간주하던 많은 유엔 직원들이 애도의 뜻을 표하였다.

---

16 미국 정부 대사들은 상원 인준을 받아야 하는데 인준에 충분한 표가 확보되지 않았다고 판단될 경우, 의회 휴회 기간에 임명하여 제한된 기간만 근무하게 하는 임명을 휴회 임명(recess appointment)이라고 한다.

PART
03
대한민국과 유엔

03

대한민국과 유엔

1 대한민국의 건국과 유엔

제2차 세계대전 중 연합국은 1910년부터 일본의 식민지가 되어 신음하던 한민족을 해방하고 독립시키기로 1943년 11월 27일 카이로 정상회담에서 결정하였다. 1945년 여름에 접어들면서 아시아·태평양 지역에서의 전황이 점차 불리해지고 엄청난 희생을 치르면서도 전쟁 계속 수행을 다짐하고 본토 옥쇄를 결의하는 일본을 두고 미국은 심각한 고민에 빠졌다. 유럽 전선에서 이미 5월에 독일이 항복한 상황에서 미국은 소련의 막강한 육군력이 아시아 전선에 투입되어 만주의 관동군 격퇴와 일본 본토 상륙에 기여하고 종전을 앞당김으로써 미군 병력의 희생을 줄이고자 하는 의도에서 소련의 참전을 종용하였다. 한편 미국은 7월 16일 로스알라모스에서 궁극의 무기인 핵폭탄 폭발시험에 성공하였는데 이는 다음날 전후 국제 질서를 소련, 영국과 논의하기 위한 포츠담회담을 주최하는 트루먼 대통령에게 보고된다. 여기서 트루먼 대통령은 핵실험 성공을 암시하는데 이미 첩보 보고를 통해 알고 있던 스탈린은 애써 핵폭탄의 위력을 무시하는 척하고 대일 참전 약속을 한다. 그러나 소련은 미국과 일본이 서로 싸우면서 지치기를 기다리고 있다가, 8월 6일 히로시마에 원자폭탄이 투하되어 전대미문의 희생을 초래한 이틀 후인 8월 8일에야 대일 선전포고를 하고 만주에 진입하고는 일본 항복 3일 전인 8월 12일 한반도에도 밀고 들어온다. 당황한 미국(후일 국무장관이 되는 딘 러스크 당시 대령)은 편의상 위도 38도선 이북을 소련이 점령하고 이남은 미국이 잠정적으로 점령하자고 제안하여 소련의 38선 이남 진주를 저지하고 9월이 되어서야 한반도에 상륙한다. 이러한 조치에 대해서는 한반도 분단의 책임을 물을 수도 있으나, 이러한 제안이 없었을 경우의 대체 역사를 상상해보면 그나마 다행이라는 생각도 들 것이다.

우리에게는 '모스크바 3상 회의'로 알려진 미·영·소 외교장관 회의가 12월에 열리고 한국을 5년간 4개국 공동 신탁통치에 두기로 한다. 그러나 한국 국내의 격렬한 반탁운동, 미·소간의 신탁통치 관련 협상의 난항, 동구의 공산화로 드러난 소련의 야욕으로 동서냉전이 시작되면서 신탁통치 안은 포기된다. 소련은 남북이 동수의 의원을 선출할 것을 제안하나, 이는 인구가 더 많은 남측이 수용하기 어려운 방식으로 거부되고, 한반도 문제는 유엔에 회부된다. 유엔총회는 유엔 감시 하에 남북이 각각 인구비례에 따른 총선을 통한 국회 구성을 권고하는 제112호(II)B 결의안을 통과시키고 유엔한국임시위원단UN Temporary Committee in Korea, UNTCOK을 설치한다.

그러나 소련 측의 거부로 이 결의의 실행이 난항에 부딪히자 미

대한민국 정부 수립

국은 선거를 가능한 지역에서만 실시하기로 결정한다. 이에 따라 구성된 국회에서 이승만을 대통령으로 선출하고 1948년 8월 15일 대한민국 정부가 수립된다. 제3차 유엔총회는 대한민국 정부가 한국 국민의 정당한 선거를 통하여 수립된 유일한 합법정부임을 확인하는 제195(III)호 결의를 채택한다. 이에 대항하여 북쪽에서는 유엔의 권능을 부인하고 소련이 비호하는 김일성 주도하에 별도의 정부가 9월 9일 수립되고 각각의 정부는 한반도 전체에 대한 관할권을 주장한다. 미소 양국 군대가 한반도에서 철수한 이후에도 유엔위원회는 제4차 총회의 제293(IV)호 결의에 따라 38선 지역에 감시단을 주둔시키고 양측간 충돌을 막는 역할을 하고자 하였다.

2 한국전쟁과 유엔

미국시간으로 6월 24일 밤 북한이 남한을 무력 침공했다는 소식을 미 국무부 차관보로부터 전해들은 리 사무총장은 이것은 '유엔에 대한 전쟁'이라고 언급했을 정도로 대한민국의 건국과 방위는 유엔과 직결된 것이었다. 리 사무총장은 유엔이 양자 간의 중립적인 중재 역할을 하기보다는 명백한 침략자를 격퇴하는 역할을 해야 무기력한 국제연맹의 과거 모습을 탈피할 수 있을 것으로 판단한다. 나치 독일의 노르웨이 기습 침공을 상기하면서 리 사무총장은 한국의 방위가 유엔안보리의 책무라고 확신하고 관련 결의안을 안보리에서 통과시킴으로써 유엔의 진면목을 보여주고자 결심한다. 미국도 북한의 침공을 소련의 세계 공산화 전략의 일환으로 간주하고 유엔을 통한 확고한 격퇴를 다짐한다.

실질적인 난관은 유엔의 조치를 무력화할 수 있는 소련의 거부권 행사였다. 그런데 마침 소련은 중국 내전에서 패배한 대만의 장개석 정부가 안보리 의석을 차지하고 있는데 대한 항의의 표시로 6개월째 안보리 출석을 거부하고 있었다. 6월 의장인 인도 대사의 주재로 개최된 안보리 회의에서 리 사무총장은 평화회복을 위한 조치가 안보리의 책무라고 발언하여 이란 사건으로 확립한 사무총장의 입장 표명 권한을 재확인하였다. 소련은 자국의 불출석으로 안보리 회의가 성립되지 않는다고 항의하였지만, 안보리는 9대 0으로 결의 82호를 통과시키고 북한을 침략자로 규정하고 교전 행위의 즉각적인 중단, 북한군의 38선 이북 철수, 모든 회원국의 북한 지원 금지를 요구하였다. 6월 29일 안보리는 '대한민국이 침략을 격퇴하고 이 지역 국제평화와 안전을 회복할 수 있도록 모든 필요한 지원을 회원국이 제공할 것'을 규정한 결의 83호를 채택하고 미국은 이 결의를 근거로 한국 방어를 위한 군사력 투입을 결정한다. 6월 30일 맥아더 주일미군 사령관의 건의로 미국은 지상군 투입을 결정하고 7월 7일 안보리는 결의 84호로 미국 주도하의 유엔 통합사령부를 설치하고 맥아더를 유엔군 총사령관으로 임명한다.

한편, 자신의 안보리 불출석 전술을 후회하던 소련은 안보리 의장을 맡는 8월부터 복귀하고 안보리의 북한 규탄 및 격퇴와 관련된 조치를 위한 결의를 무산시킨다. 이에 미국은 소련의 거부권으로 마비된 안보리를 우회할 방안을 마련하는데, 이것이 바로 11월 3일 채택한 '평화를 위한 단결 결의Uniting for Peace Resolution(결의 377(V)호)'로서 안보리가 국제평화와 안전 유지라는 헌장상의 책임을 다하지 못할 경우, 유엔 총회에서 필요한 조치를 결의할 수 있도록 규정한 것이다. 아직 신생 독립국들이 대거 유입되기 전의 총회는 3분의 2가 친미 국가들이어서 결의안 통과에는 문제가 없었고, 총회의 결의는 안보리 결의와는 달리 구속력이 없으나 미국은 충실하게 결의의 내용을 이행해나갔다.

인천상륙작전 이후 파죽지세로 북한군을 격파하던 유엔군은 침략자를 끝까지 분쇄해야 한다는 분위기로 바뀌고 미국 정부도 한반도 통일이 소련을 봉쇄하는 전략에 유효할 것이라고 보고 다시 '한반도 전반의 안정을 위한 적절한 조치를 취할 것'을 아울러 결의하고 유엔군이 38선을 넘어 진격하기로 한다. 중국은 북한의 붕괴를 좌시하지 않겠다는 경고를 수차 발신하였으나 미국은 이를 무시하고 압록강을 향해 진격한다. 미국의 예상을 깨고 중국은 26만 명의 소위

맥아더가 이끄는 유엔군의 인천상륙작전

의용군이 압록강을 건너오면서 유엔군은 퇴각한다. 제3차 세계대전으로 비화할 수도 있는 중공 및 소련과의 직접적인 충돌을 우려한 트루먼 대통령은 만주 폭격 등 강경책을 건의하는 맥아더를 해임하고 한반도의 분할이라는 현실을 받아들이는 휴전을 추진하기로 한다. 2년간의 지루한 휴전 협상이 벌어지고 그동안 전선에서는 한 치라도 땅을 더 확보하기 위한 싸움이 '철의 삼각지대'를 포함한 지금의 휴전선 근방에서 처절하게 벌어졌다. 전통적으로 안보에 약하게 보이는 민주당 정권은 운신의 폭이 좁아 협상이 지지부진하였다. 한편 미국 국민이 피로감을 느끼던 한국전쟁을 종식하겠다는 공약으로 1952년 당선된 아이젠하워 행정부는 1953년 7월 휴전협정 타결에 성공한다. 이러한 과정에 공산권측은 당시 덜레스 국무장관이 내세우던 핵무기 '대량보복전략'의 위세에 겁을 먹고 순순히 협상에 임했다는 해석도 있다. 휴전협정은 유엔군을 대표하여 미국의 마크 클라크 대장이 서명하고 중국은 팽덕회, 북한은 김일성이 서명하였다. 우리는 흔히 한반도에는 아직 전쟁이 종식되지 않았다고 한다. 정식 평화협정이 아니라 휴전협정에 의해서 규율되는 정전체제이기 때문이다. 역으로 보면, 잠정적으로 무력행위만 중지시킨 정전체제가 지난 69년간 한반도에서 평화를 지켜온 것이다. 지금도 정전체제 유지의 주체는 유엔사이고 중립국감시위원회가 있어서 휴전협정의 이행상태를 중립국들이 객관적으로 모니터하는 체제가 유지된 것이다. 이러한 유엔 감독하의 체제를 허무는 것이 북한의 일관된 목표였기에 남북한 유엔가입 이후에도 북한은 각종 압력을 가하여 중립국감시위원회를 무력화시키는 결과를 가져온다.

③ 한반도 정통성 경쟁과 유엔

제2차 세계대전 종전 후 한반도에 두 개의 정권이 태어나 성립된 분단 상태가 한국전쟁으로도 해소되지 않고 기정사실화 되자, 두 정권 간의 체제경쟁이 본격적으로 전개되면서 국제무대에서는 누가 정통성과 대표성이 있느냐를 놓고 대결이 벌어진다. 그 전장은 결국 보편적인 회원 구성을 보유하고 있고 국제여론의 바로미터라고 할 수 있는 유엔이 된다. 두 정권은 분단과 대치로 인해 유엔에 정식 가입도 못한 옵저버 자격으로 유엔에서 격렬한 경쟁을 벌인다.

휴전협정 제60조와 1953년 8월 유엔 총회 결의 제711(VII)호에 입각, 한국 문제의 평화적 해결을 위해 제네바 정치회담이 1954년 4월 개최되었으나 곧 결렬되고 한국 문제는 다시 유엔 총회로 되돌아간다. 유엔 총회는 그해 12월 채택한 결의 제811(ix)호를 통하여 한국에서의 유엔의 목적은 ① 대의제 정부형태로 독립된 통일 민주국가를 평화적 방법으로 수립하고 ② 이 지역에 국제평화와 안전을 완전히 회복하는 것임을 재확인하였다. 이후 유엔 총회에서는 UNCURK(유엔 한국통일부흥위원회, United Nations Commission for the Unification and Rehabilitation of Korea) 보고가 차기 총회 의제에 계속 포함됨으로써 한국 문제를 매년 토의하게 되었고 대한민국 대표를 단독 초청하여 이 토의에 참석시킨 가운데 유엔 감시하 인구비례에 의한 남북 총선거를 골자로 하는 '한국통일 결의안'을 가결시켰다. 그러나 1960년 이후 아시아·아프리카 지역 신생국의 대거 가입과 그들의 반서방·비동맹 경향으로 유엔 총회의 양상도 변하게 된다.

점차 한반도 통일 문제는 본질 토의보다는 남북한 대표를 토의에 참석시킬 것인가에 대한 절차 문제에 치중하게 되고 1961년 4월 한국 문제를 다루는 유엔의 권위와 권능을 북한이 수락한다는 조건으로 남·북한 대표를 모두 초청하자는 결의안(A/C.1/837)을 채택하게 된다.[1] 1961년 이후 유엔 총회에 연례적으로 상정된 한국 문제 토의는 본질 문제에 있어서는 유엔의 '한반도 통일 원칙'을 재확인하고 UNCURK 활동을 지속하자는 서방측 결의안을 압도적 다수로 채택하였으며, 북한지지 국가들은 매년 남·북한 동시 초청, 주한미군 철수 그리고 UNCURK 해체를 요구하는 결의안을 제출하였으나 부결되었다.

이러한 공방이 연례행사처럼 반복되는 가운데 아시아·아프리카 신생국들의 대거 유입으로 유엔 회원국 구성의 변화가 생기면서 이 싸움은 비생산적이고 소모적이 되었고 정부는 이러한 자동적인 연례 토의를 피하는 길을 모색하게 된다. 1968년 UNCURK 보고서를 '필요시 사무총장에게' 제출하도록 하는 재량 상정방식으로 변경하는 결의를 통과시켰으나 친북 국가들이 UNCURK 해체 및 미군철수를 주장하는 안을 제출하고 우리는 이에 대응하는 안건을 제출하는 양상이 다시 계속되었다. 한편 1971년 중공이 유엔에 가입하고 비동맹 회원국이 40%를 넘으면서 여건이 더욱 어려워짐에 따라 한국은 한국문제 토의안건 일괄연기 안을 그해 9월 통과시켰다. 한국 정부는 1972년 '7.4 공동성명' 그리고 1973년 '6.23 평화통일 외교정책 선언'으로 대유엔 외교에 전환점을 마련하고 '북한의 국제기구 참여와 통일 시까지의 잠정조치로서 남북한의 유엔 동시가입에 반대하지 않는다.'는 방침을 밝힌다.

그럼에도 비동맹을 중심으로 남북경쟁은 계속되다가 그해 9월

---

1 미국 스티븐슨 대사의 수정안

제28차 유엔총회에서는 남북한 양측 지지세력 간 교섭을 통하여 표 대결을 피하자는 극적인 타협을 이루고 남북대화를 통한 평화통일을 촉구하고 UNCURK를 해체하자는 성명을 채택하고 UNCURK는 활동을 종결한다. 그러나 1974년 29차 총회에서도 한국 문제 관련 표 대결은 계속되고(우리 안 채택, 북한 안 부결) 1975년 북한의 비동맹회원국 정식가입으로 북한 지지세가 급증하여 1975년 30차 유엔총회에서 우리 측 결의안(3390A호)과 북한 측 결의안(3390B호)이 동시에 통과되는 충격적인 결과를 가져왔다. 이에 우리 정부는 30차 총회이후 핵심 우방들과의 협의를 거쳐, 유엔에서의 불필요한 남·북 간 경쟁을 피하고 한국 문제를 7.4 공동성명에 입각하여 남·북 간 대화를 통하여 해결해 나간다는 기본정책 아래 제31차 총회부터 유엔에서의 한국문제 토의를 지양하기로 하였다. 76년도 제31차 총회에서 북한 측 결의안 제출 및 우리 측 대안 제출로 대결이 재연될 뻔했으나 개막 직전 양측이 철회하여 31차 총회 이후에는 한국문제가 더 이상 토의되지 않았다. 그 후 1977년부터는 '한국문제 불상정, 불토의' 방침이 일관되게 유지되었다. 한국 대표부는 총회의 7개 위원회를 중심으로 유엔의 실질문제 토의에 보다 적극적으로 참여하기 시작한다.

4 남북한 유엔 동시 가입

우리의 최초의 유엔가입 신청은 1949년 1월에 있었는데 대부분 안보리 이사국들의 지지에도 불구하고 소련의 거부권 행사로 부결되었다. 북한은 2월에 신청했으나 사전 단계인 가입심사위원회 상정도 부결되었고, 그 이후 여러 번에 걸친 대한민국의 시도는 소련의 거부권으로 좌절된다. 1973년 6.23 선언은 북한의 유엔가입에 반대하지 않는다는 획기적인 입장을 제시하였으나 북한은 남북한 동시가입은 한반도 분단을 영구화 한다고 반대한다. ('고려연방공화국'이라는 단일국호 주장) 1977년 이후 유엔에서의 남북대결을 중단한 상황에서 한국의 대유엔 외교의 초점은 남북대화와 긴장완화의 국제여론 조성 그리고 한국의 유엔 가입에 유리한 여건 조성에 맞춰졌다. 그런 가운데 80년대 발생한 일련의 사건들은 유엔을 무대로 토의가 이루어지며 한국에 대한 국제사회의 관심을 불러 일으켰다. 1983년 9월 소련에 의한 KAL 007기 격추사건, 같은 해 10월 버마 아웅산 묘지에서 발생한 북한의 한국 대통령 암살기도 폭발사건, 1988년 김현희의 KAL 858기 폭파사건이 그것인데 주로 소련과 북한을 규탄하고 국제사회의 조치를 유도하는 노력이었다.

한편, 우리나라와 유엔과의 특수한 인연을 강조하고 한국의 유엔 가입의 당위성을 강조하는 노력이 전개되는데, 1985년 노신영 총리의 유엔창립 40주년 특별총회 연설, 그리고 1988년 제43차 유엔총회에서 한반도 평화정착을 위한 7.7 선언을 설명하고 남북한 정상회담 개최를 제의한 노태우 대통령의 연설이 대표적이었다. 특히 1980년 모스크바 올림픽과 1984년 로스앤젤레스 올림픽이 모두 반쪽짜리로 열린 다음 세계평화와 동서화합의 상징으로 열린 1988년 서울 올림픽은 우리에게 유리한 여건을 조성해 주었다. 이를 활용한 북방외교는 헝가리를 비롯한 구 공산권 국가들의 지지를 확보하기에 하게 이르고 우리의 유엔가입 당위성에 대한 인식은 더욱 확산된다. 1989년 우리 가입지지 발언 48개국에 북한 가입지지 발언 3개국과 같이 분위기가 심상치 않음을 깨달은 북한은 1990년 해묵은 유엔가입의 분단 고착화 및 단일의석 공동가입 방안을 다시 들고 나왔으나 독일의 통일 사례와 유엔 헌장과의 배치로 인해 설득력을 잃고 국제사회에서 외면당한다. 소련은 1990년 9월 수교 반년 만에 1991년 4월 고르바초프 대통령이 방한하여 우리의 유엔가입 입장에 대한 이해를 표명하고 중국도 우리에 대한 국제적인 지지를 실감하고 보다 현실적인 시각을 갖고 북한을 설득하기에 이른다. 이에 대해 한국의 단독가입으로 인한 상황을 묵과할 수 없다는 이유로 북한이 5월 27일 유

유엔 가입 직후 이상옥 외무부 장관과 강석주 외교부 부부장

엔가입 신청을 발표하고 7월 8일 신청서를 사무총장에게 제출한다. 우리는 8월 5일 가입신청서를 제출하고 양측의 가입신청서를 안보리 가입심사위원회의 심의를 거쳐 8월 8일 안보리에 단일 결의로 회부되고 안보리는 이를 만장일치로 채택하고 총회로 회부하여 제46차 유엔총회 개막일인 9월 17일 남북한이 함께 유엔에 가입하였다.

개인적인 회고를 하자면, 그 시점에 나는 1990년 5월 외교부에서 보내준 미국 유학에서 돌아와 이규형 과장(후일 외교부 차관, 주러시아, 주중국 대사 역임)이 이끄는 유엔과에 배정받아 근무하고 있었다. 당시 1989년의 베를린장벽 붕괴 및 독일통일 등 냉전종식 과정을 목도하면서 세계가 근본적인 전환점에 있다는 것은 뇌리에 다가오면서도, '설마 우리가 유엔에 가입하랴' 하는 의구심이 들 정도로 우리에게 유엔 가입은 현실적으로 어려운 목표로 인식되었다. 게다가 권위주의 정권의 기억이 생생한 가운데 섣불리 시도했다가 잘 안 되면 책임질 위험이 높은 일인지라 오히려 슬슬 피하는 것이 안전한 선택인 상황이었다.

그러나 외교부 본부의 문동석 국제기구국장은 그야말로 차돌 같은 분으로서 기필코 이를 성취하겠다는 단호한 의지가 엿보였다. 한편 대유엔 외교현장에 있던 현홍주 대사가 보여준 그의 용의주도한 지도력과 열정 없이는 유엔 가입은 성사가 불가능하였을 것이라고 생각된다. 설사 그가 국내 권력투쟁에서 박철언 장관에 밀려서 외교일선으로 나간 상황에서 국내정치 컴백을 위해 인상적인 성과가 필요해서 그랬다 하더라도 말이다. 아울러 그의 휘하에는 현 대사만큼이나 강한 의욕에 능력도 출중하였던 권종락 참사관(후일 외교차관 재직 중 별세), 윤병세 서기관(후일 외교장관), 하찬호 서기관(후일 베트남

대사) 등이 있어 주요국 상대들을 포섭하고 설득하면서 뛰어다녔기 때문에 가능하였다. 본부 사령탑, 현지 지휘관, 현지 행동대원의 삼위일체가 이루어진 것이다.

나는 1991년 2월부터 장관실로 파견(장관 수행비서) 나가서 형식적으로는 유엔과 소속이지만, 실제로 유엔 가입 업무를 다루지 못했다는 아쉬움이 있었다. 다음해 2월 주미대사관 발령과 그 이후 이어진 북미국 근무로 나의 유엔에 대한 추억은 멀어지는 듯했다. 그러나 10년 후 2001년 한국의 한승수 외교통상부 장관이 제56차 유엔총회 의장직을 수임할 때 그 팀에 합류하는 영광을 누렸고 이미 주미대사관 근무시절에 호흡을 맞췄던 반기문 비서실장을 모시고 일하게 되었다. 그 후 나는 북미국 과장으로 복귀하였으나 다시 유엔대표부로 근무 나가서 반 총장 선거운동을 돕다가 반 총장 당선에 유엔사무국 근무로 이어져 2005년 이후 나의 외교인생 후반기는 유엔으로 다시 이어졌다.

5 유엔 정회원국으로서 한국의 활약

(1) 준비된 회원국, 대한민국

대한민국은 옵저버 자격으로도 이미 활발한 국가였으나[2] 일단 꿈에도 그리던 정회원국이 되고 난 후에는 냉전종식 이후 유엔의 중요성이 증대됨과 함께 우리 외교의 지평도 대폭 넓어졌다. 유엔에서 우리가 국제평화와 안전 유지에 적극 참여하여 주요 문제에서 우리의 국익과 지분을 확보하고 우리 입장이 반영되도록 하는 노력을 적극 전개하였다. 이는 국제사회에서 한국의 위상을 격상시킬 뿐 아니라 평화적인 한반도 통일에 대한 준비작업의 차원에서도 중요한 작업이었다. 한편 우리는 오랜 남북대결 외교에서 잔뼈가 굵어서 그런지 폭넓은 회원국들의 지지를 확보하는 데 정평이 나 있었고 매번 도전하는 선거에 성공해서 내가 붙인 별명이 '동방불패'였다. 우리의 전방위적인 접촉 노력, 특히 우리의 성의 있는 설득 노력을 후진국 대표단들은 환호하였고 선진국들은 이미 우리의 입장을 잘 알고 있을 정도였다.

(2) 안보리 진출

가장 먼저 도전한 것이 안보리 비상임이사국 진출이었다. 유엔이 기본적으로 전쟁을 막고 평화를 유지하는 것이 기본 목표인 점에 비추어볼 때 유엔회원국으로서 안보리에 참여하는 것은 유엔의 핵심

2 80년대 초 어느 주유엔 한국 대사는 직원들이 사무실에 없다고 찾다가 다들 회의장에 가있다고 하니까, "아니 옵저버 국가가 창피한 줄도 모르고 회의장에는 왜 가있습니까?"라고 짜증을 냈다는 일화도 당시 1등서기관으로 근무했던 반기문 총장에게 들은 기억이 있다.

안보리 의장 역할을 수행하는 박수길 대사

작업에 함께 하는 의미가 있었다. 우리나라는 1995년 11월 8일 선거에서 이집트, 기니비사우, 폴란드, 칠레와 함께 96/97년 2년 임기의 비상임이사국으로 선출되었다. 박수길 대사가 이끄는 한국 대표부는 1997년 5월에는 안보리 의장국으로서 난민 문제에 대한 공개토의를 주도하고 관련 의장성명을 채택하여 냉전 이후 지역분쟁으로 늘어나는 난민 문제에 대한 문제의식을 제고하는 데 기여하였다.

우리나라는 10년 후 2006년 선거에 안보리 진출을 검토하였으나 반기문 장관의 사무총장 진출에 우선 외교력을 집중하기로 하고 이를 연기한다. 그 결과 반 총장 임기 중인 2012년 10월 19일 선거에서 다시 안보리이사국에 선출되고 2013~2014년간 활동하였다. 이 시기에는 안보리 의장을 두 번[3] 수임하고 '무력 분쟁 하 민간인 보호'

3 15개국이 알파벳순으로 월별로 돌아가므로 초반에 수임하면 2년 임기 말기에 다시 의장 수임이 가능하였다. 한국 대사는 전반기는 김숙 대사, 후반기는 오준 대사가 맡았다.

에 관한 고위급 안보리 공개토의를 개최하고 '안보리 결의 1540호 채택 10주년 기념 고위급 공개토의'를 개최하면서 안보리 주요현안을 선도해 나갔고 북한문제, 특히 북한의 WMD 및 인권 문제에 주도적으로 대응하고 시리아 사태 등 지역분쟁과 유엔평화유지활동 강화 등 노력에 적극 동참하여 안보리이사국 역할을 수행하였다, 한국 정부는 2024~2025년에도 세 번째 안보리 진출을 시도할 예정이다. 그간 축적된 경험과 노하우로 더욱 의미 있는 기여를 할 것을 기대한다.

(3) 제56차 유엔총회의장

한국은 유엔 공식가입 10년 만인 2001년 9월 제56차 유엔총회의장직을 한승수 당시 외교통상부 장관이 수임한다. 2001년 초 푸틴 대통령 방한 후 채택한 공동성명에 문제의 ABM 조약 관련 문구가 들어가고 그것이 김대중 대통령과 신임 부시 대통령과의 정상회담에 악영향을 미쳤다는 이유로 차관직을 그만둔 반기문 대사가 총회의장 비서실장chef de cabinet을 맡고 오준, 문하영, 김봉현 그리고 내가 이들을 지원하는 소위 '드림팀'[4]을 구성하여 유엔 내부에서 근무하는 최초의 경험을 갖게 되었다. 총회의장실 팀은 6월 중순부터 주유엔 한국 대표부에 임시사무실을 열고 업무를 시작했고 총회의장 비서실장을 맡기에 너무 고위직이었던 반기문 대사는 오히려 전직 차관의 위상을 이용하여 유엔사무국 간부는 물론 유엔회원국 대사들을 폭넓게 교제하며 친분을 맺고 의장을 보좌하였다.[5] 서울에 주로 있어야

4 당시 외교부를 출입하던 내 대학 친구 한국일보 김승일 기자는 총회의장실로 파견 가는 정예 직원들을 '드림팀'이라고 지칭하고 힘을 실어주려고 노력하였다.

5 한승수 의장 전임자인 핀란드 하리 홀커리 총회의장의 야르모 사레바 비서실장은 참사관급이었고 우리 정부도 한때 국장급을 검토하였으나 새로 임명된 한승

하는 한 장관 대신 의장 역할을 많이 수행하여 사실상 의장de facto president이라는 별명도 얻을 정도로 그 존재감이 당시 주유엔 선준영 대사에 비견되었으며, 이때의 노력은 후일 유엔사무총장직에 도전하는데 큰 밑거름이 된다.

유엔총회의장은 1년이라는 짧은 임기이지만, 수많은 의제를 다루어야 하고 회원국 전체를 대표하는 상징성이 커서 형식적으로는 사무총장보다 우위에 있는 의전을 받을 경우도 있으나 실제로는 주요사안을 주도하고 방대한 유엔 조직을 쥐고 인사·예산에 대한 영향력을 행사하며 보통 10년을 근무하는 사무총장의 권위가 압도적이다. 주주총회 의장과 CEO 또는 국회의장과 대통령의 관계라고나 할까? 그 당시 코피 아난의 인기가 극치에 이르러서 그런지 유엔사무국 직원들이 내부 출신인 아난 총장에 대해 더욱 배려해서 그런지, 많은 행사의 의전이 총회의장보다 사무총장을 우위에 두는 인상을 받았다. 더욱이 총회 회의장에서 아난 총장이 연설할 때는 그의 작은 목소리를 보강하기 위해 스피커 볼륨을 한참 올리고는 다시 한승수 의장에게 돌아올 때는 하도 낮추는 바람에 한 의장은 소리 높여 발언해야 하는 상황은 나로 하여금 눈을 찌푸리게 하였다. 한편 반기문 총장 재임 시에는 천성이 겸손한 반 총장은 어차피 실권은 총장이 갖고 있다는 여유와 함께 총회 의장에게 '유엔 회원국 전체의 대표'로서 예우를 갖춰주면서 그들의 자발적인 협조를 유도하고자 노력하였다.[6]

수 장관이 과거 주미국 대사와 공사로 일하던 인연을 살려서 당시 곤경에 처한 반기문 차관을 설득하여 비서실장직을 맡게 하였다.

6 반기문 총장 임기 첫해의 총회의장인 북마케도니아 출신의 케림 의장은 반 총장 등 뒤에서 총장을 자신의 아랫사람이라고 허세를 부리다가 여러 사람의 빈축을 사기도 하였다.

유엔을 대표하여 노벨상을 수상한 한승수 제56차 유엔총회 의장

한승수 의장의 임기는 바로 2001년 9월 11일에 개시하게 되어 있었는데 바로 그날 아침에 세계무역센터 건물에 대한 알카에다의 테러 공격이 가해지고 유엔 주변은 물론 뉴욕 전체가 대혼란에 빠지면서 제56차 총회의 개막은 하루 뒤로 연기되고 그날 하루는 유엔 총회의장이 궐석이 된 사상초유의 상황이 발생하였다. 한승수 의장은 전대미문의 비상시기에 동요하는 유엔 회원국들을 결집하면서 테러 행위를 규탄하고 이끄는 역할을 훌륭하게 수행하여 국제사회의 찬사를 받았다.[7]

한 의장은 반 비서실장 및 '드림팀'의 보좌를 받아가면서 지금 보면 선견지명이 돋보이는 선진국과 후진국간의 디지털격차Digital Divide와 개발재원Financing for Development 등 주요 경제문제에 대한

7 한승수 총리는 자신의 총회의장 임기에 대한 회고록 제목을 'Beyond the Shadow of 9/11'이라고 지어 9/11이 얼마나 큰 의미를 가졌는지를 보여주었다.

토의도 이끌어갔다. 2001년 노벨평화상은 '코피아난과 유엔'에게 주어졌는데 아난 총장이라는 인물과 유엔이라는 조직에 대한 것이었다. 유엔이라는 조직은 전 회원국이 참여하는 총회를 대표하는 한승수 의장이 수여받기로 결정되어 반 실장과 함께 노르웨이를 다녀온다.

총회의장실 '드림팀'의 선배 3명(오준, 문하영, 김봉현)이 유엔 전문가로서 총회 1·2 위원회(정무), 3·4 위원회(경제, 인권), 5·6위원회(법률, 예산) 업무를 맡은 데 비해 나는 그때까지 주미대사관과 북미국 업무를 주로 했던 경력이라 대미관계 중심의 정무보좌, 의전 및 총무를 맡아서 총회의장의 일정 및 각종 행사를 기획하고 예산집행 업무까지 도맡아 하게 되었다. 당시 대변인은 덴마크 출신의 얀 피셔Jan Fischer(유엔직원), 연설문은 미국의 윌리엄 오버모어William Overmoe, (프리랜서)가 맡았고 미국인 비서는 토니Toni Gallagher(유엔직원) 한국인 비서는 한국에서 온 최윤경, 교포출신 김은하 두 사람이 많은 수고를 해주었다. 그리고 총회의장도 차량과 경호가 제공되는데 유엔 측은 중동출신의 칼레드라는 직원을 1순위로 전담경호 후보로 추천해 왔다. 그러나 인수팀 내부 토론 결과 2순위로 제시된 미국인 피터 Peter Yevoli를 선정하기로 했다. 나는 개인적으로 우리가 아랍계 경호원을 거부하고 미국인을 택한 것이 나름 공정성political correctness에서 어긋난 차별이라는 점, 그리고 피터가 너무 말이 많은 점을 걱정했다. 그런데 정작 9/11 사태가 발생하고 나서는 뉴욕 경찰과도 통하고 소위 '오지랖이 넓은' 피터가 큰 도움이 되었다. 피터는 유엔경호실 내부의 낮은 평가에도 불구하고 당시의 정(情)으로 반기문 대사가 돌아온 사무총장실로 배속 받는다.

총회의장도 뉴욕 외부에서 개최되는 많은 행사, 회원국 초청 그리고 유엔임무단 현장 방문 등의 출장이 많았다. 주요 선진국 방문은 선배들에게 배정되었고 나는 아프리카 순방과 호주 방문을 맡았었다. 대표단은 한 의장, 반 비서실장, 나, 그리고 경호까지 단 4명. 스페인에서 열리는 고령화 문제에 대한 유엔회의를 참석한 후 우리는 아프리카로 이동하여 가나, 시에라리온, 감비아, 세네갈의 일정을 가졌다. 먼저 가나의 카리스마 있는 쿠푸오 대통령 면담 등 일정을 가졌는데 나는 코트디부아르 근무시절 방문한 경험이 있지만, 가나의 전반적인 후진성을 다시 보면서 코피 아난을 배출한 것이 신기하기도 하고 그가 고국의 정치마당에 안 돌아오는 것도 이해되었다. 다음에는 당시 내전이 수습단계에 들어가던 시에라리온에 주재하는 유엔군UNAMSIL이 제공하는 6인용 소형항공기를 타고 수도 프리타운으로 향했다. 소형 제트전세기는 겉으로는 멋져 보였으나 비좁아서 불편하였고 정작 현지에 도착하니 당시 프리타운 시내에서 제일 좋다는 호텔인데 오랜 내전의 결과인지 너무나 피폐하여 흉가 수준이었다. 그러나 황폐한 나라 가운데 초라한 대통령 궁에서 우리를 맞이한 카바 대통령은 겸손하고 진정성 있는 지도자로 보여 그 나라의 희망이 보였다. 후일 2010년에 반 총장과 찾은 시에라리온은 여전히 부유하지는 않지만 나름 정돈되고 깨끗한 훨씬 나은 나라가 되어있었다. 다음은 세네갈 가운데를 흐르는 감비아 강을 따라 구성된 영국령 출신의 감비아. 후일 무당을 통해 병을 치료한다 하고 이에 반론을 제기한 유엔 소장을 추방하던 젊은 독재자 야야 자메 대통령 예방을 조심스럽게 마무리하고 나서 비로소 상쾌한 세네갈에 도착하니 선진국에 온 것 같은 편안함과 안도감이 들었다.

그러나 이 출장은 내가 아프리카 인근 국가를 다니던 기억과는 사뭇 달랐다.[8] 바로 아프리카 지역에서의 유엔의 역할을 현장에서 보았기 때문이다. 시에라리온 내전을 마무리하는 평화유지군도 그렇지만, 평시에 각국에서 조용히 일하는 유엔 각 기구 대표들의 활동이야말로 정말 중요한 요소였다. 우리가 방문하는 나라마다 현지의 유엔 기구들의 모임인 '유엔컨트리 팀'은 유엔총회 의장 일행을 위해 그들의 활동을 브리핑해주고 애로사항을 설명하였다. 내가 놀란 것은 아프리카 나라 대부분이 국민의 보건, 특히 아동들의 주요 질병 예방접종과 관련하여 유엔에 크게 의지하고 있다는 것이었다. UNICEF, UNDP, UNFPA 등의 지역사무소에서 부지런히 백신을 공급하지 않으면 많은 아동과 국민이 위험에 처할 상황이었다. 외부로 표시 내지 않으면서 묵묵히 빈곤층을 돕는 각종 유엔 기구의 노력에 나는 큰 감명을 받았고 이 기억은 총장실에서 아프리카를 방문할 때마다 되살아났다.

8 나는 1995년 2월에서 1997년 2월까지 주코트디부아르 대사관에서 근무하면서 당시 우리 대사관이 겸임하던 부르키나파소와 니제르에 수시로 출장가서 대사 대신 현지 장차관과 무상원조기념식 및 면담을 하고 아울러 사실상 대사관 지소 역할을 해주던 한국의 정부파견 의사 및 태권 사범들을 격려하고 돌아오곤 했다.

6 대한민국과 유엔의 미래

1991년 유엔 가입 이후 1996년 안보리 진출, 2001년 총회의장 피선, 2006년 사무총장 피선으로 트리플 크라운의 영예를 걸머쥔 '동방불패' 대한민국은 2011년 사무총장 재선, 2012년 안보리 2차 진출로 활약을 이어갔고 2015년 7월에는 오준 대사가 경제사회이사회 의장으로 선출되어 1년간 의장으로서 활동하였다. 이제 한국은 오는 2024/25 안보리 3차 진출을 노리고 있다.

반 총장 임기 중에는 김원수 비서실 차장(ASG), 강경화 인도지원 사무차장보(ASG), 최영진 코트디부아르 사무총장 특별대표(SRSG, USG급)[9] 등 고위직이 다수 활동하여 사무국 내 한국 간부들의 전성기를 이루었다. 반면 중간 간부 이하의 한국 출신 유엔 직원들은 반 총장 재임 중 자신들의 승진과정에서 한국인이라는 이유로 오히려 역차별을 받았다는 주장을 펴기도 하였다.

이제 유엔 속의 대한민국은 유엔의 도움만 받던 아시아의 가난한 약소국이 아니다. 평화, 개발, 인권이라는 유엔의 가치를 수호하면서 유엔 의제를 주도하고 자유 진영의 주요국으로서 우리의 국익 수호는 물론, 인류에 기여하고 우리가 받은 것 이상으로 돌려줘야 할 위치에 있다. 한편, 한국의 기여금은 2022년 유엔 전체 예산 31.2억 달러의 2.574%인 7,740만 달러로 세계 9위가 되었다. 반면 유엔 및 관련 기구에서 일하고 있는 한국인 직원은 474명(2020년 기준)으로

9 김 차장보는 반 총장 임기 말기에 군축담당 사무차장(USG)으로 승진하고, 강경화 차장보도 구테레쉬 사무총장 당선 이후 그의 인수팀장 및 특별고문 등 사무차장(USG)급 직위를 받아 근무하다가 한국 외교장관으로 임명된다.

0.4%에 불과하다. 기여금에 맞춘다면 2,600명이 되어야 한다고 한다. 속된 말로 우리 돈으로 다른 사람들 월급을 주고 있는 형국이다. 우리 정부는 이러한 다자무대에서 일할 인재들을 적극 육성함은 물론, 한국 외교관 및 전문가들이 유엔 고위직에 다수 진출하도록 하여 우리의 기여와 상응하는 국제무대에서의 위치를 확보하는 노력도 배가해야 할 것이다.

대한민국이 국제무대에서 차지하는 위상이나 경제력에 걸맞은 재정적 기여를 하고 인적으로 진출하는 것은 중요한 요소이지만, 그것 자체는 우리의 목표가 될 수는 없고 오히려 유엔이라는 다자외교무대에서 우리의 기여를 가능하게 하는 기반을 제공해 준다. 우리는 국제사회에서 중요한 문제에 대한 논의에 있어 지도력을 발휘하고 관련된 활동에 적극적으로 참여함으로써 물적은 물론, 지적인 기여도 남겨야 할 것이다. 우리는 다자무대에서 발생하는 주요 사안에 대한 심층적인 분석과 우리의 입장 설정을 통하여 이러한 기여를 할 수 있어야 한다. 물론 하루아침에 일어날 수 있는 일은 아니다. 평소에 우리가 국제질서에 대해서 가지는 철학을 바탕으로 한 새로운 이슈의 함의에 대한 폭넓은 이해가 선행되어야 하기 때문이다. 그러나 우리의 관심과 문제의식이 자리 잡고 있다면, 보다 의미 있는 기여와 지도적 노력을 하는 대한민국의 모습을 구축하는 날도 멀지 않았으리라 생각된다.

PART
04

한국인 유엔사무총장

04

한국인 유엔사무총장

대한민국의 유엔 공식 가입 이후 가장 큰 사건은 뭐니뭐니해도 반기문 장관의 유엔사무총장 피선이었다. 그야말로 반기문 총장은 대한민국이 배출한 '세계의 대통령'으로 국민 모두의 자랑이었다. 그런데 우리는 자리를 쟁취하는 데까지만 관심이 있고 그가 어떤 노력을 하는지 관심이 덜했다. 여기서는 반 총장이 선출되기까지의 과정을 정리하고 다음 장에서 반 총장의 각 분야별 주요 업적을 중심으로 유엔의 주요 기능을 살펴보고자 한다.

1 한국 후보의 선정

반기문 총장은 한승주 주미대사의 후임으로 중앙일보 홍석현 사장을 추진하라는 상부의 뜻을 전해 받는다. 의외였으나 그는 묵묵히 받아들이고 절차를 밟아 나갔다. 홍 사장은 주미대사직이 자신에게 걸맞은 충분한 자리가 아니라고 생각했는지, 대사 내정 사실이 언론에 알려지면서 대사직은 유엔사무총장을 도전하기 위한 경력을 쌓는 중간단계라고 설명하였다. 당시 북미2과장이던 나는 중앙일보에서 일하는 친구에게 첫째, 아그레망, 즉 외교사절 파견에 대한 접수국의 동의를 받기 전에 내정사실을 공개하는 것은 외교관례에 벗어나고 상대국을 무시하는 처사일 뿐더러, 둘째, 대사로 가서 일하기도 전에 그 자리가 더 높은 자리를 가기 위한 징검다리라고 표현하는 것은 대사직에 대한 신념이 부족함을 드러내는 것이어서 과연 한미관계에 별로 도움이 될지 모르겠다는 아쉬운 마음을 밝힌 적이 있다. 물론 유엔사무총장 자리마저 궁극적인 목표가 아닌, 또 하나의 징검다리로서 한국의 대권을 위한 행보 차원이었다. 그런데 너무나 불확실성이 많은 우리 세상에서 이런 논리적으로 명확하면서도 단순한 계획이 과연 뜻대로 이루어질까? 결국 그는 2005년 7월 발생한 자신의 1997년도 대선자금 관련 대화 내용이 담긴 삼성 X파일 사건에 연루되어 대사직을 그만두게 된다. 유엔사무총장 도전과 대권 대망도 함께 사라졌음은 물론이다.

결국 외교통상부는 다른 후보들을 청와대에 건의하기로 하고 전직 유엔총회의장이던 한승수 전 외교통상부 장관, 유종하 장관, 현직 반기문 장관, 그리고 과거 유엔 사무차장보를 지낸 현직 주유엔 최영진 대사를 올렸고 노무현 대통령은 반기문 장관을 선택하였다. 당시 반 장관의 정통외교 노선에 불만을 품던 진보세력은 반 장관을 사무총장 후보로 정하였으니 장관직을 내놓고 주미국 대사로 나가서 사무총장 선거운동에 전념해야 한다는 논리를 전개했다. 이러한 선택을 타진하는 노무현 대통령에게 반 장관은 주미 한국대사는 기껏해야 미국정부 차관보급에서 상대하므로 정치 거물보다는 직업외교관을 보내야 함을 설명하고 한편, 현직 장관직을 보유하고 있어야 세계 각국의 외교장관 및 지도자들을 만나서 자신의 사무총장 자격을 보여주고 설득하는 기회를 더 가질 수 있다고 설명하였다. 노 대통령은 그 말에 동의하면서 반 장관이 계속 일하도록 하였다. 노무현 대통령은 이라크에서 테러 분자들에게 우리 국민이 참변을 당한 김선일 사건 당시 사의를 표명한 반기문 장관에게 자기가 보기에 반 장관 책임은 아니라고 하면서, 그래도 어쩌면 상황에 따라서는 불가피하게 사표를 내야 할지도 모른다고 한 바가 있었다고 한다. 노무현 대통령은 그만큼 상대방에 대한 이해심도 있고 자신의 정치적 입장에 대한 솔직함도 있는 사람이었다.

일단 한국 정부의 후보로 지정된 반 장관은 주도면밀하게 선거운동을 펼쳐 나간다. 당시 유엔사무총장 출마에 대한 한국 여론, 특히 외교부 내의 시각은 너무나 어려운, 우리가 넘보기 힘든 목표라는 인상이 강했다. 일반적으로는 막연하게 유엔사무총장 자리가 우리에게 소위 '넘사벽'이라는 시각, 남북분단국인 한국 출신 인사가 세계를 이끌기 어렵다는 시각, 특히 미군이 주둔할 정도로 친미 국가인 한국의 외교부 장관이 사무총장으로 선출되기란 난망시 된다는 시각이 팽배하였다. 한편, 외교부는 1995년, 96년간 처음 안보리 비상임이사국으로 진출한 이후 두 번째로 안보리에 진출할 계획을 세우고 있던 터라, 객관적으로 볼 때 아시아 지역에 2석이 배정된 안보리 진출 가능성이, 수많은 경쟁자 가운데 한 사람만 승자가 되는 사무총장 선출보다 높다는 것은 부인할 수 없었다. 그러나 아무도 사무총장 입후보를 포기하자는 말은 못 꺼내고, 그나마 용기 있는 간부들 가운데 몇

명은 두 가지 목표가 동시 추진 가능하다는 더 설득력이 부족한 주장을 펴기도 하였다. 자신의 입후보를 위하여 안보리 진출을 포기하자고 스스로 말하기는 어려웠던 반 장관은 자기 속마음을 몰라주는 이들이 적잖이 아쉬웠음을 뒤에 토로한다. 이 상황에서 가장 속을 태웠던 인물은 최영진 주유엔 대사였다. 왜냐하면 그는 한국의 안보리 진출로 유엔 무대에서 가장 많은 활약을 하고 각광 받을 당사자였지만, 주미대사관에서 반 장관과 함께 근무한 인연도 있고 무엇보다 본부 수장의 뜻을 거스르기는 조심스러운 일이기 때문이다. 1992~1995년 동안 주미 대사관에서 그리고 2001~2002년은 유엔총회 의장실에서 반 장관을 의장비서실장으로 모시고 일하고 나서 2005~2006년 당시에는 주유엔 대표부에서 최영진 대사와 일하고 있는 나로서는 이분들의 묘한 입장을 관찰하게 된 것이다. 결과는 반 장관의 사무총장 진출을 위해 안보리 입후보를 철회하기로 결정한 것이고 최 대사는 반 총장의 당선을 위해 전력으로 뛰었다. 그리고 한국은 반 총장 임기 중에 안보리에 다시 진출한다.

2 유엔사무총장 경선

한국 내부 정리라는 예선은 끝났지만, 그 본선은 '과연 한국이 유엔사무총장을 배출할 만한 나라인가, 반기문 장관은 유엔사무총장직을 수행할 역량이 있는가'라는 보다 근본적인 질문일 것이다. 반 장관은 당시에는 불가능해 보이는 그 도전을 하나하나 극복해 나간다.

유엔의 지역순환 원칙을 기정사실로 받아들이기에는 애매한 상황이었지만, 서구에서 3명, 아프리카가 두 사람이 15년을 역임하고 막 마친 상태에서, 라틴 아메리카는 91년까지 직을 맡았고 아시아는 71년이 마지막이었음에 비추어보면, 아시아 순서가 된 것은 자명해 보였다. 물론 미국은 사무총장은 능력을 기준으로 선출되며 지역순환 원칙은 존재하지 않는다는 입장을 견지한다. 아마도 그러한 원칙에 처음부터 묶이지 않고 끝까지 자국의 선택권을 유지하기 위한 방침으로 보인다. 그간 사무총장직을 수임한 인물들은 강대국도 아니고, 동서 양 진영에 속하지 않은, 비교적 작고 중립적인 나라에서 나왔다. 반면, 대한민국은 남북으로 분단된 냉전의 상징이요, 미국의 동맹국으로 당시 4만 명에 가까운 미군이 주둔하고 있는 나라였다.

그러함에도 불구하고 반 총장은 특유의 부지런함과 끈질김으로 사무총장 선출의 열쇠를 쥐고 있는 안보리 상임이사국은 물론, 비상임이사국도 설득하고 총회의 지역그룹별로 그룹 미팅을 주선하여 자신이 사무총장으로 당선되면 펼쳐 나갈 자신의 비전을 줄기차게 역설해 나갔다. 특히 미국과는 아버지 부시 대통령의 국무부 국제기구 차관보 시절부터 알고 지낸 볼턴 주유엔 대사에게 유엔개혁에 대한 포부를 설명하고 볼턴 대사의 주선으로 콘돌리자 라이스 장관과도 사무총장 선출에 대한 협의를 갖는다. 물론 두 사람은 서로 국무장관 대 외교장관으로 많은 공식적 만남이 있었지만, 유엔 선거는 다른 차원의 문제였다. 미국은 사실상 사무총장 진출에 가장 큰 목소리를 가진 나라지만, 미국의 지지를 받는 후보라는 소문이 나면 즉시 러시아의 반대표를 받게 되고 총회 내 다수 개도국들이 부정적으로 보게 되는 '죽음의 키스Kiss of Death'라고 알려져 있었다. 따라서 미국과의 접촉은 비공개리에 진행되었다. 한편 미국과 동맹이면서도 당시 노무현 대통령 정부의 자주 노선 때문에 한국은 미국에 좌지우지되지 않는 나라의 이미지를 가지고 있었던 것은 역설적으로 러시아와 중국의 의심을 줄여주는 역할을 해주었다. 그것은 반 장관의 행운 중 하나라고 할 수 있다. 아울러 반 장관은 한국의 분단과 냉전 경험을 오히려 전쟁의 참화 속의 최빈국에서 국제사회의 도움을 받아 급속 성장을 이룬 나라로서 다시 국제사회에 기여하고 선진국 후진국 간의 교량 역할을 하고자 한다고 하면서 세계 속 한국의 위치를 새로이 규정하여 많은 공감을 받았다.

사무총장직의 지역 순환을 부정하는 미국과 달리 중국은 이번 사무총장직은 아시아 순서라는 점을 강조하면서 아시아 그룹의 대부이자 킹메이커 노릇을 하고자 했다. 아시아 국가 가운데 가장 먼저 움직인 나라는 태국이었고 2004년 6월 탁신 총리는 34개국이 참석한 아시아협력대화ACD 각료회의에서 수라키앗 외교장관을 아시아 전체의 단일후보로 세우자고 제안했다. 반 장관은 긴장했으나 싱가포르의 자야쿠마르 외교장관이 아시아 단일후보 추진은 찬성하나 싱가포르도 후보를 낼지 모르니 아시아 단일후보 원칙만 확인하고 구체 후보는 뒤에 정하자고 정리된다. 중국의 리자오싱 외교부장은 반총장의 지지요청에 대해서 수라키앗이 먼저 요청해와서 그의 출마를 환영했다고 하면서, 환영과 지지는 다르다고 지적하면서 가능성을 남겨두고 반 총장에 대한 호의적 감정을 암시했다. 수라키앗은 다른 국가에 대해서도 먼저 접근해서, 러시아의 경우 2005년 11월 한국 방문시 푸틴 대통령은 이미 태국에 지지를 약속해서 한국 후보를 지지할 수는 없지만 '상황이 바뀌면' 협조하겠다고 했다. 이는 수라키앗의 선제적 조치에도 불구하고 그에 만족하지 않는다거나 반 장관에 대한 호의가 있음을 암시하는 것이었다. 그런데 이런 사전 지지입장 표명은 별다른 의미가 없다는 것이 뒤에 안보리 모의투표 과정에서 나온다. 사전 지지는 다른 후보에 대한 지지를 못하는 이유가 되지 않고 안보리 이사국들은 각 후보에 대한 호불호를 표시하므로 복수 후보에 대한 호의 표시가 가능하기 때문이다.

한편 반 장관은 뉴욕에서 총회의 지역그룹 회의에 참석하여 본인의 정견을 발표하기도 하고 아세안과 같이 아랍연맹이나 아프리카연맹 같은 지역 기구 회의에 참석하여 유엔의 많은 일반 회원국에 대한 지지를 계속 호소하였다. 당시 사무총장 후보 가운데 아랍연맹과 아프리카연합 회의에 참석한 사람은 반 장관뿐이었고 이들은 자신들에 대한 반 장관의 존중과 정성을 느끼고 차츰 그의 지지자로 변하였다. 아울러 안보리 이사국이 아닌 국가들에게도 개별적 호소를 하여 독일, 이집트, 알제리 등은 한국 대통령과의 정상회담 또는 반 장관과의 외교장관 회담 개최 후에 반 장관의 사무총장 입후보 지지를 발표하였다. 이들은 안보리 투표에 참여할 일도 없고 자기 말에 책임질 일도 없지만, 반 장관은 이들의 지지를 진심으로 고마워했고 이들의 지지입장도 반 장관의 겸손과 열정에 감동한 결과 나온 진심이었다.

반 장관에 대한 일반 회원국들의 호의가 누적reservoir of goodwill되면서 유엔의 전반적인 분위기는 갈수록 우호적으로 변해 갔다.

안보리는 사무총장 후보의 당락이나 거부권 행사가 최종적으로 행사되어 버리는 정식 투표를 하기 전에 여러 번에 걸친 사전 투표straw poll를 통해서 드러나는 후보들의 지지도 분포를 보면서 자신들의 의사표시를 하거나 유망한 후보에게 수렴해 나간다. 특히 안보리 이사국들은 한 표만 행사해서 15표가 후보들 사이에 나눠는 것이 아니라, 각 후보에 대한 각국의 선호도를 찬성 반대 기권의 3가지 형태로 표시하는 것이다. 그러므로 한 후보에 대한 지지를 약속했기 때문에 다른 후보를 지지하지 못한다는 것은 이 투표의 성격을 잘못 이해하거나 모호성을 주고자 틀린 답을 준 것이다. 왜냐하면 안보리 이사국은 각각의 후보에 대한 찬반을 표시하므로 동시에 두 명에 모두 찬성 입장을 표시할 수도 있기 때문이다.

각 후보는 15표가 어떻게 구성되어 있는가가 자신의 인기도의 전반적인 지표가 되는데, 가장 중요한 것은 그 가운데 반대가 있을 때 과연 이 반대표가 상임이사국 가운데 하나인지 여부이다. 왜냐하면 상임이사국이 반대했다면, 실제 투표상황에서 거부권 행사에 해당되기 때문에 나머지 14표를 다 얻어도 당선은 불가능하다. 반면, 이것이 본투표가 아니기 때문에 아직 그 상임이사국을 설득하여 찬성으로 돌릴 여지는 남아있는 것이 바로 예비 투표의 묘미라고 하겠다. 드디어 2006년 7월 24일 첫 예비 투표의 날이 왔다. 나는 최영진 대사와 함께 안보리 회의장 바로 바깥에 있는 휴게실에 대기하고 있었다. 내심 과연 한국 후보가 유엔사무총장 경선에서 얼마나 보여줄 수 있을까? 하고 두근두근하면서 말이다. 결과는 놀라웠다. 반 장관은 찬성 12 반대 1 기권 2로 선두였고 인도의 샤시 타루는 10 : 2 : 3, 수라키앗은 7 : 3 : 5로 반대표가 무려 3개였다. 샤시 타루는 코피 아난의 측근인 유엔사무국 내부인사로서 천재적인 문필가이긴 한데 사무총장 진출보다 안보리상임이사국이 더 우선순위인 인도 본국 정부의 지지가 없었고 더욱이 아난에 이어서 유엔 내부 직원이 연달아 사무총장을 할 가능성은 별로 없었다. 그런데 10표의 지지가 나온 것만도 놀라운 일이었다. 인품에는 문제가 있다고 하나 뛰어난 능력의 소유자라는 명성이 그런 결과를 가져온 것이다. 9월의 2차 예비 투표에서 반 장관은 14 : 1 : 0으로 압도적인 우위를 더욱 굳혔다. 그러나 과연 누가 반대표를 던진 것일까? 9월 28일의 3차 투표는 이상하게 반 장관의 찬성이 13표로 줄고 기권 1표가 생겼다. 다른 후보들은 더욱 침몰하여, 타루는 찬성이 8표로 특히 태국은 당시 발생한 군부 쿠데타를 옹호한 수라키앗이 5표로 몰락하였다. 그런데 계속 남은 반대 1표는 과연 누구인가?

프랑스는 마치 우리가 신호를 명확히 보내는데도 못 알아보나? 하는 조바심을 내고 있었다. 불어를 중시하는 프랑스가 반 총장의 불어실력 향상을 조건으로 내건듯하여 반 총장은 30년 만에 불어 과외를 하면서 열심히 공부하고 있었는데, 프랑스는 코피 아난 선출 당시와 똑같은 수법을 쓰고 있었다. 바로 평화유지담당 사무차장을 프랑스인으로 보임해달라는 조건이었다. 반 장관은 자리를 걸고 표를 거래하려는 프랑스의 태도에 불쾌해 하면서 당장 후보 입장에서 뭐라고 말은 못하지만 총장 선출을 지지해 주면 검토해 보겠다고 하였다.[1] 10월 2일의 제4차 투표는 14 : 0 : 1로 마무리되고 반 장관의 당

1 결국 반 장관은 총장 취임 후 아난이 임명한 기존의 쟝-마리 게에노를 유임하

반기문 사무총장 취임선서

선은 확정적이었다. 그날 오후 북한의 핵실험 계획 발표가 나오고 10월 9일은 핵실험을 감행한다. 같은 날 안보리에서 반 총장을 만장일치로 추천하였고 10월 13일 유엔 총회는 정식으로 그를 차기 사무총장에 임명하였다. 나는 주유엔 한국대표부 내 사무실에서 그 장면을 유엔TV로 시청하면서 눈물을 닦아 내면서 다음 날 있을 북한 최초 핵실험에 대한 안보리 회의에 초청받은 최영진 대사가 사용할 발언문 초안을 다듬고 있었다.

반 총장은 대망의 사무총장직 첫 임기를 2007년 1월 2일부터 출근하면서 시작하고 크고 작은 시련을 맞이한다. 일단 유엔을 점령한 시점에서, 부지런하고 꼼꼼한 업무에 사려 깊으면서 쾌활한 성격을 가진 그에게 유엔은 쉬워 보였고 그와 보좌진들은 의욕에 가득 찼다. 그러나 일은 그렇게 쉽게 풀리지 않았다. 모든 일에는 시행착오 과정

고 그 후임들도 프랑스 사람을 임명하였다. 반 총장 후임 구테레쉬도 프랑스 국적 라 크르와 차장을 기용하고 있는데 아마도 프랑스가 똑같은 지지조건을 걸었을 것으로 짐작된다.

이 있는 법. 반 총장도 예외는 아니었다. 그러나 그의 학습 능력은 금방 그를 적응시켰고 더구나 타고난 관운은 시의적절한 국제정세의 변화와 맞물려 2011년 6월 일찌감치 그의 순탄한 재선을 가져오고 후반기에 더욱 거침없는 노력을 할 수 있는 여건을 조성해 준다.

3 한국인 사무총장과 유엔의 상호 적응

(1) 반 총장의 유엔개혁과 저항

반 총장의 유엔개혁은 유엔 직원들에 새로운 기풍을 불어넣어 보다 투명하고 청렴한 사무국을 만들고 한편으로는 한자리에 앉아서 꿈쩍 않고 기득권만 지키는 일부 직원들을 흔드는 방식이었고 그러한 노력 과정에서 반 총장은 자신이 잘 아는 한국의 사례를 들면서 밀어붙였다. 이에 직원들이 반발하면서 유엔 직원들 특유의 수법, 즉 언론에 그들의 불만을 제기하고 일부 회원국에게 지지를 요구하는 행태까지 보였다.

반 총장은 선거운동을 하던 당시에 국제사회에서 워낙 유엔의 부패를 초래한 코피 아난에 대한 비판이 많아서 본인의 공약 가운데 유엔을 깨끗한 청렴한 집단으로 만들겠다는 의지를 밝혔다. 그중 하나가 우리나라에서 김영삼 대통령 이래 점차 확대해가며 실시해온 고위공직자 재산등록 제도였다. 반 총장의 조직 관리의 철학은 '솔선수범'[2]이어서 본인의 재산부터 정리해 두었다가 취임 첫날인 2007년 1월 1일 유엔 윤리실에 신고하였다. 유엔 간부들은 세계 각지 선진국 및 후진국에서 온 사람들이었는데 이런 수준의 투명성에 무척 당황하였다. 왜 나의 개인 재산 내역을 공개해야 하느냐는 주장에서 내 재산 내역을 밝히면 도둑들이 온다거나, 고향 사람들이 돈을 달라고 찾아온다는 주장까지 각종 거부사유가 제기되었다. 이에 대해 각자의 사정을 감안하여 회계법인에 신고하되 이 법인이 내역만 확인하고 대외공개 없이 법인이 비밀로 관리하는 선택권을 허용하였다. 반 총

2 영어로 'lead by example'도 유엔에서 유행어가 되었다.

장은 사무차장보 이상의 간부들은 물론, 금전거래가 오가는 조달 및 연금 관리 업무 관계자들도 재산신고를 하도록 하고 가급적 비밀관리를 유예하는 조치를 취할 것을 장려하였다. 반 총장의 강력한 의지로 결국은 다들 유엔이 지정한 회계 법인에 내역을 신고하고 특히 연임 성공 후 제2기에 반 총장이 선택한 고위직 인사들은 아예 계약서에 재산신고 공개를 의무화하는 내용을 포함시키고 이를 인터넷에 공개하였다. 반 총장의 혁명적인 개혁 의지를 신선하게 받아들인 회원국들도 많았지만, 일부 유엔 직원들이 회원국이나 언론에 달려가 험담을 하여 나쁜 여론을 조성하였을 것은 불문가지의 사실이다.

한편, 반 총장은 유엔 직원들이 사명감을 가지고 어려운 곳을 찾아다니면서 일하는 사람도 있지만, 뉴욕에 편안하게 자리 잡고 혜택만 챙기는 사람도 있다는 비난에 대해서, 이들의 근무지를 순환하여 이러한 혜택이 공평하게 돌아가고 직원들의 자질을 폭넓게 계발하고자 새로운 개념, 즉 순환근무제도mobility를 도입하기로 결심한다.

사실 유엔과 한국 외교부의 시스템을 그대로 비교하기에는 좀 차이가 있다. 한국 외교부는 외교부 내부 그리고 한국 사회에 널리 퍼져있는 공정의식 때문에 초년 외교관이 한번 선진국 공관을 근무하면 다음 순서에는 험지 공관을 보내서 소위 '온탕냉탕' 시스템을 통하여 불만을 조절해 나간다. 즉, 대다수의 외교직은 순환근무의 대상이 되고 수급이 맞게 되어있다.

유엔은 영국식 직위분류제가 보다 철저하게 자리 잡아, 일단 정규직으로 유엔 본부에 채용된 직원들은 각자 배치된 사무소의 자리와 직결되어 있고 그 자리를 보존하기를 매우 중요시한다. 유엔 사무소는 뉴욕의 유엔 본부를 비롯하여 제네바, 비엔나, 나이로비에 주요 유엔기구와 함께 자리 잡고 있고 그 외에 경제위원회Economic Commission가 각 대륙에 있어서 방콕, 레바논, 산티아고, 그리고 제네바에 설치되어 많은 안정된 정규직 자리가 마련되어 있다. 한편 유엔이 수시로 발생하는 국제분쟁 해결을 위해 안보리 결의에 따라 중동이나 아프리카의 분쟁지역 현장에 설치하는 임무단mission의 자리는 그 결의가 지정한 기간에만 존속하는 '한시적 보직'이다. 바로 이것이 외교부의 험지 근무에 해당되는 것이다. 유엔본부의 정무부나 평화유지부에 자리가 있는 직원들은 본부 자기 자리는 자기 것으로 동결시키고 임무단에 일정기간 파견을 나가 그 일을 맡는다. 임시 공석이 된 그 자리는 그의 파견기간 동안 다른 직원이 임시로 일할 수 있다. 그러나 그러한 임무단 정원은 대부분 본부 자리 없이 세계를 떠도는 많은 직원들이 한시적 계약을 맺고 일하게 된다. 즉 이들은 어디 뿌리를 내리지 못하고 임무단에서 임무단을 떠돌다가 가물에 콩 나듯 공석이 생겨서 경력직 충원 기회가 생기면 이러한 임시직 직원들이 지원해서 기적적으로 본부에 오기도 한다. 내가 사무총장실에서 만난 직원 중에는 보스니아에서 근무하던 인도 친구가 가족들과 뉴욕으로 휴가를 와서 유엔본부 빌딩 앞에서 사진을 찍으면서, 우리가 이곳에 와서 근무하는 꿈이 이루어지면 얼마나 좋을까? 하다가 의외의 기회를 맞아 지원하여 총장실 정무 팀에서 일한 사람도 있었다. 임무단에는 주로 정무 · 평화유지 · 인도지원 · 인권 부서 인원들이 필요하다. 이들이 현장 분쟁지역의 문제를 진단하고 분쟁의 해법도 건의하며 현장에서 필요한 지원을 제공하는 역할을 하기 때문이다. 그래서 본부에서 해당 부서에서 일하는 직원들은 개인의 봉사욕구가 있거나 자신들의 현장경험이 향후 승진에도 도움이 되므로 이러한 파견 근무를 희망하는 경우가 종종 있다. 그러나 그러한 소요가 적은 경제나 행정부서는 임무단에 갈 자리도 없고 현장에서의 경험이 도움이 되는 유인도 없어 별로 움직이지를 않는다. 바로 이들이 대부분 선진국 대도시에 소재한 본부나 사무소에서 혜택을 누리면서 희생을 회피하는 '철밥통'의 낙인을 받게 되는 것이다. 이런 직군에서 큰 차이가 발생하여 유엔은 순환근무를 위한 보직이 극히 일부이고 그나마도 수요공급이 서로 일치하지 않아 인위적인 조치가 필요한 상황이 되는 것이다.

반 총장은 한국 외교부에서 잘 돌아가고 있는 순환근무 제도를 도입하여 이러한 불공정과 불합리를 타파하고 직원들의 경험을 넓히면서 역량을 계발하고 아울러 철밥통에 안주하는 일부 직원들을 일깨우는 효과를 위하여 자신이 추진하는 개혁 드라이브의 일환으로 삼고자 했다. 그러나 그 결과는 조직적인 저항이었다. 유엔 직원들은 자기 국적국을 보호자로 삼거나 예산심사를 담당한 부서를 운영하는 회원국들에게 반 총장의 새로운 시도가 자신들의 생계를 위협한다는 식의 홍보전을 폈다. 물론 유엔 기자단에게도 접근해 일방적인 견해를 제공하였을 것이다. 반 총장은 다른 지역분쟁이나 주요 현안만큼이나 많은 정치적 자산을 유엔개혁에 투입했다.

한편, 여기서 저항 세력의 공격 포인트를 생각해 볼 필요가 있다. 이러한 개혁을 싫어하는 직원들이 반 총장의 정책을 유엔의 지나친 한국화, 유엔의 외교부화로 비난했을 것으로 보이기 때문이다. 반 총장은 민주화 이후 김영삼 정부에서 노무현 정부에 이르기까지 새 지도부가 추진한 각종 개혁을 체험한 사람으로서 너무나 변화 없이 자신들의 특혜만 온존하고 있는 유엔의 모습이 답답해 보인 것이다.

사실 총장실 회의에서 한국에서는 이렇게 하고 있다면서 한국의 좋은 정책이나 개혁을 반 총장이 열심히 소개하는 경우를 자주 보면서 나는 유엔 직원들이 말을 안 하지만 속으로는 '왜 한국의 정책을 유엔에 이식하느냐'라는 반감을 갖게 될 것 같아 우려되었다. 반 총장이 너무 기준을 높이 잡은 것이 아닐까?[3] 직원들에게 골고루 혜택이 돌아가고 능력향상을 도모하고자 한 순환제도 도입에 대해서도 당장 자신이 안주하는 생활이 위협받는 직원들은 '유엔은 대한민국 외교부가 아니다'라는 논리로 저항하였다.

반 총장은 특유의 집요함으로 이를 계속 추진하여 결국 순환근무 제도는 완화된 형태로 관리형 순환근무managed mobility 제도로 통과되고 이 문제는 일단락된다.

(2) 카리스마를 찾아서

반 총장은 유머 감각이 뛰어난 사람이다. 그래서 이야기하기를 좋아하고 좌중을 휘어잡고 분위기를 띄우는 것을 좋아한다. 영어 연설을 할 때도 외국의 경우, 그 나라 언어 표현과 함께 현장에 맞는 재미있는 조크를 연설문 팀에 주문하기도 했다. 연중행사로 크리스마스 직전에 개최하는 유엔특파원단UNCA 만찬이 있는데 그는 연설에서 농담을 할 뿐 아니라 사전에 자신이 출연하는 재미있는 동영상도 만들어 보여주었다. 그만큼 유엔 직원들에게 그리고 언론에 친근하게

3 2009년 미국 피츠버그에서 개최된 G-20 정상회의 복도에서 반 총장이 이명박 대통령에게 유엔 직원들이 한국 직원들처럼 안 움직인다고 호소했을 때 이 대통령이 보였다는 답이 걸작이었다. '그럼요, 어디 한국 사람들 같은 사람들을 찾기가 쉬운가요?' 현대건설 시절 해외 현장에서 외국 노동자를 접한 경험을 통해서 그런 통찰력이 생겼는지도 모른다.

다가가는 총장이 되고 싶었다. 그것이 그의 원래의 모습이다.

그런데 반 총장이 가장 싫어하는 단어가 있다. 바로 '카리스마'라는 단어다. 취임 초기부터 그를 쫓아다니는 평가가 코피 아난 같은 카리스마가 없다는 것이다. 카리스마가 과연 무엇인가? 그냥 타고난 풍기는 분위기일 수도 있고 연출된 이미지일 수도 있다. 코피 아난은 후자의 경우라고 나는 생각한다. 그와 함께 유엔사무국에서 잔뼈가 굵은 일단의 보좌진들이 그를 성스럽고 용감한 투사로 만들고자 노력해 온 것이다. 그것이 바로 자기 자신들의 성공이 될 테니까. 반 총장은 앞에서 말했듯이 한국에서는 많은 사람이 따르고 존경하는 인물인데, 서방 언론이 자꾸 트집을 잡으니 누구보다도 열심히 일하던 반 총장은 기운이 빠지지 않을 수가 없었다. 누구나 전임자와 비교되는 과정을 피할 수 없지만, 떠난 사람은 곧 잊히고 주인공은 신임 총장이라는 사실은 변함없는 것인데 현실은 그렇게 간단하지 않았다.

또한 카리스마라는 말은 주로 유엔이 도덕적 우위를 자랑하면서 부족한 지도자들에게 야단을 치고 '지적질'을 할 때 생긴다고 보는 시각이 있다. 소위 'Bully pulpit'이라는 '직에서 나오는 말의 힘과 도덕적 권위'로 사정없이 비난하고 야단쳐야 한다고 보는 것이다. 물론 반 총장도 그런 노력을 많이 했다. 그런데 반 총장의 경우 타고난 한계가 있었다. 그는 성품이 정직하고 유교문화권에서 성장한 예의 바른 사람이었다. 반 총장은 아무리 문제가 있는 지도자라도 일국의 원수인 사람에 대해서 공개적인 모욕적 언사를 퍼붓는 것은 예의가 아니라고 생각했다. 더구나 결과와 실적으로 보여준다고 믿는 반 총장은 언론 카메라와 마이크 앞에서 허장성세를 떨기보다는, 앞에서는 체면을 세워주고 막후에서 그 지도자들을 단호하게 야단치고 행동을 바꾸도록 설득하는 것이 그가 생각하는 '正道'였다. 물론 머리를 약게 쓰는 사람들은 공개석상에서 상대방에 대한 험담을 퍼붓고는 사석에서 아무 일도 없었다는 듯이 좋은 관계를 유지하는 사람도 있겠지만, 반 총장은 그런 재주가 없는 정직한 사람이었다.

그는 동양의 미덕이 겸손이라고 믿고 있어서 자신의 업적이나 성과를 내세우지 않았는데, 자꾸 카리스마가 없다느니 약하다느니 하는 보도가 나오니 조바심이 나지 않을 수가 없었다. 그래서 동양의 미덕인 겸손을 소개하고 그가 실천하는 조용한 외교를 일일이 설명해야 했다. 그리고 이러한 철학을 잘 이해하지 못하고 반 총장의 진심과 실적을 대외적으로 설명하지 못하는 다른 문화권 출신의 보좌진들에게 아쉬운 마음도 없지 않았다. 이 모든 것이 다문화적인 국제기구의 환경, 무엇보다도 그중 서방 언론과 시각이 압도적인 영향력을 갖는 분위기 속에서 불가피한 불편함이 되어 있었다.

반 총장의 두 번째 대변인으로 선임된 주한 로이터 통신 특파원을 역임한 영국의 마틴 네저키Martin Nesirky는 영국인 특유의 깔끔함과 까칠함을 고루 갖춘 성격으로 반 총장의 이미지를 바꾸는 데 무엇이 필요한지 잘 알고 최선의 노력을 다하였다. 그 결과 반 총장 성격상 어려운 발언을 하도록 밀어붙였고 놀랍게도 그로 인하여 서방 지도자들이나 언론에서 호평이 나오기도 하였다. 예를 들어서 아랍의 봄 사태의 초기, 이집트에서 젊은이들이 카이로 시내 타흐리르 광장에서 무바라크 30년 독재에 대한 항의 시위를 하는데 반 총장은 런던에서 무바라크 대통령에게 국민의 뜻에 귀를 기울이고 하야 할 것을 촉구한다. 그런데 그 변화가 사실 시의적절하기 짝이 없었다. 바로 재선을 앞둔 시기가 다가왔기 때문이다. 원래 반 총장이 열심히 일하는 것은 누구나 잘 알고 있었지만, 대외적으로 남을 야단치면서 옳은 일을 해야 한다는 식의 발언이 많아지면서 반 총장에 대한 시각도 차츰 바뀌어 나갔다. 거기에 결정적인 기여를 한 것이 현장의 최영진 대사와 호흡을 맞추면서 2011년 4월에 해결해 나간 코트디부아르 사태이다. 많은 사람들이 반 총장의 단호함에 놀라고 코트디부아르의 민주주의와 인권을 위한 그의 결의에 경의를 보냈다. 압도적인 지지를 받으면서 2011년 6월에 재선이 확정된 반 총장은 많은 미국 대통령들이 그러하듯이 1기는 연임을 위한 신임을 쌓아 나가는 과정이고 2기는 역사에 남는 업적legacy을 쌓는 과정이 된다.

Lost in Translation

반기문 총장은 우리가 알다시피 한국에서는 전설적인 인물이었다. 실력이라면 실력으로, 인품이라면 인품으로 그가 흠 잡힐 일은 없었다. 그만큼 그는 일도 열심히 하고 뛰어났고 주변 사람들을 위아래로 정성으로 대하기 때문에, 적이 거의 없었다. 그가 워낙 이해하기 쉽게 모든 사안을 자세히 설명해 주니 언론도 다들 그를 따랐다. 굳이 그를 흠 잡으려고 정치적으로 어려운 질문을 해도 정답만 이야기하고 요리조리 피해나갔다. 그래서 한국 언론은 그를 '기름 장어'라고 불렀다. 그 누구도 기분 나쁘게 하지 않고, 함정에 빠지지도 않고 지혜롭게 빠져나간다는 좋은 뜻에서, 탄복하는 의미에서 그리 부른 것이다. 반 총장 자신도 그것이 재미있어서 자신의 호를 뒤늦게 '유만(油鰻)'이라고 지은 적이 있었다. 애칭으로 말이다.

그런데 그는 자신의 언론 다루기 능력을 은근히 자랑하는 차원에서 이러한 별칭도 영역을 하여 자신이 'Slippery Eel'이라고 유엔 기자단에게 소개한다. 유엔기자단, 특히 서양 기자들은 갸우뚱하며 손에 안 잡히는 미끈거리는 장어를 떠올리면서, '이 사람은 솔직한 이야기를 안 하고 재주껏 피해 가는 사람이로구나'라는 인상을 받는다. 그리고 서양에서는 slippery하다는 것이 단순한 미끈덕거리는 질감을 표현하는 것이 아니라 반칙을 하면서도 교묘하게 법망을 피해가는 인상을 준다. 우리가 볼 때는, 아니 레이건 대통령이 기자회견에서 부정적 질문을 받아도 유려한 언변으로 피해서 그것이 달라붙지 않고 떨어져 버려서 미스터 테플론(teflon, 음식이 붙지않게 후라이팬 표면에 바르는 물질)이라고 불린 것과 기름장어가 무엇이 다르다는 말인가?라고 흥분하지 않을 수 없었다.

(3) 진정한 지도력

반 총장은 일부 서방 언론이나 직원들의 비난과는 달리, 자신의 신념에 따라 필요한 개혁을 강력히 추진하는 지도자였다. 오히려 당사자들에게 인기 없는 정책도 자신이 옳다고 믿으면 밀어붙이는 과감한 성격이었다.[4] 한편, 자신의 곧은 성격에서 나오는 청렴함과 희생정신을 유엔 직원들도 공유할 것이라고 믿고, 알고 보면 기회주의

4 나는 남정호 기자의 책 '나는 일하는 사무총장입니다.' 서문에서 반 총장의 특징을 다섯 가지가 없는(－less) 인물로 묘사하면서 영양가 없는 일(thankless job)을 사심 없는(selfless) 자세로 지치지도 않고(tireless) 겁도 없이(fearless) 직원들을 가차 없이(relentless) 밀어붙이면서 일한다고 표현한 바 있는데, 이러한 '가차 없는' 모습에 위협을 느낀 직원들 가운데 사정없이 밀어붙이는 아시아 관료의 스테레오타입으로 매도하는 숫자도 상당했으리라 짐작된다.

적 인사들이 자신의 선의를 수용할 것이라는 기대와 함께 주었던 변함없는 신뢰가 이러한 실망의 근원이기도 하였다.

그러나 차츰 반 총장의 리더십 스타일을 이해하면서 그리고 그가 이룬 실적에 주목하면서 그에 대한 긍정적인 평가는 늘어간다. 에드워드 럭 컬럼비아 대학 교수는 반 총장이 카리스마가 없어보일지 모르지만, 과감한 발언을 자주 하는데 언론이 이를 보도하지 않는다고 지적하고, 반 총장은 자극적 언어로 공개적으로 망신을 주기보다는 막후에서 상대방 입장을 배려하면서 설득하고 유도하는 아시아식 외교를 펼친다고 설명했다. 그는 문제의 스리랑카 타밀 반군 학살 사건도 라자팍사 대통령이 반 총장의 설득에 민간인을 보호하겠다는 확약을 하고는 뒤에 가서 이를 어긴 결과이고, 미얀마의 경우 반 총장이 탄 쉐 군부지도자를 설득하여 태풍으로 마비된 미얀마에 국제인도지원이 들어가는 계기를 마련했음을 지적했다. 그는 반 총장이 쉴 틈 없이 일하고 너무 과단성 있게 결정을 밀어붙이는 성향 때문에 보좌진들이 그를 말릴 지경임을 아울러 지적하였다. 럭 교수는 유엔의 역사에 비추어 볼 때 반 총장의 방식은 과거 조용히 막후에서 자기 생색도 내지 않고 성과를 거두던 케야르 총장에 비유할 수 있으나, 반 총장이 더 과감하고 정력적으로 일한다고 평가했다.

평소에 반 총장에 대한 냉소적인 견해를 피력하던 영국 출신 이언 윌리엄스 기자는 2010년 봄에 게재한 글에서는 갑자기 반 총장의 그간 노력이 정당하게 평가받아야 한다고 주장한다. 그는 당시 진행 중이던 유엔총회 주제들을 들면서 반 총장이 군축, 핵실험전면금지조약CTBT이나 기후변화 같은 세계적인 문제를 회피하지 않고 정면으로 진지하게 다루고 있다고 하면서, 이러한 문제에 대한 유엔의 주도적 역할이 새로 취임한 인기절정의 오바마 대통령 때문에 가려지기는 했지만, 반 총장은 세계 지도자들의 적극적 지원을 결집하여 이 문제들이 논의되도록 지칠 줄 모르고indefatigably 일해 왔다고 지적했다. 그는 다가온 반 총장의 연임과 관련하여 부시 대통령이 선택한 반 총장을 오바마 정부가 반대할 것으로 보는 시각도 있으나 반 총장의 정책이 오바마 정부의 정책과 합치하는 면이 많아 그러한 반대는 가능성이 낮다고 진단했다. 그는 반 총장이 오히려 미국 보수파의 외교정책보다는 유엔 전체 입장을 대변하는 태도를 보인 탓에(보수의 원조 루퍼트 머독이 소유한) 런던타임즈의 공격을 받았고 노르웨이 차석대사 모나 율의 인신공격도 모나가 희망한 유엔 직책을 받지 못한 데 대한 보복에 다름없다고 정확히 지적했다. 그는 반 총장이 친근하고 매력적이며 원칙에 충실한 사람이라고 반박하면서, 반 총장이 이들의 비난을 받는 이유는 바로 그가 미국 보수파의 말을 듣는 꼭두각시가 아니었기 때문이라고 강조하였다. 그러면서 그는 반 총장이 현실주의 접근을 펼쳐 나가는 동시에 보다 강력하게 도덕적인 목소리를 높일 것을 주문하였다. 그 기고문의 제목은 'Good Moon Rising'이었는데 이는 미국 팝그룹 CCR의 노래 'Bad Moon Rising(나쁜 징조)'을 이용하여 반 총장의 그간의 노력에 비추어 연임을 받을 자격이 충분하고 좋은 소식이 있을 것이라는 평가였다. 국내에서는 이 기사가 코리아헤럴드에만 인용되고 전혀 보도되지 않았다.

이와 같은 인식의 변화와 함께 2010년에서 2011년으로 넘어가면서 발생한 '아랍의 봄'에서 반 총장이 보여준 명확한 입장, 그리고 같은 시기에 있었던 코트디부아르 위기를 단호하게 정리한 반 총장의 모습을 지켜본 국제사회, 특히 서방은 눈을 의심할 정도였다. 평소 반 총장이 조용한 외교를 한다면서 세상의 악당들에게 목소리를 높이지 않는다고 잔소리를 하던 인권단체 '휴먼라이츠워치Human Rights Watch'조차 당시 반 총장의 긍정적인 변화를 인지하고, 특히 코트디부아르, 이집트, 리비아, 시리아 문제 관련하여 반 총장이 더 강력한 목소리를 내고 있다고 평가하였다.

한편, 한국인들은 그저 서방언론에 나온 자극적인 보도만 인용하는 수준에 그쳐서 세계무대에서 주목하는 반 총장의 노력을 국민들에게 제대로 전달하지 못하였다. 그런 결과, 반 총장의 국내정치 참여 문제가 나올 때 오래전에 나온 비난 일색의 기사만 선별하여 인용하는 황당한 상황이 연출된 것은 유감스러운 일이었다.[5]

반 총장에게 제기된 비난 가운데에는 새겨들어야 할 부분도 분명히 있었고 반 총장도 개선을 위해 나름 노력했다. 그러나 우리는 취임 초기 문화적 차이에서 나온 평가나 직원들의 불안감에서 나온 평가, 또는 불만을 가진 개인이나 국가가 불순한 동기를 가지고 제기하던 비난을 식별할 줄 알았어야 한다. 2011년 6월 연임이 확정된 후 반 총장에게 남은 일은 제8대 유엔 사무총장으로서 인류를 위하여 어떤 업적으로 기억될 것인지 고민하고 여기에 그의 시간과 에너지를 집중하는 것이었다.

---

5 그러한 면에서 당시 중앙일보 남정호 특파원(현 칼럼니스트)은 각국에서 모인 유엔특파원협회(UNCA) 부회장을 역임할 정도로 현장을 파고든 기자였다. 특파원 임기가 끝나갈 무렵 남 기자가 반 총장이 실제로 얼마나 중요한 일을 하고 있는지를 국민들에게 알려야 하지 않겠냐고 나에게 제안하였을 때, 그의 저널리즘에 깊은 인상을 받고 있던 나로서는 기꺼이 수락했다. 그가 떠난 후 우리는 수많은 뉴욕-서울 간 영상회의와 이 메일 교환을 통하여 「나는 일하는 사무총장입니다」를 완성하였다.

PART

05

다자외교와 유엔의 역할

05

다자외교와 유엔의 역할

여기서는 헌장에서 부여받은 유엔의 주요 역할을 살펴보고 반 총장이 실제로 어떻게 실현해 나갔고 현장에서 노력했는지를 제시하고자 한다.

1 전쟁과 평화의 문제

유엔은 헌장 전문에서 밝히듯이 무엇보다도 인류를 '전쟁의 재앙scourges of war'으로부터 구하기 위하여 만든 기구이다. 인류가 현재와 같은 형태의 다자외교를 갖게 된 동기가 바로 모든 나라가 모여서 대화를 통하여 분쟁을 해결하고 평화를 확보하자는 것이다. 여기에는 유엔이 분쟁 당사자들의 공개토론을 통하여 시시비비를 가려서 무력보다는 평화적인 방법으로 문제를 해결하는 방법, 전 지구상의 국가가 침략자를 단죄하는 집단안보, 무력충돌 위험이 보이는 분쟁을 사전에 식별하고 각자의 불만을 해소하고 진화하는 예방외교 등 여러 가지 방식이 시도되었고 이들은 다양한 시행착오를 거치면서 진화하는 동시에 혼용되어왔다.

(1) 분쟁의 평화적 해결

유엔헌장은 제Ⅵ장에서 특정 분쟁이 지속될 경우 국제평화와 안전을 해칠 위험이 있다면 이 분쟁의 당사자들은 협상, 조사, 거중조정, 화해, 중재재판, 사법해결, 지역기구의 도움 등 평화적 방법으로 해결할 것과 이러한 문제를 안전보장이사회에서 다루도록 규정하고 있다. 이와 같은 분쟁의 평화적 해결은 전쟁은 국가 간의 '분쟁'을 해결하는 방법 중의 하나로 선택되었고 분쟁이 당사자 간의 소통 부족으로 인한 '오해'에서 기인하였음을 전제로 한다. 따라서 오해를 풀어서 분쟁을 해소하면 전쟁으로 번질 가능성이 있는 싹은 미연에 방지할 수 있다는 것이다. 국제사회는 이러한 분쟁을 예방하는 것이 공통의 이익임을 인지하고 이러한 역할을 장려한다. 헤이그 평화회의에서 1907년 채택한 '국제분쟁의 평화적 해결을 위한 협약'은 바로 이러한 이해에 기반한 원칙을 최초로 제시하고 있다.

국제사회는 두 나라가 분쟁 해결을 위한 전쟁의 길을 선택하기 전에 ① 공평한 제3자가 개입하여 ② 분쟁 당사자 간에 감정을 가라앉힐 냉각기를 갖고 ③ 양자 간에 솔직한 대화를 통하여 서로의 입장을 청취함으로써 공통분모를 모색하면서 ④ 분쟁의 원인을 다시 접근하여 오해를 풀고 ⑤ (국민여론과 자존심 때문에 유연성의 여지가 크지 않은 당사자보다는) 제3자가 창의력을 발휘하여 양측이 체면을 지키면서 수용 가능한 방안을 찾아 제시함으로써 분쟁을 해소하자는 것이다.

특히 국제연맹은 제1차 세계대전이 아무도 거대한 전쟁을 일으킬 계획이 없었으나 하나의 오해와 분쟁이 다음 오해와 분쟁을 불러일으키다가 결국 전대미문의 희생을 초래하였음을 반성하면서 분쟁의 평화적 해결을 통한 전쟁의 재발을 막자는 의지에서 설립되었다.

물론 이러한 접근은 인간의 합리성을 신뢰하는 일종의 성선설적 접근법이라고 하겠다. 유엔도 이러한 전통에 기초하여 각종 분쟁을 초기에 진화하기 위한 노력을 많이 기울여 왔으며 이를 보다 진화시킨 예방외교에 역점을 기울여 사실 많은 잠재적 분쟁을 사전 차단하여 왔다. 다만, 선거를 위하여 홍보가 중요한 개별국가 지도자와는 달리, 국제기구의 역할을 대외 홍보하는 기능이 미약하기도 하고 위기를 모면한 뒤에 국가지도자들이 공을 가로채는 경우가 빈번하여 유엔사무총장은 조용히 평화를 반기면서 안도의 한숨을 쉬는 경우가 대부분인 경우가 많다.

이러한 분쟁의 평화적 해결 역할을 위하여 유엔은 분쟁지역에 대개 사무총장특별대표SRSG, Special Representative of Secretary-General가 이끄는 임무단mission을 보내서 객관적인 상황을 파악하고 당사자들과의 대화를 통하여 그들의 입장을 청취한다. 특별대표는 이러한 조사 내용, 분석 및 해결을 위한 건의사항을 본부 정무부에 보고하고, 본부는 정무부 차원의 분석과 검토를 거친 새로운 지시를 주면서 현장의 중재노력을 지휘하고 임무단은 당사자들의 오해 해소 및 상호 수용가능한 방안을 만들어 가면서 당사자들에게 타진해 나간다.

임무단이 취할 중요한 조치와 관련하여 안보리 차원의 결정이 필요한 경우, 유엔사무총장이나 사무차장 때로는 특별대표가 안보리 회의에서 이사국들에게 유엔의 분석과 이에 기초한 해결방안을 제시하고 안보리의 결정을 건의한다. 이 단계에서 안보리 회원국들 간에 편이 갈리기도 하고 사무총장이나 현장의 특별대표에 대한 평가 또는 개인적/국가별 감정이 표출되기도 하여 최종합의에 도달하기까지는 지난한 과정을 거치게 된다. 여기에는 현장에서의 인내심을 갖고 당사자들을 관리하는 노력, 현장과 본부의 학자적인 분석 능력, 안보리이사국들과의 적절한 소통 유지, 안보리 보고과정에서 보여주는 설득력 등이 모두 작용하는 종합 예술이다. 반기문 총장이 이룩한 수많은 성공사례가 있으나 국내에는 상대적으로 알려지지 않은 코소보 사례를 아래 소개한다.

코소보 사례: "페이드인 페이드아웃"

코소보는 한국인들에게 잘 알려져 있지 않은 지역이다. 세르비아 남쪽에 속하는 코소보는 인종적(알바니아계)으로 종교적(이슬람)으로 확연히 다른 지방이었는데 90년대 초 유고연방의 해체와 함께 자신들도 독립할 기회라고 판단하고 90년대 후반 줄기찬 저항을 시작한다. 이와는 반대로 대세르비아 건설을 꿈꾸던 밀로셰비치 대통령의 세르비아가 코소보 인들을 무참하게 탄압하여 1만 명의 희생자와 86만 명의 난민이 발생하면서 국제사회의 여론이 들끓기 시작한다. 미국과 서방의 나토군은 78일간의 공습을 통하여 세르비아의 퇴각을 달성하고 유엔은 1999년 6월 유엔코소보 임시행정청(UNMIK, UN Interim Administration Mission in Kosovo)을 안보리 결의 1244호에 의거 설치한다. 유엔은 세르비아 정부를 대신해서 코소보 지역의 행정과 제도를 조직하고 집행하는 작업을 담당한다. 이러한 과정을 지휘하는 사무총장특별대표(SRSG)로 핀란드의 마르티 아티사리 전 총리를 임명하는데 그는 코소보의 독립을 추진하기로 입장을 정한다. 그러나 세르비아와 러시아가 한 쪽, 코소보와 서방이 다른 쪽으로 나뉘어 대립한 가운데 세르비아측은 코소보를 자국 내 자치령으로만 허용하고 자신의 주권을 포기하지 않는 입장이고 물론 코소보는 완전한 독립을 원한다.

반기문 총장은 취임 직후부터 코소보 사태에 대한 브리핑을 받고 아티사리 대표와도 협의를 가진다. 유엔은 서방의 시각이 지배적인 기구이다. 세르비아는 정말 못할 짓을 저지른 국가지만, 주권 국가인 세르비아를 단죄하고 그 보호자 러시아는 무시하면서 코소보의 독립을 밀어 붙이는 서방을 보면서 반 총장은 아티사리가 너무 감정적이고 서방의 조치가 너무 일방적이고 세르비아와 러시아를 배려하지 않는 접근이라는 인상을 받는다. 양측간 협상이 답보상태인 상황에서 코소보가 일방적인 독립선언을 준비하는 조짐이 보고되면서 반 총장은 이 사태를 보다 평화롭고 조화롭게 해결하고자 결심하고 그 구상을 영화에서 장면이 서서히 바뀌는 '페이드인, 페이드아웃' 전략으로 묘사한다. 결국 코소보가 2월 17일 일방적인 독립 선언을 하고 세르비아 본토 및 코소보 지역 내 세르비아 주민들의 격렬한 항의가 시작되면서 점점 악화되는 상황에서 세르비아는 3월 10일 총선을 앞두고 있었다.

당시 세르비아의 국민의 다수는 EU 가입을 통한 번영을 희망하고 있었고 코소보 문제에 있어 양보를 하더라도 번영의 길을 택해야 한다는 시각이 늘어나기 시작했다. 반 총장은 이러한 세르비아 국민들의 열망에 착안하여 당시 세르비아 총선에서 코소보 독립에 결사반대인 급진당보다 EU 가입을 추진하면서 코소보 문제에는 융통성을 보이는 민주당이 승리할 수 있는 국제적 여건을 조성하여 세르비아 온건파에 힘을 실어주고자 노력했다. 즉, 반 총장은 EU 측을 설득하여 세르비아의 가입협상을 지속하도록 하였고 그 결과 EU 가입의 희망을 품은 국민들의 지지를 업고 결국 민주당이 승리하게 한 것이다. 그에 따라 코소보의 독립이 평화롭고 순조롭게 이행되었음은 물론이다. EU 가입을 둘러싼 긍정적 토론이 세르비아 국민들 사이에 '페이드인' 하면서 코소보 문제는 그들의 뇌리에서 '페이드아웃' 한 것이다.

여기에는 당시 세르비아의 강경입장을 지지하던 러시아의 푸틴 대통령, 메드베데프 총리, 라브로프 외교장관을 반 총장이 차례로 만나면서 전개한 설득외교 노력도 주효했다. 당시 유엔에서 유행하던 농담이 '세르비아 문제에 있어서 러시아가 세르비아보다 더 세르비아적, 즉 더 강경할 수는 없지 않느냐'는 것이었는데, 세르비아 당사자가 온건해지면 러시아도 굳이 강경입장을 고수할 이유가 없다는 것이다. 이로 인하여 코소보 독립 과정은 일방적인 선언과 대치로 인한 무고한 인명 피해를 피하면서 이루어졌고 코소보의 평화를 유지하던 유엔군은 그 기능을 EU에 인계하고 임무를 마무리하였다.

데이비드 할란드(뉴질랜드 국적) 당시 유엔 평화유지부 유럽국장은 학술지 기고문을 통하여, 반기문 총장이 외교적 상상력을 발휘하여 무력충돌을 피한 것을 '함마르셸드 이후 가장 탁월한 예방외교의 성과'라고 평가하고 유엔 내의 다른 당사자들과의 충돌 없이 유엔사무총장의 권한을 실질적으로 확대하는 중요한 기점을 이룩했다고 의미를 부여하였다.[1] 한국에서는 워낙 코소보라는 지역에 대해서 알 수도 없고 당시 이명박 신정부 출범 후 광우병 사태 등 국내문제로 인하여 이러한 사안에 관심을 가질 여유가 전혀 없어 별다른 보도가 되지 않았을 것이다. 그러나 한국인 유엔사무총장이 지혜를 발휘하여 중유럽에서 발생할 뻔한 유혈분쟁을 막는 자랑스러운 성과를 거두었음을 지금이라도 기억하면 좋겠다는 생각이다.

(2) 집단안보(Collective Security)

집단안보 개념은 제1차 세계대전을 마친 후 탄생한 국제연맹에서 최초로 채택되었다. 19세기 유럽외교를 지배하던 '세력균형' 방식에 기초한 양대 동맹 체제의 대립에서 제1차 세계대전이 비롯되었다는 반성에서 개별국가가 세력균형을 계산하면서 서로 대립하고 군비경쟁을 하다가 전쟁에 이르는 과정을 국제사회 전체가 단합하여 방지하자는 개념이다.

국제연맹 그리고 후일 유엔도 채택한 집단안보는 세계 모든 나라가 참여하여 똑같은 의무를 준수하면서 모두의 평화를 보장하는 체제를 말한다. 그 의무는 어느 한 나라가 다른 나라를 공격하면 나머지 나라들이 모두 힘을 합쳐 압도적인 위력으로 가해자를 격퇴하는 것이다. 모든 나라가 이러한 의무를 충실히 이행할 의지가 있고 서로의 의무 이행에 대한 신뢰가 있는 이상, 어느 나라도 감히 다른 나라를 공격했다가 국제사회 모든 나라의 반격을 받아 망하는 운명을 자초하고 싶지 않을 것이다. 너무나 명확하고 이상적인 체제라고 할 수 있다. 평화를 원치 않는 나라가 있을 리 없으니 모두 집단안보 체제에 가입해서 서로를 돌봐주면서 안전과 평화가 영속적으로 유지될 것으로 기대할 수 있을 것이다.

인간은 가장 최근의 기억에 지배당하는 특성이 있다. 각자의 국익신장을 추진하는 과정에서 세력균형을 통한 평화를 추구하던 국가들 간에 소통의 부족과 오해에서 제1차 세계대전이 비롯되었다는 자

---

1 Survival, Global Politics and Strategy, Vol.52, 2010 – Issue5 David Harland, Kosovo and the UN.

각에서 국제연맹은 분쟁이 발생하면 조사를 통한 진상 파악과 대화를 통한 평화적 해결을 주로 도모하였다. 분쟁의 평화적 해결은 인간의 합리성을 신뢰하면서 오해로 인한 분쟁을 적시에 해소하지 못해 전쟁으로 비화하는 것을 막자는 데 핵심이 있다. 오해가 해소되지 않을 경우, 결국 무력행사로 이어지고 국제사회가 피하고자 한 전쟁이 발발하게 된다. 그런데 여기에는 전쟁이 '오해'로 인해 발생한다는 전제가 깔려 있다. 문제는 양측 간의 오해가 아니라 처음부터 싸움을 걸어서 침략할 것을 의도한 일방이 정당한 이익의 수호를 위한 주장의 탈을 쓰고 분쟁을 유발하는 히틀러와 같은 경우다. 오해를 풀지 못해서건, 처음부터 계획적인 침략을 위한 분쟁이건, 침략자가 발생할 경우에 국제사회가 대처하는 방법을 설정한 것이 유엔에서 채택한 보다 강화된 집단안보 체제이다.

집단안보 체제가 실제상황에서 제대로 기능하기 위해서는 우선 무력 분쟁이 발생할 경우 가해자가 명확히 식별 가능해야 하며(도덕적 명확성), 각 회원국이 자신의 비용편익을 정확히 파악하고 압도적인 국제사회의 반발을 우려하여 무력사용을 포기하는 결정(합리적 판단)을 할 것이라는 전제가 충족되어야 한다. 그러나 이는 많은 경우의 분쟁에서 책임의 선이 애매하기도 하고 많은 국가가 자기최면에 빠져 올바른 판단을 하지 못하는 현실과 위배된다.

한편 집단안보 체제가 성립하기 위해서는 각 국가들의 차원에서의 주관적 요건과 국제사회의 시스템 차원의 객관적 요건이 충족되어야 한다. 가장 중요한 주관적 요건은 '평화의 불가분성indivisibility of peace'의 개념을 성원들이 공유해야 한다는 것이다. 이는 세계 어느 곳에서 발생하는 침략도 방치할 경우, 나의 평화를 동일하게 침해하기 때문에 나도 참여하여 가해자를 막아야 한다는 인식을 같이하는 것이다. 즉, 각국이 자신의 개별이익을 국제사회 전체의 공통이익과 동일시하는 충성심을 필요로 하는 것이다. 한편 실제로 침략자를 징벌하는 과정에서 개별 국가의 군사력을 자신의 재량대로 사용하지 않고 공동체의 필요에 따라 사용하는 약속, 즉 일종의 주권제한을 수용해야 한다. 아울러 이는 개별적인 우호관계나 동맹관계도 포기하고 자국의 운명을 집단안보에 맡길 정도의 신뢰를 의미한다. 한편 집단안보의 성공을 위한 객관적 조건은 우선 국제사회의 모든 성원이 예외 없이 집단안보 체제에 참여하여야 하며, 이들 참여국들 간의 국력이 분산되어야 한다는 것이다. 모든 국가들의 빠짐없는 참여가 이루어지고 국력이 대개 균등해야 침략자를 나머지 국제사회가 압도적인 힘으로 제압할 수 있는, 따라서 침략자가 처음부터 엄두도 내지 못할 여건이 조성되는 것이다.

유엔헌장은 제Ⅶ장에서 평화를 침해하는 국가에 대한 강제조치들을 열거하고 있고 41조에서 경제제재를 포함하는 비군사적 조치, 42조에서는 이러한 조치가 불충분하다고 판단할 경우 군사적 조치를 취하도록 규정하고 있어 이러한 집단안보의 근거를 설정하고 있다. 그러나 유엔의 집단안보 체제가 원래의 의도대로 실현된 경우는 사실상 한국전쟁 한 번밖에 없다고 볼 수 있다. 그나마도 유엔 초기 회원국들이 미국의 지도력에 순응하고 소련의 안보리 참석거부라는 행운의 상황이 초기 조치를 가능하게 했으며, 다시 안보리가 마비된 상태에서는 총회에서 '평화를 위한 단결' 결의라는 창의적인 방식을 동원하는 특수한 상황으로 간신히 가능했다. 냉전이 끝날 때까지 침략자를 국제사회가 단결하여 물리친다는 공식에 가장 근접한 경우는 사담 후세인의 쿠웨이트 침공을 격퇴한 1991년 걸프 전쟁밖에 없다. 그러나 이때는 유엔보다는 미국의 과도한 주도를 우려한 케야르 유엔사무총장 결정으로 유엔은 뒤로 빠진 형태로 유엔기도 사용하지 않고 연합군을 유엔군이라고 부르지 못하는 경우였다. 한국 전쟁의 경우는 유엔기를 사용하고 당시 국제사회의 개입 정당성을 마련한 유엔사는 아직도 존재하고 있다. 물론 그 모양새도 냉전 초기 유엔의 권위를 동원하고자 하는 미국의 노력이 결실을 맺은 결과겠지만.[2]

한편 냉전 기간 중 다양한 지역 동맹이 창설되고 이들이 자신들 구성의 기초를 집단안보에서 찾는 경향이 있다. 하지만, 이는 안보리의 강제조치를 나열한 유엔 헌장 7장 51조에 규정된 '집단적자위권'과 8장의 지역 기구에는 해당하지만 엄격한 의미의 집단안보와 합치하지는 않는다. 앞서 기술한 바와 같이 집단안보는 자기들 가운데 나타나는 침략자 하나를 나머지 국제사회 전체가 힘을 합쳐 단죄하는 방식을 말하기 때문이다. 그러므로 NATO는 집단안보가 아니라 고전적인 동맹체제이다. NATO 조약 5항의 1국에 대한 공격은 모두에 대한 공격으로 간주된다는 내용도 고전적인 집단안보와는 거리가 있는데, 그 동맹 보호 의무를 설명할 때 다들 집단안보 개념을 원용하는 기이한 상황이 반복되고 있다. 최근에는 미·중 경쟁이 심화하고 러시아의 우크라이나 침공으로 완전한 '신냉전' 시대에 진입하고 안보리 상임이사국을 중심으로 한 국제사회의 분열이 뚜렷해지면서 유엔의 집단안보는 더욱 실현하기 어려운 理想으로 남게 되었다.

---

2 한국전쟁에서의 유엔의 역할에 관해서는 3부 2장의 '한국전쟁과 유엔' 참조

(3) 평화유지활동

평화유지활동은 적대행위가 종식되고 평화회복 과정에 있는 국가에서 이루어지는 정전 감시, 무장 해제, 분쟁 재발 방지, 치안 유지, 전후 복구 등을 위한 유엔 주도의 국제평화와 안전 유지를 위한 활동을 의미한다. 무력 충돌이 일어났다가 교전 당사자 간의 휴전이 합의되고 평화를 유지해야 하는 상황에서 가장 신뢰가 가는 감시자는 아무래도 유엔이다.

유엔의 외교교섭 능력을 통한 분쟁의 평화적 해결 기능도 많은 성과를 거두었으나 세계 시민들의 눈에는 전쟁의 현장에서 위험을 무릅쓰고 적대행위를 막아주는 유엔군이 유엔의 역할을 대표하게 되었다. 특히 평화유지군은 유엔기의 색깔인 하늘색 철모를 써서 유엔군의 '푸른 철모Blue Helmet, Casque Bleu'는 어느새 유엔의 상징이 되어버렸다.

1948년 1차 중동전쟁 후 성립된 정전을 감시하기 위해 팔레스타인 지역에서 유엔정전감시단UNTSO가 최초로 활동을 시작한 이래 총 71개의 평화유지임무단이 120여 개국에 설치되고 100만여 명이 참여하였으며 1988년 노벨위원회는 '유엔 평화유지활동'에 노벨평화상을 수여하였다. 1990년대 이전 냉전기에는 평화유지활동이 10여 개 정도였으나 냉전 종식 직후 급속히 확대되어 90년대 초기에는 20여 개의 임무단이 창설되기도 했다가 202년 7월 기준으로 12개 임무단에서 9만여 명이 활동하고 있다.

평화유지활동은 기본적으로 교전당사자 간에 정전합의가 이루어져서 '지켜야 할 평화peace to keep'의 존재를 전제로 하였으나, 유엔의 개입범위가 점차 넓어지면서 평화조성peace making과 평화구축peace building까지 포괄하는 개념으로 발전하고 있으며, 이에 따라 정전 감시, 병력철수 감시 중심에서 전투원들의 무장해제－부대해체－사회복귀지원Demilitarization, demobilization, Reintegration, DDR, 민간인 보호, 인도적 지원, 선거 지원, 국가역량지원으로까지 확대되고 있다.

평화유지군 설치에는 ① 분쟁당사국의 동의 확보 ② 분쟁당사국에 대한 중립성 유지 ③ 자위와 임무 보호 목적 외 무력 불사용 원칙을 준수해야 하는데 이러한 원칙은 평화유지군의 활동을 지나치게 제약하는 면이 있어 반 총장은 보다 적극적인 활동을 위한 개혁을 추진한다.

반 총장이 취임하기 전 유엔의 최대현안은 수단의 엘바시르 대통령과 무슬림 민병대 장자위드에게 학살당하는 수단 남서쪽의 다푸르 사태였다. 당시 이 문제를 다루던 수단 주재 사무총장 특별대표 얀 프롱크가 자기의 개인 블록에 수단 정부를 비판하다가 수단 정부로부터 추방 통고를 받았다. 한국에서 이 기사를 본 반 총장이 이를 규탄하는 성명을 내려는 것을 내가 현지 유엔 주변에서는 개인 블로그를 유지하는 것도 비정상이지만 거기 수단 정부와의 협의 내용을 올리는 프롱크도 문제라는 평가가 있다는 보고를 드려 성명 발표는 보류한 일도 있었다. 한편, 건국 시점부터 계속 문제가 되어온 콩고는 내전이 마무리가 안 된 상태에서 동부 지역까지 행정력이 못 미치고 지역 반군 및 르완다의 침투로 골머리를 앓고 있었고, 보다 적극적인 평화유지군 활동을 위하여 1997년 창설한 MONUC를 2010년에 MONUSCO로 개편한다. 반 총장이 취임한 지 한 달 안에 안보리는 다르푸르, 중앙아프리카 공화국/차드, 레바논, 네팔, 중앙아시아의 5개 지역에 평화유지군을 창설하고 임무를 부여했다.

폭발적으로 증가하는 평화유지 활동의 수요에 따라 평화유지활동부DPKO[3]의 업무는 기하급수적으로 증가하여 DPKO 간부들의 효과적인 지휘와 조직의 감독·관리에 어려움을 겪고 있었다. 이에 따라 반 총장은 이 비대한 부서를 둘로 나누기로 하고 기존의 조직은 작전수립과 집행에 집중하고 인적·물적 자원을 확보하고 관리하면서 이러한 활동을 지원하는 부서를 새로 설립하는 개혁을 단행한다. 이에 대해서도 기존의 DPKO 지휘부는 자신들의 기득권 상실을 우려하여 반대하고 일부 회원국까지 이에 동조하였으나 반 총장의 단호한 의지를 확인한 후 그의 개혁추진 방향을 따르게 된다. 그 결과 새로 설립한 부서가 현장지원부Department of Field Support였다. 반기문 총장은 새로운 조직을 세계식량계획WFP부대표로 관리능력을 입증한 아르헨티나 출신 수사나 말코라Susanna Malcorra에게 맡기고 방글라데시 출신의 아미라 하크Ameerah Haq가 이어받았다가 2015년 차장보로 있던 인도 출신 아툴 카레Atul Khare가 이어받는다. 구테레스 사무총장은 DFS를 개편하여 2019년부터 작전지원부DOS, Department of Operation Support를 출범시킨다.

반 총장 임기중 평화유지 활동은 아프리카에서는 주로 콩고MONUC와 수단(수단UNMIS, 다르푸르UNAMID와 남수단UNMISS), 그리고

3 유엔사무국의 기본 단위인 'department'를 국(局)으로 번역하는 경우가 많은데, 개인적으로 유엔이 국가의 정부와 같이 기능이 나뉘어 있고 사무총장도 국가원수에 준하는 예우를 받음에 비추어 부(部)를 사용하는 것이 옳다고 본다. 미국의 국무부도 Department of State이다. 물론 사무국도 사무처로 지칭해야 한다는 목소리도 있다.

라이베리아UNMIL에 집중되고 그 외에는 아이티의 고질적인 불안정을 수습하다가 지진까지 겹치는 사태가 평화유지군MINUSTAH에 큰 부담을 주었고 아시아에서는 동티모르에서의 성공적인 활동UNMIT을 마무리하였으며 유럽에서는 러시아 소수민족 지역을 둘러싼 조지아 주재 임무단UNOMIG이 2008년 러시아의 침공으로 종결되고 코소보 주재 임무단UNMIK은 계속 상황안정을 위하여 주둔하게 되었다.

그러나 우리 한국 독자들에게 소개하고자 하는 가장 중요한 평화유지 활동은 코트디부아르 내전과 독재를 종식하고 민주주의를 회복하게 만든 의지의 한국인 두 명이 일구어낸 성과이다.

투 코리언즈: 코트디부아르

한국 70년대 가수 중에 김도향 · 손창철로 구성된 '투코리언즈'라는 듀오가 있었다. 나는 2010년부터 발생하고 너무나 어려워 보이던 코트디부아르 사태의 대단원을 보면서 이 결말은 Two Koreans가 있었기에 가능했다고 많은 사람에게 설명하였다. 유엔본부의 반기문 사무총장이라는 한국인과 코트디부아르 현장 유엔 임무단(UNOCI)을 이끌던 최영진 사무총장 특별대표(SRSG)라는 한국인 말이다. 주코트디부아르 한국대사관에서 1995년 2월부터 2년간 근무한 나로서는 지도층은 탐욕스럽고 국민은 순박한 코트디부아르에서 일어나는 일이 남다르게 다가왔다. 서부아프리카 해안에 위치한 코트디부아르는 건국의 아버지 우푸에-브와니(Félix Houphouet-Boigny)가 33년을 통치하다가 1993년 서거하면서 불안정이 시작된다. 베디에(Henri Koinan Bédié) 당시 국회의장이 헌법에 의거 대통령직을 승계하여 95년까지 잔여임기를 마친 후 1995년 대선에서 유력한 후보인 북부 출신 우아타라(Alassane Ouattara) 전 총리의 출마를 봉쇄한 채 승리하자 남북 지역의 종족간 분열이 심화한다. 한편 로베르 게이(Robert Guéï) 참모총장이 이러한 불안정을 틈타 1999년 크리스마스 쿠데타를 시도하여 성공하고 대다수의 군사 쿠데타와 같이 6개월 후 민정이양을 약속한다. 그전까지는 주변부 인물이었던 대학교수 출신의 선동가 그바그보(Laurent Gbagbo)는 군부를 돕는다면서 형식적인 야당 후보로 입후보하여 오히려 허를 찌르고 선거에서 승리하여 2000년에 집권한다. 문제는 그가 게이 장군과의 대결에서 승리하고 나서도 남북 간의 갈등은 계속되고 본격적인 내전에 빠진 것이다. 그리고 그바그보는 자신의 대통령 임기가 2005년에 끝나고 나서도 이런저런 핑계로 대통령선거를 미루어 법적으로 국민의 위임(mandate) 없이 대통령직을 계속 수행하고 있었다.

구 식민지 종주국인 프랑스의 중재로 일단 내전이 수습되고 이들 간의 휴전을 감시하면서 평화의 길을 찾기 위해서 코트디부아르 유엔평화유지군(UNOCI, United Nations Operation in Côte d'Ivoire)이 2004년에 설치된다. 서부 아프리카 인근국 베냉의 알베르 테보에드레(Albert Tevoedre)와 그에 이은 스웨덴의 피에르 쇼리(Pierre Schori)가 대표를 맡았으나 영악한 그바그보의 꼼수와 비협조에 고생만 하다가 물러난다. 후임 대표를 정하는 과정에서 서방은 유럽인이 되기를 희망하고 접수국인 코트디부아르는 현지 사정을 잘 아는 아프리카인이 되어야 한다고 주장했다. 이는 그바그보 입장에서 껄끄러운 유럽인보다 자신의 영향력 아래 두고 조종하기 편한 현지인을 선호한 것이다. 이러한 대립을 타개하기 위한 반 총장의 제3의 안이 아시아인을 보내는 것이었다. 바로 최영진 대사의 등판이다.

80년대 말 주미 한국대사관에서 반 총장과 함께 근무한 인연도 있고 본부에서 반 장관의 차관으로 호흡을 맞추었던 최영진 주유엔 대사는 자신이 활약할

그바그보 대통령과 친교를 맺는 최영진 특별대표

한국의 안보리 진출을 포기하고 총장 선출에 최선을 다하였는데, 본인의 희망보다 일찍 주유엔 대사직을 후임에게 넘겨준 상태에 있었다. 최영진 대사는 사실 유엔사무국 진출이 반 총장보다 빨랐다. 1996년 부트로스-갈리가 낙마하고 코피 아난을 선출할 당시 안보리 비상임이사국이던 한국의 박수길 대사는 아난을 지지하는 대가로 한국인의 사무국 고위직 보임을 약속받았다. 한국 외교관 가운데 가장 국제통인 최영진 당시 한반도에너지개발기구(KEDO) 사무차장이 그 역할을 맡았다. 그는 유엔의 핵심부서인 평화유지부(DPKO)의 사무차장보(ASG)으로 근무해서 이미 유엔사무국을 잘 이해하는 인물이었다. 게다가 학구파로서 파리1대학에서 박사학위를 받아 불어가 능통하여 적임자 중의 적임자였다. 그바그보 대통령은 난색을 표했지만, 반 총장은 자신이 신뢰하는 인물이고, 그바그보와 반 총장을 연결해 줄 사람이므로 그바그보 자신에게도 도움이 될 것이라며 설득하고 그바그보는 이를 수락한다. 최영진 대사는 2007년 10월 8,200명의 군인을 포함하여 경찰과 민간 전문가 등 1만 1천여 명의 UNOCI를 이끌기 위해 현지로 부임한다. 최 대표는 그 가운데 UNOCI 사령부 빌딩 맨 위층에 자리 잡은 관사에서 기거하면서[4] 외로운 일상을 보내면서 사무총장 특별대표로서 임무를 완수하기 위한 밑그림을 3년간 그린다.
코트디부아르 정상화를 목표로 삼은 최영진 대표는 그바그보와 가까운 관계를 형성하고 그의 신뢰를 얻어가면서, 그바그보가 통치의 정당성을 확보하기 위해서는 민주적 선거가 필요하다는 점을 끈질기게 설득한다. 그바그보는 10년간 다져놓은 자신의 권력기반 위에, 아마도 유엔도 자기편이라고 믿고 1995년 이후 계속 금지되었던 야당 후보 우아타라의 출마를 허용한 가운데 2010년 11월 28일 대통령선거를 실시했다. 놀랍게도 우아타라가 54%를 득표하여 45%를 득표한 그바그보를 누른 결과가 선관위에서 나왔다. 그바그보 세력이 장악한 헌법위원회는 선관위의 발표가 시한을 넘겨서 불법이라며 그바그보의 승리를 주장하자, 국가기관 2개가 대립하는 형국이 되고 두 후보는 각자 취임식을 갖고 자신의 정통성을 주장하는 촌극이 빚어졌다. 사실 파악에 나선 유엔은 우아타라의 승리를 확인하고 그바그보는 정권을 넘겨야 한다고 발표한다. 당황한 그바그보는 '유엔이 코트디부아르 대통령을 임명하려 한다'고 국민감정을 자극하면서 유엔이 당장 떠날 것을 촉구하고 잠정적인 휴전 속에 선거에 임하던 북부와 남부는 다시 전투에 돌입한다.
정부군은 수도 시내에 자리 잡은 유엔군 UNOCI 본부를 공격하여 최영진 대표 회의실로 총알이 날아들고 간부진은 수시로 지하 벙커로 대피하는 일상이 벌어진다. 그동안 현지에 있던 유엔군 사령관들은 자기 조국을 목숨을 걸고 지키는 것도 아니고, 그저 안전하게 근무하다 떠날 생각만 하고 있어 실제 정부군과의 대치를 두려워하였다. 그러나 자신의 안전을 무릅쓰고 코트디부아르의 민주화라는 임무를 달성하고자 하는 최영진 대표의 모습에, 아니 위세에 눌려서 그의 지시를 따르지 않을 수 없었다. 한편 본부의 반기문 총장은 코트디부아르 정부의 공격을 받은 유엔 측의 정부 측에 대한 공격을 허가해 달라는 최 대표의 건의를 받아들이고, 아울러 당시 부족한 유엔군의 공격 능력을 보완하고자, 구 종주국으로서 코트디부아르 사태에 깊은 관심을 가진 프랑스의 사르코지 대통령과 협조기반을 구축하였다.
그 결과 2011년 4월 19일 유엔군 헬기 2대와 프랑스군 헬기 6대가 연합작전으로 그바그보 진지를 미사일로 공격하자 그바그보 측은 지리멸렬 전의를 상실하고 우아타라 병력은 대통령궁으로 진입하여 그바그보 일당을 체포한다. 이로써 10년 넘는 기간 동안 3,000여 명의 희생자를 낸 코트디부아르 내전이 마무리된 것이다. 사실 그바그보의 영악한 술수와 물리적 협박으로 그간 다른 대표들과 사령관들이 꼬리를 뺀 것에 비해서 최 대표는 참으로 '독하게' 끝까지 버티고 맞서서 진실과 정의를 지키고자 몸을 던졌다. 여기에 본부의 반 총장은 전폭적인 지지를 보내고 안보리 화상회의에 보이는 최 대표의 단호한 태도에 우려를 표하는 안보리 회원들을 설득해 힘을 실어주었다.
2011년 5월 21일 선거 실시 후 6개월이 지난 시점이지만, 알라산 우아타라 대통령의 취임식이 행정수도 야무수크로에서 개최되었고 나는 내가 2년간 살았던 '고향 땅'을 반 총장을 수행하여 다시 밟았다. 유엔사무총장은 다른 국가원수의 취임식에 참석하지 않는다. 2013년 2월 박근혜 대통령 취임식도 엘리아슨(Jan Elliason) 부총장이 참석하였다. 그러나 코트디부아르의 경우는 유엔의 과감한 개입으로 내전의 종식과 민주화가 이루어진 경우이므로 '유엔의 작품'으로 큰 의미를 부여할 수 있었고 아울러 기나긴 역정 끝에 출범하는 우아타라 정부에게 국제사회의 힘을 실어주고 최 대표를 격려하고자 반 총장은 그 먼 길을 찾은 것이다.[5] 나는 내가 우연히 90년대에 근무했던 서부 아프리카 나라에서 현지인들이 이름을 연호하는 '투코리언즈'의 모습을 보면서 자랑스러운 마음과 문자 그대로 '초현실적'이라는 인상을 지울 수가 없었다.

(4) 중동과 아프리카

유엔은 전쟁을 막고 평화를 지키자는 목표 아래 창설된 기구인데, 두 번의 세계대전으로 인류를 거의 파국으로 몰고 갔던 유럽 지역은 많은 반성이 있기도 하고 1990년까지 계속된 동서냉전 구도 속에서 비교적 평화를 지켜나갔다.[6] 한편, 구 식민지 지역에서 자유를 얻고 새로이 국가를 건설한 아시아와 아프리카의 수많은 신생국은 독립은 이루었으나 국경선이 구 종주국 중심의 자의적인 획정으로 국민적 통합도 어렵고 주변국과의 관계도 복잡하게 얽혀 있어 분쟁의 소지가 많았다.

특히 유엔과 국제사회가 공인한 이스라엘의 독립으로 땅을 잃은 팔레스타인 주민들은 주변 아랍 나라들과 합쳐 이스라엘을 공격했다가 더욱 영토를 잃는 일이 반복된다. 네 차례에 걸친 중동전쟁의 결과로 초래된 이스라엘의 불법 점령과 안보리 결의 위반이 계속되는 상황은 유엔의 권위와 도덕성을 침해하는 동시에 중동지역 고질적인 불안정의 근원이 되었다. 한편 사하라 이남 아프리카 지역은 민족과 국경의 불일치, 국가의 권위를 행사하지 못하는 취약한 국가기관과

---

4 내가 2008년 반 총장의 서부아프리카 지역 출장을 수행해서 아비장을 방문했을 때 UNOCI 경호팀은 최 대표의 안전을 위하여 일몰 후에는 관사를 밖에서 잠그고 그를 '감금'한다고 설명하고 나는 내 '형님'을 제발 잘 보호해 달라고 간청하여 그들이 반드시 그러겠다고 다짐한 일이 있었다.

5 아프리카에서는 새로 태어난 아이들에게 위인의 이름을 붙이는 풍습이 있는데 이 시절 많은 아기들이 '최영진'이라는 이상한 이름을 붙였다고 한다. 유엔의 지원으로 남수단이 독립하면서는 신생아에게 '반기문'이라는 이름을 붙이는 것이 유행하였다

6 공산권 해체 과정에서 조각나면서 분쟁의 도가니가 되어버린 발칸 반도는 예외이다.

미약한 각종 제도와 통치 능력의 부재와 경제정책의 실패로 국민의 빈곤과 인권침해가 빈번하게 발생하였다. 특히 정치를 국민의 삶을 개선하기보다는 개인의 축재 기회로 보는 지도층의 부패는 아프리카의 개발을 위한 각종 원조의 효율성을 저해하여 국제사회의 도움은 물론 감시도 필요로 하고 현지 정부는 이를 거부하는 악순환이 계속되었다.

유엔은 중동지역의 주기적인 분쟁이 발생하면 소환되어 잠정적인 휴전이나 평화를 위한 중재자 역할을 하도록 요구받는다. 그런데 중동지역 국가들이 보여주는 유엔에 대해서 존중은 좀 선택적인 것으로 보이는데, 아프리카 국가들의 경우 대개 유엔에 대한 존경은 절대적이다. 아프리카도 대규모 인도적 참사가 발생하거나 지역분쟁이 발생하는 경우 유엔이 중심이 되어 기금을 조성하고 중재자 역할을 하는데, 아프리카 국가들이 평소 경제의 운용이나 국민의 보건 시스템의 유지에 있어서 현지에 파견되어있는 유엔 팀에 대한 의존도가 매우 높다는 것이다.

따라서 유엔의 정무와 평화유지 기능 대부분이 중동과 아프리카의 평화를 지키고 분쟁을 진화하는 작업에 투입되었다.[7] 그런 차원에서 반기문 총장이 중동과 아프리카 문제를 풀기 위한 어떠한 노력을 전개하였는지 소개하고자 한다.

7 유럽의 경우는 발칸 지역, 그리고 러시아 소수민족의 문제가 있던 조지아 정도에, 아시아(물론 중동도 아시아 대륙의 일부이지만)는 인도-파키스탄 분쟁지역, 네팔 내전 후속 처리, 스리랑카 타밀족 문제, 신생국 동티모르 지원 등이 있었고 중남미는 카리브해의 비극, 아이티가 유엔의 주된 과제였다.

1) 중동 셔틀외교

유엔에서는 중동지역의 모든 불안정은 이스라엘-팔레스타인 사태에서 비롯된다는 기본 명제가 있다. 물론 이스라엘은 싫어하는 표현이다. 이스라엘 탓에 모든 중동의 문제가 생긴다기보다는 많은 중동지역 국가들이 이스라엘의 팔레스타인 지역 점령을 부당하다고 주장하면서 자신들의 현상변경 정책을 합리화하기 때문이다. 너무나도 복잡한 중동정세의 기원 전반을 여기서 논하기는 어렵고 반 총장의 중동전 데뷔의 배경을 간략히 정리해보자.

이스라엘 주변의 아랍국가들은 정당한 이유도 없이 이스라엘에 의해서 자신들이 수천 년 동안 살던 땅에서 쫓겨난 팔레스타인의 아랍 형제들을 돕고자 1948년, 1956년, 1967년, 1973년 네 차례에 걸친 중동전쟁을 통하여 봉기하였으나 이스라엘의 우수한 무기와 작전 능력, 그리고 국민의 투지에 번번이 패퇴하고 오히려 전략적 요지만 빼앗기고 이스라엘은 그 땅을 국제법상 불법적으로 계속 점령하고 있다. 수십 년간 팔레스타인 무력투쟁의 중심이던 야세르 아라파트 팔레스타인 해방기구PLO 의장은 더 이상의 무력투쟁이 무의미함을 깨닫고 노르웨이의 중재 아래 이스라엘의 이차크 라빈 총리와 1993년 9월 오슬로 평화협정을 체결한다(서명은 당시 협상대표인 마흐무드 압바스 명의). 이스라엘은 PLO를 팔레스타인 주민들의 대표로 인정하고 팔레스타인 측은 이스라엘을 승인하고 이스라엘의 생존권right to exist을 인정한다. 특히 팔레스타인 거주지역의 자치를 시행할 팔레스타인 자치기구Palestinian National Authority를 설립하고 5년간의 이전기를 두고 이-팔 간의 핵심 현안인 국경 획정, 난민 지위, 예루살렘

의 지위 문제 등을 협상으로 정리하기로 역사적인 합의를 이룬다.[8]

문제는 양쪽 내부에 반대파가 있다는 것인데 1995년 11월 라빈 총리가 이 합의에 반대하는 이스라엘 급진주의자에게 암살당하고 팔레스타인 쪽에서도 이스라엘과의 공존을 거부하는 급진파 하마스가 테러 공격을 계속 감행한다. 1996년 총선에서 리쿠드 당의 네타냐후가 승리하고 그는 팔레스타인을 국가로 인정하기를 거부하고 점령지역으로부터 이스라엘의 철수에도 반대 입장을 견지한다. 1999년에 정권은 다시 노동당의 바락 총리로 넘어가고 클린턴 미 대통령은 임기가 끝나가는 2000년도 말까지 협상의 불씨를 살리고자 노력하지만, 이스라엘-팔레스타인 간의 입장 차가 좁혀지지 않아 무산된다. 이스라엘은 2001년에 정권이 다시 리쿠드당의 강경파 아리엘 샤론에게 넘어갔는데 그는 가자 지역과 서안 지역에서 이스라엘 정착촌을 철수하는 결정을 하고 리쿠드당 내에서 반발이 거세지자 새로운 제3의 카디마 당을 창건한다. 샤론이 급작스런 뇌출혈로 식물인간이 되고 총리 대행을 하던 올머트가 2006년 3월 총선에서 승리하고 정식으로 정부를 구성한다. 팔레스타인은 오슬로 협정에 따라 1996년부터 입법이사회Legislative Council를 선출해 의회 기능을 하게 했는데 2006년 1월 선거에서 하마스가 기존 PLO의 파타당에 압승을 거두는 이변이 일어난다. 양측은 하마스 주도하의 거국내각 구성을 시도하다가 실패하고 하마스는 2007년 6월 가자 지역을 무력으로 장악하고 파타당원들을 축출한다. 압바스 수반은 하마스를 배제한 새로운 내각을 구성하고 이로써 팔레스타인은 완전히 두 동강이 난다. 서방은 하

8 이 문제들은 팔레스타인 독립을 전제로 한 2개 국가 해법의 핵심 난제들로 아직도 합의가 안 된 상태이다.

마스를 테러리스트 집단으로 간주하고 서안의 파타 정부만 상대한다. 한편 2006년 이후 하마스는 이스라엘에 대한 로켓 공격을 강화하고 특히 2006년 6월 하마스에 의한 이스라엘 병사 질랏 샬릿 상병 납치 사건 이후 이스라엘은 가자지구 봉쇄를 강화하고 수시로 가자지역 내 하마스 거점을 습격한다. 2008년 6월 이집트의 중재로 6개월간 휴전이 성립되었으나 휴전 만료일 하마스의 로켓 공격이 시작되자 12월 27일 이스라엘의 대규모 포격으로 가자 공격작전Operation Cast Lead이 개시되면서 사상자가 급증했다.

반 총장은 무바라크 이집트 대통령, 무사 아랍연맹 사무총장, 솔라나 유럽연합 고위대표, 올머트 이스라엘 총리 등과 협의를 개시하고 가자지구 상황 악화를 막기 위한 노력을 유도하는 한편 하마스 지원 세력인 시리아의 아사드 대통령과 이란의 모타키 외교장관에게 하마스의 도발을 중단하도록 지원을 요청하고 주유엔 미국대사에게는 미측의 이스라엘 확전 자제를 위한 영향력 행사도 요청하였다. 전투 과정에서 가장 개탄할 상황은 하마스가 유엔 학교와 병원 같은 건물을 보호막으로 삼아 포격을 가했고 이스라엘은 인정사정없이 원점 타격을 한 결과, 이스라엘 폭탄 2발이 유엔이 운영하는 알파쿠라 초등학교 앞에서 폭발했고 학생들을 포함한 48명이 사망했다. 이는 하마스와 이스라엘 양측의 책임이었다. 사태는 악화하고 인명 피해는 속출했다. 미국 부시 대통령은 퇴임 직전이고 오바마는 아직 취임하지 않은 상태에서 미국은 금융위기 속에서 신음하고 있어 이 사태에 신경을 쓸 겨를이 없었다.

이러한 공백 상태에서 국제사회의 희망을 등에 업고 반기문 총장은 1월 14일부터 20일까지 일주일간 중동지역을 순방하면서 전쟁

중단의 실마리를 찾아 동분서주한다. 이 동안에 반 총장은 7개국을 때로는 두세 번씩 방문하고 두 개의 국제회의에 참석하고 23명의 세계 지도자, 3명의 국왕, 그리고 수십 명의 장관과 회담을 개최한다. 나는 총장 특별보좌관이자 일정 팀장으로서 출장 수행 시에는 출장 기획관trip coordinator이라는 역할을 부여받아 접수국과 일정 협의 및 현장 지휘를 담당해 왔는데, 이 순방에는 우리에게 제공된 중동지역 주둔 유엔군 특별기(20인승 소형 제트기)와 쿠웨이트 정부가 제공한 보잉 여객기를 번갈아 운용하면서 역내 주요국을 신속하게 방문하여 총장의 각국 지도자들과의 연쇄 협의를 가능하게 하였다. 당시 반 총장의 일정은 평소 정상급 일정으로는 상상조차 하기 혹독한 속도와 밀도였다. 밤새고 날아와서 땅을 딛자마자 뛰어다니는 첫날 일정은 아래와 같다.[9]

1.14(수)
07:30 상용기(이스라엘 엘알 항공)편 10시간 대서양을 건너 이스라엘 도착
08:30 유엔 특별기편 카이로 도착
09:15 무바라크 대통령 회담
10:00 영부인 수잔 여사 별도면담
10:35 스페인 모라티노스 외무장관 회담

9 나는 이 과정에서 유엔에 파견 나와 있던 유대계 프랑스 외교관, 파브리스 아이단(Fabrice Aidan)의 큰 도움을 받았다. 모든 일정이 수시로 변하고 때로는 총장의 행선지도 갑자기 바뀌면서 비행 편을 준비시키고 상대국의 일정도 잡아야 하는데, 아랍어에 능통하고 역내 모든 나라의 외교부와 소통하는 그는 나의 요청을 금방금방 처리해 주었다. 당시 우리는 당시 유엔에서 지급하던 블랙베리(아직 스마트폰이 보급되기 전 보안성 우수성으로 사용) 이메일로 교신하였는데, 하루에 500통에서 700통의 메일이 오가면서 일정 조정을 해나갔다.

11:00 아불 게이트 이집트 외교장관 회담
11:40 기자회견
12:15 무사 아랍연맹 사무총장 회담
13:00 이집트 외무장관 주최 오찬
14:00 유엔 특별기편 요르단 향발 15:40 도착
15:45 알바시르 요르단 외무장관 회담(왕궁으로 이동)
16:30 압둘라 요르단 국왕 회담
17:00 라니아 왕비 별도면담(면담후 시내 숙소 이동)
18:30 요르단 유엔사무소 회의
19:00 이락 유엔사무소 회의
19:30 기자회견
20:00 요르단 외무장관 주최 만찬

반 총장은 먼저 이스라엘과 상대적으로 우호적인 이집트와 요르단 지도자들과 협의하면서 그들의 도움을 요청하였다. 그리고 반 총장은 무고한 희생을 막기 위해 특단의 조치가 필요하다는 판단하에 더 강한 이스라엘 측이 '일방적 휴전'을 선언하고 하마스가 거기에 화답하도록 유도하는 구상을 제기하였다. 가자 지구 남쪽 출구를 통제하는 이집트의 무바라크 대통령은 이에 찬성하면서 하마스의 호응을 확보하겠다고 하였다. 다음날 이스라엘에 도착한 반 총장은 이스라엘군이 가자지구의 인도 지원 물품 창고를 폭격했다는 사실을 듣는다. 유엔의 인도 지원 인원과 시설은 명확한 표식과 GPS 제공으로 보호받게 되어 있었고 이스라엘 측도 그것을 알고 있었다. 게다가 그 건물을 이용한 하마스의 공격도 없었기에 하마스에 대한 반격일 수도 없는 것이다. 이스라엘이 '중대한 실수'라고 사과를 하기는 했지만 왜 그런 공격을 했는지는 설명이 되지 않았다. 더구나 이스라엘이 사용한 폭탄은 불길을 계속 내뿜는 백린탄white phosphorus이라는 화학 무기였다. 1월 15일은 하루종일 이스라엘 일정(리브니 외무장관, 바락 국방장관, 올머트 총리 회담, 시몬 페레즈 이스라엘 대통령주최 만찬 및 유엔사무소장단 회의)이었다. 반 총장은 에후드 바락 이스라엘 국방장관 회담에서 유엔 시설에 대한 공격에 대해 항의하고 철저한 조사를 요구하는 한편, 이스라엘의 일방적 휴전 방안을 제시한다. 바락 장관은 검토할 용의가 있다면서도 하마스가 따를지는 회의적이라고 답한다. 그러나 반 총장은 '다 계획이 있었다.'

1월 16일은 네타냐후 야당 지도자와 조찬 후 팔레스타인 지구로 이동하여 압바스 팔레스타인 수반 및 파야드 총리와 각각 회담하고, 다시 터키 앙카라로 이동, 귈 터키 대통령 회담과 에르도안 터키 총리 만찬 회담을 가진 후 같은 날 레바논 베이루트로 이동하여 여장을 푸는 1일 4개국 순회 일정을 가진다. 1월 17일은 레바논 일정(술레이만 대통령, 시뇨라 총리, 베리 국회의장 회담, 국회 연설, 시뇨라 총리 만찬)과 유엔레바논평화유지군UNIFIL 일정(한국부대와 이탈리아 부대 방문, UNIFIL 사열, 사령관 회담)을 갖고 유엔 현지 소장들과 회의를 가진다. 레바논은 시아파인 헤즈볼라가 테러단체에서 정치세력으로 성장하여 영향력을 갖고 있고 이스라엘과 수차례에 걸친 충돌을 가져왔기에 이스라엘이 휴전으로 가는 길목에 헤즈볼라의 도발을 미연에 방지하는 것은 중요했다. 그날 밤 올머트 이스라엘 총리는 기자회견에서 새벽 2시를 기해 일방적인 정전에 들어가고 이스라엘 군대가 철수를 개시할 것이라고 발표하고 반 총장의 기여에 감사한다고 언급한다. 반 총장은 바락 국방장관과 통화하고 무알렘 시리아 외교장관에게 전화해서 알아사드 대통령을 만나러 다음날 시리아로 가겠다고 전한다. 반 총장은 취임 초기인 2007년 4월 순방 일정(이탈리아, 스위스, 카타르, 시리아)에 한국과는 외교관계가 없는 세 나라 중 하나인 시리아[10]를 방문하여 알아사드 대통령과 회담을 갖고 어느 정도 신뢰를 쌓아두었다. 아마도 바로 이런 날을 위하여.

1월 18일 아침 일찍 베이루트를 출발하여 다마스쿠스에 도착한 반 총장은 '중동의 여우'로 불리는 노회한 무알렘 외교장관의 영접을 받는다. 모알렘은 반 총장과 동승한 차량에서 시리아, 터키, 하마스 대표들이 다마스쿠스에서 회의를 가질 예정이라고 전하고 자신은 분쟁 해결을 위해 최선을 다하겠다고 한다. 반 총장이 가자지구를 방문할 계획임을 밝히자, 그는 반 총장의 안전을 보장하도록 하마스에 연락하겠다고 한다. 아침 9시 집무실에서 반 총장을 맞이하는 알아사드 대통령에게 반 총장은 2007년에 조언한 대로 알아사드 대통령의 건설적 역할이 필요한 때라고 하면서, 하마스가 전투를 중지하고 이스라엘의 일방적 정전에 참여하도록 해달라고 요청한다. 알아사드는 자신이 영향력이 없다고 일단 발뺌하고 반 총장은 하마스 본부와 함께 그들을 보호하는 시리아가 조언해야 한다고 강조한다. 반 총장은 다시 비행기에 올라 이집트 시나이반도 남단의 홍해를 면한 휴양지 샤름알셰이크로 향한다. 지역의 맹주 역할을 좋아하는 이집트가 서방과 중동의 주요 지도자들을 불러 모아 가자지구 인도적 지원에 대한 정상회의를 개최한 것이다. 회의 도중에 반 총장은 주이집트 시리아 대사의 메모를 받는다. 하마스가 휴전을 수용한다는 전갈이었다. 반 총장은 안도의 한숨을 쉬면서 회의에 참석 중인 지도자들과 낭보를 공

10 나머지는 쿠바 그리고 국명 때문에 그리스가 반대하던 북마케도니아(FYROM)이다. 북한은 국가가 아닌 우리와 특수관계이니 외교관계 대상으로 보지는 말자.

유하고 공동기자회견을 마친 뒤 쿠웨이트로 향한다. 쿠웨이트가 2천만 달러를 들여 신축한 유엔사무소 개관식에 참석하기 위해서다. 물론 바로 이를 위한 쿠웨이트 방문을 위하여 특별기도 제공한 것이다. 이날도 하루 사이에 레바논－시리아－이집트－쿠웨이트의 4개국의 땅을 밟는 강행군이었다.

1월 19일 일정은 인심 좋은 호스트 쿠웨이트에서 숨을 고르는 날이었다. 반 총장을 수행하는 유엔특파원단과 조찬을 가진 후 언론 인터뷰 3회(한국의 연합, 남아공의 SABC, 영국의 BBC), 쿠웨이트 국왕 주최하는 아랍연맹 경제정상회의에 참석하고 유엔 간부들과 오찬을 하면서 상황을 평가한 뒤, 자원봉사 센터장 면담 및 유엔하우스 기념식수 등 쿠웨이트 요청 일정을 마치고는 유엔 소장들 및 평직원들과의 간담회를 각각 개최하면서 격려하고 쿠웨이트 국왕 주최 만찬에 참석하여 비교적 수월한 하루를 마무리한다.

1월 20일은 마지막 날이지만 순방의 D－day였다. 다시 이스라엘로 돌아가서 휴전을 재확인하고 올머트 총리와 회담을 가진 뒤 가자 지구를 방문하는 것이다. 그런데 올머트 총리는 가자 지구에서 이스라엘 병력이 철수하는 상황에서 반 총장의 안전을 보장할 수 없다고 하면서 반 총장의 가자 지구 방문을 반대하였다. 자기들이 받은 첩보에 의하면 하마스 측에서 노리고 있다는 것이었다. 이들은 이스라엘 주재 한국 대사에게도 같은 경고를 보내서 마영삼 대사가 우리 대표단의 김원수 차장에게 전달해 왔다. 이에 긴장한 유엔 직원들의 반대에도 반 총장은 단호하게 가자 지구 방문을 강행하기로 한다. 다만, 현지에 있는 UNRWA 대표에게 원래 방문 순서를 비밀리에 완전히 바꾸도록 지시한다. 잠시 후 반 총장, 유엔 간부진 그리고 수행기자단을 포함한 모터케이드는 가자지구로 진입한다.[11] 초반에는 그들이 던지는 신발로 차량이 울리더니, 팔레스타인 주민들이 승리의 축가를 부르는 모습이 보였다. 현지에 도착한 반 총장은 처참한 파괴의 현장과 흐느끼는 주민들의 모습에 할 말을 잃었다. 그가 도착한 가자지구 UNRWA 단지는 공격 후 5일이 지난 시점인데도 백린탄의 자취에서 연기가 나고 있었다. 팔레스타인 주민을 위한 수많은 구호 물품이 까맣게 타 있었다. 반 총장은 연기가 모락모락 나는 UNRWA 창고 앞에서 30분간 기자회견을 가졌다. 몰려든 난민들의 웅성거림 속에 반 총장은 목소리를 높여가며, 동시에 백린탄 잔해의 유독가스를 마시면서, '유엔에 대한 이 터무니없는 만행'을 규탄하였다. 나는 이 기자회견 당시 포효하는 반 총장의 이 사진이 그의 단호한 정의감과

가자 사태: 불타는 창고에서 분노의 연설을 하는 반기문 총장

11 나는 총장을 수행해서 들어가야 하는 의무가 있었으나 기자단 자리가 부족하다는 말을 듣고 한국 연합통신 기자를 위하여 자리를 양보했다. 위험을 무릅쓰고 들어가는 반 총장을 보내면서 내 마음은 송구스럽고 착잡했다.

도덕적 분노를 가장 잘 묘사한다고 생각한다.

그는 이때 마신 유독가스와 목을 상할 정도로 소리친 결과로 뉴욕 귀환 후, 한 달 동안 목소리가 잠겨 말을 하지 못했다. 총장이 직접 보고할 사항을 사무차장이나 대변인 등 직원들이 대신하고 반 총장은 성대 회복을 위해 5년간 치료를 받아야 했다. 반 총장은 가자지구에서 전쟁과 폭력을 규탄하고 나서 이스라엘 지역의 스데롯으로 이동하여 하마스 로켓의 공포 속에서 살던 이스라엘 주민들을 위로하고 텔아비브로 이동하여 압바스 수반과 통화, 파야드 총리와 회담을 갖고 순방을 정리한 뒤 화상으로 안보리에 순방 결과를 보고한 뒤 새벽 1시에 뉴욕으로 떠나는 이스라엘 '엘알El Al'편 항공기에 몸을 싣는다.

숫자로는 7일간이지만, 하루에 4개국을 넘나들면서 7주 또는 7개월에 해당하는 농축된 일정을 가지면서, 외교적 상상력을 동원한 창의적인 해법과 이를 성취하고야 만다는 집념으로, 지칠 줄 모르고 역내 모든 지도자를 접촉하면서, 특히 회의적인 시각을 가진 이들을 설득하여, 무고한 인명피해를 줄이는 휴전을 기어코 달성하는 반 총장의 모습을 유엔 간부들과 기자들은 자기 눈으로 직접 보고 혀를 내두른다.[12] 시시각각 변하는 상황에 맞춰서 일정을 준비하는 나도 고단했지만, 이 모든 것을 지휘하면서 상황을 이끌어가는 반 총장은 그야말로 초인적인 힘을 보여주었다. 한편, 유엔 주변에 이런 사실을 알리는 기사가 널리 퍼지지 않는 것도 답답했지만, 유엔에서 무슨 일이 일

12 이스라엘의 이러한 정전이 미국의 신임 오바마 대통령의 1월 20일 취임을 앞두고 미국의 눈치를 보면서 중단할 수밖에 없었다는 분석도 제기되었고 반 총장도 회고록에서 이를 인지하고 있다. 그러나 반 총장과 같은 해법을 제시하지 않았다면 하마스와 이스라엘은 상호불신 속에서 발을 빼지 못하고 적대행위가 장기화하였을 것은 불문가지 사실이다.

어나고 있는지도 모르고 유독 냉소적인 기사들만 퍼 나르는 국내 언론이 이해가 안 되었다. 당시 연합뉴스의 보도도 있었는데 말이다.

한편 이와 같은 성과는 유엔이라는 조직이 가진 권위와 공정성에 기반하고 있다. 유엔이라는 세계평화를 염원하는 국제사회의 총의를 반영하는 기구가 아니라면, 특정 국가의 국익에 조금이라도 기울었다면, 관련국들이 이와 같은 협조를 부여할 이유가 없을 것이다. 이러한 유엔의 특수지위를 십분 활용한 반 총장의 감각이 빛나는 사례가 아닐 수 없다.

그러나 이 정전은 중동사태, 즉 이-팔 분쟁의 근본적인 해결은 아니었다. 반 총장은 임기 말까지 각종 노력을 기울이지만, 미국 행정부도 여러 특사가 돌아가며 새로운 해법을 구사하지만, 근본적인 문제는 아직도 해결되지 않고 있다. 최근 이스라엘은 강경파 네타냐후의 장기집권을 종식하고 새로운 시대를 열었다. 이-팔 사태 해결의 열쇠는 강자, 즉 이스라엘이 쥐고 있다. 더 이상의 폭력과 희생이 없이 두 나라가 평화롭게 공존하는 미래를 일구어 나가기를 기원한다.

2) 아프리카 오디세이

아프리카는 유엔이 진정으로 껴안아 주고 보듬어 주어야 할 대상이다. 누구의 책임이든지 간에 사하라이남 아프리카 국가들은 국가 정체성도 부족하고 민주정치 문화와 제도가 완비되어 있지 않고 경제도 취약하여 잘 될 이유보다 잘못될 이유가 너무나 많기 때문이다.[13] 그리고 내가 2002년 유엔총회 의장실 시절 아프리카 현장 출장

---

13 아프리카그룹은 아프리카 대륙에 위치한 54개국으로 구성되어 있으나, 유럽과

에서 느꼈던 것처럼 정부가 당연히 수행해야 할 기능의 너무나 많은 부분을 현지 유엔사무소에 의지하고 있었다. 한편, 아프리카의 위정자들은 국익을 수호하고 국민의 복지를 증진하는 데 전혀 관심이 없고, 정치를 미사여구로 국민을 현혹하여 일확천금을 달성하는 수단으로 인식하고 있다. 민생이 도탄에 빠지고 국민의 불만이 극치에 도달하면, 군부가 민심에 편승하여 구악을 척결하고 새로운 정치를 한다고 쿠데타를 일으키고 집권한다. 그러나 그들도 곧 기존의 정치인과 똑같은 탐욕을 드러내고 기존의 악순환이 계속된다.[14] 이런 탐욕스러운 정치가들과 군부의 끝없는 쟁투 속에 수많은 무고한 아프리카 주민들이 인간답지 못한 삶을 살면서 더욱 수탈당하는 현실에서 유엔의 손길은 정말로 중요하다. 이들 아프리카 국가들은 서방의 원조에 의지하면서도 그들의 제국주의 역사에 대한 증오가 교차하면서 복잡한 감정을 가진 상황에서 국제사회의 도움을 결집하여 아무런 정치적 계산 없는 손길을 뻗어줄 수 있는 주체는 바로 유엔밖에 없는 것이다. 유엔은 아프리카 국가들 사이의 분쟁 또는 각국 내부에서 발생하는 내전을 해결하고 이러한 분쟁 때문에 어려움을 겪는 이들에게 인도적 지원을 제공하는 일을 반복하고 있다.

반 총장도 아프리카 국가들에 대해 각별한 지원을 하고자 하는

오랜 관계를 맺어오면서 발전해온 지중해 연안의 마그레브 지역은 제외한 사하라 이남의 저개발 국가들이 진정한 아프리카라고 할 수 있다. 여기서는 주로 사하라 이남의 黑아프리카를 대상으로 기술하고자 한다. 따라서 유엔의 빈번한 방문지인 이집트는 제외된다.

14 단 하나의 예외는 남아공의 넬슨 만델라 대통령이다. 그는 26년간의 지옥 같은 감옥생활을 마치고도 오직 국가의 단합을 위하여 인종차별주의 백인 정권을 용서할 뿐더러 나라의 기틀을 마련한 뒤, 권력에 미련도 없이 단 1회 5년 임기만 마친 후 스스로 권좌를 떠나는 모범을 보였다. 나는 그를 우리 시대의 성자로 추앙해 마땅하다고 본다.

따뜻한 마음이 있었지만, 여기에는 아프리카 사무총장 15년이 끝나고 아프리카에 대한 유엔의 관심이 증발해버릴까 두려워하는 아프리카 지도자들과 국민의 우려를 불식해야 하는 필요성도 있었다. 유엔사무총장은 최소한 1년에 한 번은 아프리카를 방문하게 되어있는데 바로 매년 1월 말 에티오피아 아디스아바바에서 열리는 아프리카연합AU 정상회의였다. 매년 여름에는 그해의 의장국에서 열리는 아프리카연합 정상회의에도 있었는데 반 총장은 여건이 허락하면 이 회의도 참석하고자 노력하였다. 그러한 총장의 참석은 아프리카연합에 대한 존중의 표현도 있지만, 한 자리에서 수많은 지도자를 만나서 당대의 현안들을 논의할 수가 있는 이점이 있었기에 매년 1월 필수코스였다. 취임 직후인 2007년 1월 하순 반 총장의 첫 출장도 그러하였다. 반 총장은 일단 상용기로 대서양을 건너 유럽으로 날아가 브뤼셀에서 EU 지도부와 상견례 및 협의 기회를 가진 후 파리로 옮겨 레바논 재건을 위한 국제회의에 참석하면서 쟈크 시락 대통령 등 프랑스 지도부, 그리고 레바논을 비롯한 중동지역 지도자들과 회담을 개최한다. 그곳에서부터는 상용기 연결이 여의치 않으므로 유엔특별대표의 오지 출장이나 군 병력 수송에 사용하는 유엔군 특별기를 타고 이동하여 (비행기도 작고 항속거리도 짧아서 카이로에서 급유하고) 콩고의 수도 킨샤사까지 날아온다. 가장 시급한 문제인 콩고 안정화 문제와 유엔평화유지군MONUC 개편 문제를 놓고 콩고 정부 지도자 및 현지 유엔 팀과 협의를 위해서다. 수도에서는 카빌라 대통령과 총리를 만나고 국회에서 연설한 뒤, 인근의 브라자빌 콩고[15]도 방문하여 지역의 오랜 맹주 싸수 응구에쏘 대통령

15 콩고 강변의 두 나라는 한때 자이르라고 알려진 킨샤사 콩고와 브라자빌 콩고

과 회담하고, 수도 킨샤사의 행정력이 미치지 못하고 인근국의 침투에 시달리는 동부 콩고도 방문하는 숨 가쁜 일정이다. 콩고 동부에서 더 동쪽으로 날아 곧장 아프리카연합 정상회의에 참석하기 위해 연맹 본부가 있는 아디스아바바로 간다.[16] 다음날 코나레 아프리카연합 의장, 바시르 수단 대통령, 키쿠에테 탄자니아 대통령, 그바그보 코트디부아르 대통령, 보지제 중앙아프리카 대통령, 데비 챠드 대통령, 아흐메드 소말리아 대통령, 귈레 지부티 대통령, 오비앙 적도기니 대통령을 연쇄 회담하고 이탈리아의 프로디 총리와 FIFA 블래터 회장까지 만난 후 밤 10시에 시작하는 만찬장에서 무가베 짐바브웨 대통령, 카다피 리비아 대통령, 쿠푸오 가나 대통령, 음베키 남아공 대통령까지 비공식회담을 하면서 이들을 하루에 다 만나는 일정을 수행한다. 후일 아랍의 봄의 결과 비참한 최후를 맞이하지만, 이때만 해도 기가 살아있는 괴짜 지도자 카다피는 반 총장과 상면하면서 '당신이 새로운 코피 아난이요?'라며 첫인사를 건넸다. 다음날은 아침 7 : 30부터 미셸 EU 집행위원장으로 시작하여 야이 베넹 대통령, 모타키 이란 외무장관, 카가메 르완다 대통령, 무세베니 우간다 대통령, 봉고 가봉 대통령(또는 봉고의 가봉인지, 라는)까지 회담을 가진 후 이번 정상회의 성과를 평가하는 내부 회의를 거쳐 기자회견을 하고는 다시 현지 유엔 직원들을 격려하는 간담회를 개최하고는 공항으로 달려간다. 그 뒤로도 계속 반복될 반 총장의 아프리카 지역 출장은 이렇게 시작되었다.

로 구별되었으나, 정식국명은 콩고민주공화국과 콩고공화국으로 여전히 혼동을 준다. 더 큰 나라, 옛 자이르를 DRC 또는 불어 순서로 RDC로 부른다.

16 비좁고 불편한 유엔기지만 항로를 맘대로 정하는 이점이 있다.

1월 하순의 다보스 포럼 참석도 고정 메뉴가 되면서 스위스에서 아디스아바바로 이동하여 아프리카연합 정상회의 참석 및 각국 정상과의 연쇄회담 일정은 매년 1월 반복되는 기본행사가 되어버렸다. 한편, 아프리카 개별국가들도 반 총장의 자국 방문을 갈망하였다. 자국의 초라한 현실에 비추어 대외적 인정욕구가 상당한 아프리카 정상들은 강대국 국가원수나 유엔사무총장이 자국을 방문하면 자신의 지위가 그들과 동등하게 상승하면서 국내정치적으로도 위신이 서는 효과가 있고 유엔의 관심을 끌어 더 많은 도움을 받을 수 있기 때문이다. 비록 국제사회의 도움을 '십시일반' 결집한 것이지만, 당사자에게는 매우 중요한 각종 원조를 현장에 전달하는 유엔의 위상은 아프리카 현지 주민들에게는 절대적이라고 할 수 있다. 반기문 총장은 본인의 몸이 힘들더라도 될수록 많은 나라, 평소에 유엔사무총장이 찾지 않던 나라를 방문하여 유엔의 손길이 느껴지도록 하는 노력을 계속 경주하였다. 일종의 '역(逆) 버킷리스트'라고나 할까?

반 총장은 2007년 9월에는 콩고와 함께 가장 시급한 현안을 관리하기 위해 수단과 당시 수단의 일부였던 남수단과 다르푸르 지역, 그리고 지역의 경쟁국인 리비아, 챠드를 방문한다. 2008년에는 콩고 사태의 당사자이자 94년 대학살의 현장인 르완다를 먼저 방문하고 아디스아바바의 아프리카연합 정상회의를 참석한 후, 케냐로 이동하여 키바키 대통령의 대선 조작 의혹 관련 국내 분열 사태를 막기 위해 전임 코피 아난 총장과 협력하에 케냐 대선 당사자들을 만나 중재한다. 4월에는 서부 아프리카의 가나, 부르키나파소, 코트디부아르 3국을 순방하고 11월에는 케냐에서 개최된 콩고 사태에 관한 아프리카연합 특별정상회의에 참석하면서 2008년에도 3차에 걸친 아프리카 관련 출장을 다닌다. 2009년은 반 총장이 1월에 중동지역에서 거의 곡예에 가까운 셔틀 외교를 마치고도 일주일 후 1월 말에 다시 아디스아바바를 찾고 2월 말에서 3월 초에 남아공, 탄자니아, 콩고, 르완다를 순방하면서 아프리카에 관심과 배려를 쏟는다.

사무총장 특별보좌관이자 일정 팀장인 나 자신이 기획하고 수행한 출장도 무수하게 많은데 나 자신이 서부아프리카 코트디부아르에서 2년 근무한 경험이 있어서 총회의장 시절에도 영양가 없던 아프리카 출장을 맡는 등 아프리카에 대한 개인적인 애착도 상당히 있었다. 내가 이끌던 사무총장 일정 팀에 일하는 세바스찬 로슨Sebastian Lawson 직원도 토고 사람이었다. 그중에서 가장 기억에 남는 출장을 꼽으라면 2010년 6월 8일에서 16일까지 일주일 사이에 남아공, 부룬디, 카메룬, 베냉, 시에라리온 5개국을 순방하던 일정이라고 생각된다. 내가 보기에 남아공을 제외하면 가장 관심을 덜 받는 나라들이어서 그렇기도 하고 반대로 그들이 보여준 유엔사무총장에 대한 애정이 남달랐기 때문이다. 이는 반기문 총장이라는 개인 차원보다도 국제사회의 손길을 상징하는 유엔에 대한 그들의 간절한 기대가 실려서 그랬으리라.

남아공에서의 첫날 일정은 간단했다. 남아공 도착 즉시 당시 제이컵 주마 대통령과의 정상회담, 그리고 '스포츠와 평화'라는 제목의 갈라 디너를 마친 후 언론 인터뷰를 갖고 다음 날 새벽에 부룬디의 수도 부줌부라로 향한다. 르완다에 더하여 이 나라도 후투족과 투치족간의 갈등으로 분열과 내전의 후유증을 겪고 있어 이를 돕고자 유엔통합사무소BINUB가 상주하고 있었다. 반 총장은 정오경 부줌부라 도착 즉시 유엔 간부들과의 오찬회의를 하면서 이들에게 브리핑을 받은 뒤, 일반 직원들과의 간담회를 통해 애로사항을 들어주고 격려하는 순서로 일정이 시작되었다. 오후에는 부룬디 국회의사당에서 정·관계, 시민사회, 종교단체, 선관위 등 주요 인사들을 모두 모아서 시국에 대한 의견을 주고받고, 아프리카연합의 소말리아평화유지군 AMISOM에 파견되는 부룬디 부대를 방문하여 격려하면서 부룬디와 유엔의 접촉면을 강조하는 행사를 한 뒤, 피에르 응크루지자 대통령과의 정상회담을 마치고 대통령주최 환영 만찬으로 긴 하루를 마감하였다. 대통령 만찬이라고는 하지만 관저 흙 마당에 텐트를 치고 우리가 평소 상상하는 아프리카의 벌거벗은 토인들이 모닥불을 둘러싸고 격렬한 댄스를 보여주는 민속공연과 몇 가지 음식을 뷔페식으로 가져다 먹는 형식이었다. 사실 여느 동네 공원의 바비큐 같은 분위기여서 마음이 짠하였다. 이런 나라의 권좌를 계속 쥐고 있겠다고 독재를 하여 각종 비난을 받는 응크루지자 대통령도 잘 이해가 안 되었다. 대표단은 주섬주섬 만찬을 마치고 공항으로 달려가 다음 행선지 카메룬의 수도 야운데로 날아가 밤 11시에 도착했다.

카메룬에서도 시작은 유엔 팀의 브리핑을 받은 뒤 일반직원을 격려하는 간담회로 시작한 후 오랜 독재자 폴 비야 대통령과 정상회담과 공동기자회견을 가진 후 대통령주최 환영오찬으로 이어졌다. 오후는 유엔이 지향하는 MDG를 위한 프로젝트 현장을 방문한 뒤 카메룬 의회를 상대로 연설을 한 후 또 다른 기자회견을 하고 유엔 팀과 간단한 저녁을 한 후 공항으로 향했다. 공항에서 내가 우려하던 일이 발생했다. 주요 강대국은 유엔사무총장을 외교장관급으로 예우하지만, 웬만한 나라는 총리급에서 정상급으로 예우한다. 나는 반 총장의 첫 일본 방문에서도 외상이 아니라 후쿠다 총리와 공동기자회

베넹 출장 중 생일을 맞아 케이크를 자르는 반기문 총장

견을 할 것을 고집했다. 카메룬도 사전 협의 과정에서 장관이 총장과 공동기자회견을 하자는 것을 내가 거절하고 대통령과 회담 직후 공동기자회견으로 관철했었다. 그런데, 반 총장을 배웅 나온 카메룬 외교장관이 공항에서 기자들을 대기시켜 놓고는 기습적인 공동기자회견을 열어서 자신의 위상을 자랑하고자 하는 것이다. 당초 계획에 없다고 항의는 했지만, 그들 마당에서 어쩔 수 없이 반 총장의 피로 부담을 누적시키는 수밖에 없었다.

우리는 반 총장의 당시 2010 월드컵 개회식 참석을 위해 다시 남아공으로 갔다. 일반인들은 아프리카 대륙이 얼마나 큰지 잘 모른다. 내가 자주 지적하는 것이, 서구인들의 항해를 위한 정확한 방향 위주로 만든 메르카토르 도법이 남북 극지를 확대하고 적도 부근이 상대적으로 작게 보이게 만들어서 그렇고 특히, 아프리카 대륙은 3,037만 평방킬로미터, 구소련은 2,240만 평방킬로미터인데 지도상으로는 반대로 보인다. 카메룬에서 밤 10시 반에 출발한 우리는 밤새

날아서 남아공에 다음 날 아침 6시에 도착하고 반 총장은 숙소로 가서 옷을 갈아입은 후 월드컵 개막식과 오찬 등 부대행사에 참석하고 개막전을 관람한 후 돌아와 간단히 저녁을 하고 다음 날 아침 언론 인터뷰와 중앙아 대통령과의 정상회담을 마치고 다시 카메룬 옆 나라 베냉으로 향한다. 지금 와서 보니 남아프리카와 서부 아프리카를 오락가락하는 너무나 무리한 일정이다. 다양한 회원국들의 요청을 들어주다 보니 생긴 일인데 더 큰 실수는 내가 일정을 짜다 보니 반 총장의 생일을 포함한 것이다.

저녁 시간 조금 전에 베냉에 도착하니 공항에 화려한 의상을 입은 여인들이 다들 덩실덩실 춤을 추면서 노래를 부르는데, 불어를 조금 하는 나에게 가사가 들려왔다. "보나리베, 방기~, 보나리베, 방기~~!" 이는 "Bon Arrivée, Ban Ki!"라고 하는 말이었다. 잘 오셨어요! 하는 말인데 반 총장의 이름이 Ban Ki-moon으로 표기된 것을 보고 성이 문 씨에 이름이 방기로 잘못 알고 그리 노래를 하는 것이었다. 그들의 소박한 실수가 더 귀엽고 노랫소리가 더욱 정겹게 들렸다. 베냉에서의 일정도 대동소이한데 도착한 날은 유엔 상주대표의 브리핑을 듣고 대통령 내외와 반 총장 내외 간의 소규모 만찬을 가지고 마감했다. 다음 날 6월 13일은 바로 반 총장의 생신. 유엔 상주대표가 어디서 정보를 얻었는지 오전에 있는 유엔 직원 간담회에서 케이크를 준비해서 축하하더니 MDG에 대한 오찬 행사에서도 축하 케이크가 나오고 저녁에 정상회담과 기자회견에 이은 국빈만찬 장에서도 다시 한 번 케이크와 생일 축하 노래가 나와서 반 총장은 하루 종일 생일 축하를 받는 결과가 되었다. 생신날에 힘든 아프리카 출장 일정을 잡은 일정 팀장도 송구스러운 마음을 조금이나마 덜 수 있었다. 다음 날 베냉 의회에서 연설하는데 생일 다음 날인데도 케이크가 또 나와서 다들 웃음을 터뜨리고 베냉을 떠나서 서북쪽의 시에라리온으로 이동한다.

아프리카를 다니면서 나는 일정 팀장이자 반 총장의 안녕을 챙기는 부속실장으로서 자주 악역을 맡았다. 오찬을 하면서 반 총장이 음료로 콜라를 달라고 했는데 얼음을 채워서 가져왔다. 나는 반 총장이 그것을 마시게 할 수 없었다. 아프리카 위생 수준이 얼음에 세균이 많이 남아있어 복통·설사를 유발하기 일쑤이기 때문이다. 나는 다시 얼음 없이 달라고 했다. 주최 측은 새 콜라를 가져다주면서 불쾌한 기색이 역력한 표정으로 그 얼음은 자기네 얼음 공장에서 만들어서 깨끗하다고 항변했다. 나는 속으로 안 드시게 해서 천만다행이라고 생각했다. 그런 얼음 공장에 대장균이 득실거리기 때문이다.

강철 체력을 자랑하는 반 총장이 아프리카 순방 길의 마지막 여정인 시에라리온에서 피로의 기색을 보이기 시작했다. 일단 기본 일정은 다른 곳과 마찬가지로 유엔 브리핑에 내전으로 인해 다리를 잃고 목발을 짚는 피해자들의 감동적인 축구경기에 참여하고 코로마 대통령과 상견례 및 국빈만찬으로 이어지고 다음 날은 정상회담, 공동기자회견, 개별 언론 인터뷰, 외교단과의 오찬, 시에라리온 방송국 개국행사로 이어졌다. 무더위 속에서 유엔사무소 단지 야외에서 가진 일반 직원과의 간담회에서 반 총장은 집중하지 못하는 모습이 역력했다. 나는 초조해지기 시작했다. 저러다 아프리카에서 병이라도 나면 큰일인데 하면서. 나는 행사장 이동 중에 가능한 순간마다 냉장되었던 생수병을 반 총장 목 뒤에 대주면서 열기를 잊게 하고자 노력했지만, 이 순간에는 본능적으로 나의 권한을 넘어서는 결정을 했다.

다음 일정은 30분 연기합니다! 독일 출신 유엔 상주대표는 그들이 시에라리온 시민단체들이라고 난색을 표명했다. 나는 아랑곳하지 않고 사무소 건물 내에 시원한 방을 하나 정해달라고 해서 그 안에서 반 총장 내외가 30분만 쉬라고 했다. 필요 없다고 손사래 치던 반 총장은 나의 강압을 못 이기고 잠시 휴식을 취했다. 그리고는 다시 거뜬한 얼굴이 되어 시민단체와의 간담회, 정치지도자들과의 토론, 유엔 라디오 인터뷰 등 나머지 일정을 무사히 마치고 그날 밤 11시 45분 비행기로 시에라리온을 떠나 영국 런던에서 비행기를 갈아타고 뉴욕으로 돌아왔다. 무슨 유랑극단마냥 이리 뛰고 저리 뛰고 밤차 타고 돌아다니는 지나친 강행이었다. 나는 지금도 그 순간 30분 휴식이 없었으면, 힘들다는 말을 할 줄 모르는 반 총장이 쓰러지거나 병이 났을 것이라고 확신한다. 문제는 반 총장이 그런 아프리카 출장을 매년 2~3회를 다니는 것이다. 아프리카 사람들의 안타까운 모습을 가슴에 담은 채, 최선을 다해서 도와주고 싶은 마음에. '보나리베, 방기~!'라며 덩실덩실 춤을 추면서 맞이하는 순박한 사람들을 기억하면서.

2 개발 문제와 빈곤퇴치

(1) MDG 목표의 설정과 달성

유엔은 기본적으로 전쟁을 막고 평화를 도모하는 기구이다. 그러나 이를 달성하기 위해서는 먼저 모든 인간이 기본 생활을 유지할 정도의 경제·사회적 여건을 마련해야 한다. 빈곤국들의 경제개발을 위한 국제사회의 집중적인 노력이 없으면 이들은 더욱 낙후되고 불평등은 심화하여 국제적 불안정과 분쟁의 근원으로 남아있을 가능성이 높기 때문이다. 따라서 19세기 제국주의 지배의 결과 낙후된 상태로 남아있거나 제1, 2차 세계대전의 결과로 파괴된 여러 나라를 도와 국민의 생활수준을 향상하는 노력도 갈수록 유엔의 중요한 임무가 되었다.

국제사회는 어떻게 하면 경제적으로 뒤떨어진 국가의 성장을 도울 수 있을까를 고민하면서 각종 기구와 제도를 통하여 이를 도모해 왔다. 특히 1991년 냉전종식으로 강대국 간 이념의 골에 근거한 대규모 전쟁의 위협이 없어지면서 무역과 투자의 장벽을 없애는 세계화globalization를 통하여 가장 효율적인 생산을 달성하고 모두의 삶의 질을 개선해 나가자는 분위기가 조성되었다. 유럽연합은 통합을 가속화하고 미국도 유엔 중심의 민주주의 가치와 자유무역 확산을 기조로 삼는 등 한국을 비롯한 많은 나라가 세계화 조류에 합류하게 되었다.

그러한 움직임이 결집하여 새로운 21세기를 맞이하면서 세계의 정상들은 2000년 9월 8일 유엔 본부에서 새천년정상회의The Millennium Summit를 개최한다. 빌 클린턴 미국 대통령, 푸틴 러시아 대통령, 장쩌민 중국 국가주석 등 149개국 정상과 40여 개국 최고위급 인사들이 모여 21세기를 맞아 인류에게 보다 나은 삶을 가져다 줄 새천년을 준비하는 방안을 논의한다. 이들은 안보와 군비 감축, 비무장, 환경보호, 유엔 역할 강화 등 각종 과제를 망라한 새천년선언문The Millennium Declaration을 채택한다. 이 선언문은 특히 빈곤퇴치와 경제개발에 역점을 두고 있었으며, 여기서 2000년부터 15년간 달성해야 할 8개의 목표를 설정하는데 그것이 새천년개발목표MDGs, Millennium Development Goals이다.

① 하루 소득 1달러 미만의 절대빈곤 인구를 절반으로 감축
② 보편적 초등교육을 인류 모두에게 제공
③ 양성평등 차원에서 모든 교육의 남녀 차별 철폐
④ 5세 이하 유아 사망률 3분의 2 축소
⑤ 산모 사망률 4분의 3 축소
⑥ AIDS와 말라리아 확산 저지
⑦ 깨끗한 물과 환경을 누릴 수 없는 인구를 절반으로 감축
⑧ 이 목표들을 달성하기 위한 글로벌 파트너십 구축

2000-2015년간 추진한 새천년목표 MDGs

이들 8개 목표는 실로 인류의 삶의 증진을 위해서는 필수적인 요소들임에는 틀림이 없으나, 주권이라는 이름 아래 분열되고 각자 국내정치 셈법에 따라 국내 사안을 우선시하는 국제사회 성원들이 과연 일관된 노력을 통하여 이들을 성취할 수 있을지는 미지수였다. 물론 이러한 담대한 목표를 국제사회가 채택하게 유도한 코피 아난의 지도력도 칭찬받을 만한 일이다. 그러나 실제로 15년이 지난 시점에 이들을 완수하는 일, 그리고 이 목표들을 보다 발전시켜서 그 이후 국제사회가 지향해 나가야 할 새로운 틀을 짜는, 지적으로도 어렵고 수많은 관계당사자들을 설득하여 합의를 이루는 엄청난 일은 반 총장의 몫이 되었다. 반 총장은 경제전문가는 아니었지만, 한 세대동안 전쟁의 잿더미 속 최빈국에서 세계적인 경제력을 가진 선진국 문턱까지 올라온 대한민국 출신으로서 큰 설득력을 가질 수 있었다.

반 총장이 아프리카나 아시아 최빈국을 방문하여 그곳의 생활수준을 높이고 어린 아동들의 교육과 복지를 강화하자는 주장을 할 때, 그는 한국의 과거를 회상하고 전쟁 속에서 열심히 공부하던 자신을 비롯한 한국의 젊은이들의 모습을 소환할 수 있었다. 이는 과거 그들을 지배하고 수탈하던 국가들이 아무리 개발의 중요성을 언급해도 피지배자들의 가슴에 와 닿지 않는 경우와 상반된 것이다. 한편 이들을 향한 따뜻한 마음을 가진 반 총장은 자신을 이들의 보호자 defender of the defenseless, voice of the voiceless로 규정하고 열정적으로 MDG를 중심으로 한 개발 업무에 임한다. 반 총장은 많은 개발국 빈민촌을 찾아다니면서 보다 나은 삶의 희망을 주고 지도자들에게는 MDG 달성의 중요성을 상기하고 협조를 당부하였다. 특히 빈곤타파를 넘어서서 모자 보건, 식수와 하수시설 확보, 남녀 차별 철폐 등이 건강한 사회의 기초가 됨을 강조하고 이러한 시설의 확충을 위해 현지 유엔 기구들과 치열한 토론을 가졌다.

반 총장은 또한 한국 새마을 운동의 예를 들어 지역공동체 단위의 자구노력의 중요성을 강조하고 르완다나 우간다 같은 나라는 새마을 운동을 직접 실천하기도 하였다. 르완다의 매주 수요일 동네 길 청소하기 운동은 정확히 새마을 운동을 본뜬 것이었다. 반 총장은 임기 첫 7년 동안 MDGs 각 분야의 진척을 위하여 각국 정부를 독려하고 유엔 시스템 전반을 통한 지원 노력을 경주하였다. 이를 위하여 주요기구 지도자들 및 각종 저명인사와의 연계를 통하여 일반인들의 의식을 높이는 동시에 구체적인 진전을 일구어 가고자 노력하였다.

반 총장은 이를 위한 MDG 지지그룹을 조직하고 보다 다양한 인사들의 참여를 통하여 이 목표를 추진하는 데 대한 국제적 지지를 강화해 나가고자 노력하였다. 르완다의 폴 카가메 대통령과 스페인의 사파테로 총리를 공동의장으로 한 지지그룹은 2010년 7월 스페인의 마드리드에서 첫 회의를 가졌다. 당시 카가메 대통령의 후투족과 투치족 간의 전쟁 관련 구설수 때문에 잠시 문제가 있었으나 잘 조정되고 지지그룹이 출범되었다. 이 그룹은 노벨평화상 수상자인 무함마드 유누스와 케냐의 환경운동간 왕가리 마타이, 유명한 대중음악인 밥 겔도프, 모잠비크와 남아공의 영부인이자 여성운동가 그라사 마샬, 자선활동가 빌 게이츠, 카타르의 셰이카 모자 왕비, 컬럼비아 대학교의 제프리 삭스 교수, CNN 창업자 테드 터너 등 다양한 유명 인사를 포함하고 있어, 반 총장은 개회사에서 이들이 '대중의 인식을 높이고 정치적 의지를 모으기 위한 설득력 있는 목소리와 감동적인 리더십, 창의적 사고를 제공해 줄 것'으로 기대하였고 이들은 MDG 달성을 위한

반기문 유엔사무총장과 김용 세계은행 총재

전도사 역할을 수행해 주었다.

이러한 반 총장의 MDG 추진 노력에 큰 도움을 준 사람이 한국계 미국인 김용Jim Yong Kim 세계은행 총재였다. 그는 미국에서 성장해서 한국말 구사가 어려웠는데 오히려 성인이 되어 연세대어학당에서 한국말 실력을 기른 사람이다. 그는 반 총장과의 면담에서 영어로 대화를 나누다가도, '선배님, 저는 선배님 시키시는 대로 따르겠습니다'라고 하면서 반 총장에 대한 존경을 표현하고 유엔과 세계은행이 함께 아프리카 지원 사업을 착수하자고 할 때는 '저는 선배님 가방만 들고 쫓아가겠습니다'라고 농담도 할 줄 알았다. 일반적인 경우는 세계은행은 개발문제에 있어서 막대한 자금력을 바탕으로 유엔과 독자적인, 오히려 우월한 지위를 과시하는 상황도 있었으나 2008년 이 두 사람이 유엔-세계은행 파트너십 협약을 체결하여 공동사업을 벌이면서는 진정한 파트너 간의 협력이 이루어졌다. 두 사람은 2013

년 함께 콩고를 방문하고 콩고지역 개발을 위한 10억 달러 지원을 통해 사회안전망, 국경무역, 에너지 시설 발전을 추진한다고 김용 총재가 발표하고 반 총장은 이를 환영하면서 콩고와 주변지역의 평화와 안보 및 협력 체제를 구축하고자 하는 의지를 표명하였다. 두 사람은 고질적인 분쟁지역인 동부 콩고의 도시 고마를 방문하여 성폭력 희생자들을 위로하고 개발을 위한 지원을 다짐하면서 희망의 메시지를 전했다. 이 경우도 공식 국적은 다르지만, 국제무대에서 보여준 두 뛰어난 한국인Two distinguished Koreans의 리더십으로 기억된다.

당찬 파키스탄 소녀 말랄라 유사프자이는 여성 교육 문제와 관련 강력한 메시지를 전달해 주었다. 그는 11세 시절이던 2009년 영국 BBC 웹사이트에 이슬람 소녀들도 학교에 갈 권리가 있다는 글을 실어서 주목을 받았다. 그는 파키스탄 정부로부터 평화상을 받는 등 여성 교육권 확보를 위해 활발한 활동을 벌이던 중 2012년 어느 날 스쿨버스를 타고 돌아오는 길에 탈레반에게 머리와 목에 총격을 받고 의식을 잃고 중태에 빠졌다가 기적적으로 살아난다. 반 총장은 2013년 말랄라의 생일인 7월 12일을 '말랄라의 날'로 선포하고 유엔 총회장에서 연설할 기회를 준다. 연대에 오른 말랄라는 단호한 목소리로 여성들이 가장 강력한 무기인 책과 연필을 치켜들어야 한다고 하면서 '교육만이 유일한 해답'이라고 강조했다. 목숨을 빼앗을 뻔한 테러리스트의 공격도 여성의 교육받을 권리는 빼앗을 수 없다는 강력한 메시지를 전파한 것이다. 이와 같은 줄기찬 활동을 벌이던 말랄라는 2015년 역사상 최초의 미성년자 노벨상 수상자가 되고 유엔에서도 단골손님이 된다.

한편 MDG 목표연도인 2015년이 다가오면서 반 총장은 유엔 산하기관장들의 정기회의인 유엔최고집행위원회Chief Executive Board, CEB에서도 1년에 두 번씩 진행 상황을 점검하고 보고서를 내도록 함으로써 모든 분야, 모든 기관을 망라한 총체적 접근을 시도하면서 유엔 시스템 전체를 MDG 달성을 향해 지휘해 나갔다. MDG 종료를 1,000일 앞둔 2013년에는 유엔과 회원국 정부가 행동 촉구Call in Action라는 제목으로 1,000분 작전에 돌입하여 유엔 산하 80여 개 기구가 참여하여 1,000분 동안 절대 빈곤, 영아 사망, AIDS 등 분야에서 유엔이 이룩한 성과를 4만 개 이상의 트위터 계정에 뿌리는 홍보 노력을 전개했다. 반 총장은 목표달성 차원에서 유엔 산하기구가 회원국 요청을 최대한 수용하라고 하면서 총력전을 펼친다.

결과적으로 15년간의 MDG 추진 노력은 비교적 만족할 만한 성과를 낸 것으로 평가된다. 8개 목표 가운데 2개는 조기에 달성했고 4개는 부분적으로 달성했는데 2개 분야는 좀 부진했다. 즉, 절대 빈곤 규모 축소, 교육 수준 제고 등은 예정보다 빨리 달성되었는데, 절대 빈곤을 절반 이상으로 줄인다는 목표의 달성은 가파른 경제성장을 이룩한 중국의 기여가 압도적이었다. 중국은 4억 5천만 명이었던 빈곤 인구를 2010년 말 기준으로 2억 7천여만 명으로 줄이는 데 성공했다. 반면 사하라 이남의 아프리카는 아직 목표 달성이 요원하다고 보인다.

2015년 7월에 발표된 MDG 보고서에 의하면 절대빈곤 계층을 반으로 줄이는 1번 목표와 깨끗한 식수를 마시지 못하는 인구를 반으로 줄이는 7번 목표는 2010년에 이미 달성되었다. 남녀 아동들에게 똑같은 초등교육 기회를 부여하는 3번 목표와 5세 이하 유아 사망률을 반으로 줄이자는 4번 목표도 2012년에 이루어졌다. 그러나 산모 사망률을 25% 이하로 감축하고자 하는 5번 목표는 2015년까지 47% 정도만 줄어든 것으로 파악되었다. AIDS, 말라리아의 확산을 막고 발생률을 줄여나간다는 6번 목표는 부분적으로 달성되었다. 말라리아, 결핵 등은 눈에 띄게 줄어든 반면 사하라이남 지역에는 아직 AIDS가 창궐하고 있기 때문이다. 모든 아동에게 초등교육을 제공한다는 2번 목표는 아시아와 아프리카지역에서의 취학률이 급증하였지만, 교원과 교실 숫자가 이를 따라가지 못해 목표가 완전히 달성되지는 못하였다. 마지막 8번 목표인 개발을 위한 글로벌 파트너십 구축은 계량화가 어렵긴 하지만, 후진국의 스마트폰 보급이 빠르게 보급되어 정보통신 기술 확산은 대체로 좋은 편이지만 선·후진국 간의 경제 수준 격차를 획기적으로 줄이기 위해서는 추가적인 노력이 필요한 것으로 지적되었다.

이로써 21세기를 맞이하여 지구상 모든 인간의 삶을 개선하는 국제사회의 노력은 유엔을 중심으로 15년간 전개되어 상당한 성과를 거두었다. 반 총장은 MDG를 성취하는 작업을 전개하는 동시에, 빈곤과 기아를 넘어서서 선진국과 개도국이 하나가 되어 인류가 맞이한 전 지구적인 문제를 함께 풀어야 하는 목표를 설정하고, 그 목표를 향해 가는 경로를 제시하는 한 단계 높은 책무를 맞이하게 된다.

(2) 지속가능개발 목표 (Sustainable Development Goals, SDGs) 채택

유엔은 MDG 이후의 성장전략인 'Post-MDG 플랜 마련을 위한 고위급회의'를 구성하는 등 MDG 달성 이후 국제사회가 가야 할 길을 이미 준비해 나가고 있었다. 국제사회는 MDG가 완성되는 시점에 새로운 틀을 기대하고 있어 2013년까지 기본계획을 제시하기를 원했다.

따라서 반 총장은 MDG 달성을 위한 노력이 한창 진행 중이던 2010년 8월 '글로벌 지속가능성 고위급패널'을 설치하고 핀란드의 할로넨 대통령과 남아공의 주마 대통령이 공동의장을 맡도록 했다. 22명의 위원에는 한승수 전 한국 총리, 하토야마 전 일본 총리, 수전 라이스 전 주유엔 미국 대사 등이 포함되었다. 한편 '지속가능한 개발'이라는 용어를 1987년 유엔 보고서에서 처음 사용한 장본인인 할렘 브룬틀란트 전 노르웨이 총리는 환경파괴를 감시하는 패널의 의장직을 맡아 힘을 실어 주었다. 그는 '현재의 필요를 충족하기 위해 개선을 추구할 때 미래 세대가 그들의 필요를 충족한 능력을 훼손하지는 않아야 한다'는 지속가능 개발의 기본 철학을 제시한 바 있다. 브룬틀란트 위원회가 2012년 1월 발간한 보고서는 나아가 인류가 저탄소 번영을 추구해야 한다는 설득력 있는 내용을 담고 있었다. 반 총장은 또 하나의 고위급 패널을 구성하여 인도네시아의 유도요노 대통령, 라이베리아의 존슨설리프 대통령, 영국의 캐머론 총리가 이끌도록 하여 MDG 기한을 넘어서 개발의제를 만들어내는 데 집중하여 정부, 개발, 사람을 변화시키기 위한 5개 권고사항을 제시하였다. 반 총장은 또한 유엔시스템 내부적으로 각종 기구의 시각을 취합하고 조정하면서 국제사회가 지향해야할 우선순위를 정해가는 작업을 계속해 나갔다.

그러한 작업의 첫 번째 집대성이 2012년 6월 브라질 리우 데 자네이로에서 개최된 제1차 SDG 회의였다. 이 회의는 1992년 6월 리우에서 개최되어 환경보전 문제를 토의한 '지구 정상회의Earth Summit

개최 후 20년 만에 같은 장소에서 개최되어 '리우+20'로 더 알려졌다. 이 회의는 SDGs 초안의 주요 쟁점과 우선순위를 확인하기 위한 브레인스토밍, 홍보활동, 외교의 연장선상에 있었으며 193개 유엔회원국 중 거의 모든 국가의 대표단이 참여하였고 한국에서는 이명박 대통령이 직접 참석하였다. 영국의 데이비드 캐머런 총리가 예비협상을 주도하고 이 회의의 의장인 파트리오타 브라질 외교장관은 능숙하게 복잡한 사안을 정리해 나아갔다.[17] 바깥에서는 수많은 환경단체와 시민운동가들이 축제의 도시답게 '평화롭고 흥겨운' 시위를 통하여 문제의 심각성을 알리고 있었다. 유엔은 그간의 과정을 통하여 이 회의에서 채택할 정치성명, 즉 구속력 없는 합의문이지만 이 자리에 참석한 국가 지도자들의 연명으로 채택함으로써 그들의 정치적 의지를 결집하는 문서 초안을 사전에 준비하였다. 그 문서의 제목은 '우리가 원하는 미래The Future We Want'로 국제사회가 2030년까지 빈곤을 종식하겠다는 의지를 확인하고 유엔이 앞으로 15년간 지향할 목표를 성안할 수 있는 권한을 부여하는 것이 골자였다. 유엔은 MDG보다 포괄적이고 복잡한 목표들을 찾아 나가게 된다. 이 회의에서 유엔은 세계 전역에 청정에너지에 대한 접근을 확대하기 위한 '모두를 위한 지속가능한 에너지Sustainable Energy for All' 계획과 식량이 필요한 모든 사람에게 항상 식량에 접근할 기회를 제공한다는 '제로 헝거 챌린지Zero Hunger Challenge' 프로젝트가 탄생하였다.

유엔은 2012년에 '나의 세계My World'라는 온라인 설문조사를

17 파트리오타 장관은 장관 역임 후에도 외교요직을 맡아, 주유엔대사, 주이탈리아 대사를 역임하고 이집트까지 와서 대사를 하면서 나와 함께 교류하는 시간도 가졌다.

통하여 지구촌의 시민들이 원하는 미래상을 집계했는데 여기에는 900만 명이라는 많은 사람이 응하여 모든 국가와 이념, 그리고 계층을 반영한 의견이 무려 6천 쪽으로 정리되었다. 2011~2012년간 '리오+20' 회의 준비위원회 공동의장을 안티구아 바부다의 존 애쉬 대사와 함께 맡아 큰 기여를 했던 김숙 주유엔 한국 대사는 유엔사무국의 우홍보 경제사회부 사무차장과 함께 이 설문 6천 쪽을 정리하여 30쪽으로 압축했다. 이것을 회원국에 회람하니 각종 의견이 제시되어 다시 300쪽 문서가 되었다. 이러한 복잡한 과정을 통하여 정리된 SDGs 1차 초안은 '① 빈곤 퇴치 및 불평등 해소 ② 생활의 질과 복지 향상 ③ 경제의 포괄적 전환 확보 ④ 정의롭고 안전하고 평화로운 사회 조성 ⑤ 지구 보호 ⑥ 파트너십 구축'이라는 6대 원칙을 제시하면서 2014년 12월에 발간되었다.

원칙에 대한 합의는 있었지만 구체적 내용을 놓고 회원국 간에 극심한 대립이 있었다. MDG와는 달리 SDG는 보편적인 목표로서 개발도상국과 선진국을 구별하는 체계가 아니었고 모두에게 똑같이 적용될 목표였다. 이러한 세계적인 공통의 과업을 수행하는 과정에서 각국 정부가 맡은 역할에 스스로 책임을 져야 하는데, 개발도상국의 경우 모든 시민을 위한 권리를 창출하는 과제가 되었고 선진국들은 목표에 대해 동의하면서도 비용부담에 대해 조심스런 태도를 보였다. 모든 회원국이 자신이 처한 환경과 문화에 비추어 각 목표들을 해석하고 문제점을 지적하고 유보적인 태도를 보이기도 하였다. 반 총장은 극도의 인내심을 갖고 이들을 하나하나 설득해 나가면서 '파트너십 구축'이라는 17번 목표가 얼마나 중요한지 깨닫게 되었다. 이러한 규모의 사업들은 NGO, 정책전문가, 학계, 국제기구, 저명인사, 기업

등의 파트너의 참여와 기여 없이는 실현이 불가능한 것이다.

이러한 목표의 달성은 당연히 개도국의 삶을 향상시킬 것이다. 반면 선진국들도 이를 통하여 장기적이고 잠재적인 보상을 얻는다. 어느 연구소에 의하면 식량과 농업, 도시, 에너지와 자원, 건강과 복지 등 4개 목표를 달성하는 것만으로 2030년까지 새로운 사업으로 12조 불의 창출이 가능할 것으로 예상되며, 탄소배출을 줄이고, 물, 에너지 여타 자원의 소비를 제한함으로써 추가로 17조 달러를 절약할 수 있을 것으로 분석되었다. SDG는 일반적인 경제개발 모델보다는 인간개발에 초점을 두고 있다. 또한 삶의 개선을 위한 총체적 접근방식을 취하여 모든 목표에서 진진을 이루지 않고서는 어느 한 목표도 완전히 달성하는 것은 불가능에 가깝다.

반 총장과 유엔은 지난한 과정을 통하여 정리한 새로운 17개의 SDGs를 '의제 2030'으로 국제사회에 제시하고 2015년 9월 25일 유엔 총회는 이를 정식으로 채택한다. 모든 정상들은 연설에서 MDG와 SDG의 의미를 되새기고 각자의 기여 의사를 구체적으로 표명하였고 말랄라는 총회장 2층 발코니에서 '교육은 희망이고, 교육은 평화입니다!'라는 선언을 하면서 지도자들에게 자국 청소년에게 양질의 교육을 제공할 것을 촉구하여 교육의 중요성을 상기시켰다.

① 모든 형태의 빈곤 퇴치 No Poverty
② 기아 해소 Zero Hunger
③ 건강과 웰빙 Good Health and Well-Being
④ 양질의 교육 Quality Education
⑤ 양성 평등 Gender Equality

⑥ 청결한 물과 하수시설 Clean Water and Sanitation
⑦ 저렴하고 깨끗한 에너지 Affordable and Clean Energy
⑧ 양질의 일자리와 경제 성장 Decent Work and Economic Growth
⑨ 산업 혁신과 인프라 Industry Innovation and Infrastructure
⑩ 불평등 완화 Reduced Inequalities
⑪ 지속가능한 도시 Sustainable Cities and Communities
⑫ 책임 있는 소비와 생산 Responsible Consumption and Production
⑬ 기후변화 대응 조치 Climate Action
⑭ 해양 생태계 Life below Water
⑮ 육상 생태계 Life on Land
⑯ 평화, 정의 및 견고한 제도 Peace, Justice and Strong Institutions
⑰ 목표달성을 위한 파트너십 Partnerships for the Goals

2015년 채택한 지속가능개발목표 SDGs

이 모든 일을 다음 항에 설명할 기후변화 대책을 준비하면서 동시에 추진했다는 것은 실로 엄청난 성취라고 아니할 수 없었다. 나는 개인적으로 2015년의 노벨평화상은 반 총장에게 수여되었어야 한다고 생각한다. 이러한 생각은 나뿐이 아닐 것이다. 당시 아랍의 봄의 발원지인 튀니지에서 민주주의 회복을 위한 시민단체가 수여받은 것도 나름 의미가 있다고 보지만, 인류를 위한 이러한 틀을 수립한 기여는 국제사회가 더욱 주목하고 결의를 다졌어야하기 때문이다. 특히 같은 해에 추진해 나간 기후변화 협약의 완성으로 반 총장의 쌍둥이 성취는 빛을 발하는데, 아쉽게도 기후변화 협약은 12월에 완결되고 노벨상 수상자 결정 및 발표는 10월에 이루어진다. 그러나 국제사회는 인류의 미래를 위한 반 총장의 지칠 줄 모르는 노력을 오랫동안 기억할 것이다.

3 인권 보호

사실 보편적 인권 개념은 얼마 전까지만 해도 전쟁 속에서 살아남는 데 급급하고 가난 속에서 굶주림에 시달리고 끼니걱정을 하던 한국인에게, 그리고 많은 아시아와 아프리카의 개발도상국에게는 사치처럼 다가오는 측면이 있다. 그러나 역시 서구에서 먼저 경험한 역사의 발전과정에서 많은 투쟁과 희생을 겪으면서 확립된 '인간이 인간답게 살기 위한 기본적인 권리'를 보장해야 한다는 개념은 인간의 존엄성 확보 차원에서 필수불가결의 요소로 자리 잡고 있다. 이러한 인권의 보장과 증진은 특정 국가의 이익과 관계없이 인류 전체의 이익과 기본 가치를 대변하는 유엔의 책무로서 매우 중요한 의미를 갖는다. 유엔 헌장에서 평화 및 개발과 함께 인권을 동등한 3대 목표로 포함하는 이유다.

반기문 총장은 평생의 외교관 생활을 주로 한미동맹관계와 유엔에서 한반도 문제를 다루는 정무업무로 보냈기 때문에 경제나 인권 업무는 생소한 분야였다. 그러나 평생 모범생답게 그는 이 주제를 심도 있게 연구하며 본질을 파악하고, 보좌진의 조언에 귀를 기울이고 유엔 내의 독자적인 시각을 가진 인권기구 관계자들과 논쟁해 가면서 인권에 대한 본인의 인간적 철학이 구체적 형태를 갖추어 나간다.

(1) 유엔인권위원회/인권이사회와 인권최고대표

유엔인권위원회UN Human Rights Commission은 1946년에 경제사회이사회 산하 기구로 설립되어 경제사회이사회에서 선출한 53개국으로 구성되어 당초 보편적 인권의 보호와 증진을 위한 노력을 전개하다가 차츰 인권침해국에 대한 지적과 비판 기능이 강화되어 나아갔다.

문제는 경선을 통하여 선출되는 유엔의 다른 기구의 구성과 마찬가지로 위원회 회원국이 객관적인 인권지표가 아니라 특정 국가의 유엔무대에서의 득표 능력에 따라 선출되는 것이다. 이에 따라, 중국, 러시아, 사우디아라비아, 짐바브웨, 파키스탄, 시리아, 리비아 등 결코 인권 모범국가로 볼 수 없는 국가들이 위원회에 진출하면서 인권위원회의 신뢰도가 저하되기 시작했다. 이런 국가들은 자신들의 위원회 진출사실을 국내적 인권탄압을 합리화하는 수단으로 사용할 뿐만 아니라 도리어 서방을 공격하는 기회로 삼는 행태를 보이면서 인권위원회의 정치화가 심화된다. 2001년에는 미국이 투표에서 열세를 보여 인권위원회 선출이 좌절되는 일이 일어나고 2004년 5월 당시 다르푸르 문제로 국제사회의 지탄을 받아오던 수단이 인권위원회에 선출되는 이변이 일어나자 미국 대사가 퇴장하는 사태가 발생하기도 하였다. 아울러 위원회는 실제 인권 문제국가를 지적하지 않고 이스라엘에 대한 비난에 집중하는 경향을 보이면서 심지어 팔레스타인 주민들의 무력항쟁을 포함한 이스라엘에 대한 저항권을 인정하는 결의가 압도적으로 통과되는 이변이 일어난다.

이러한 각종 문제점이 지적되던 인권위원회는 2006년 3월 총회 결의로 폐지되고 총회 산하기구인 인권이사회Human Rights Council로 교체된다. 인권이사회는 새로운 선거로 47개 이사국을 선출하고 인권위원회의 문제점을 시정하기 위한 제도적 보완을 시도하였다. 가장 유명한 것이 모든 유엔회원국들의 인권 상황을 평가하는 국가별정례인권검토Universal Periodic Review, UPR 제도로서 회원국들의 인권 증

국제인권분야의 한국인들: 서창록 교수와 이양희 교수

진을 유도하는 동시에 인권 실태가 부실한 국가들을 배제하는 기초로 활용되고 있다. 또한 인권이사회에 전문적인 자문을 제공하도록 자문위원회Advisory Committee를 설치하고, 개인이나 기구가 인권위반 사례를 신고할 수 있는 진정절차complaint procedures를 마련하였다. 그리고 특정 주제가 국가의 인권문제에 대한 조사와 보고를 할 수 있는 기존의 특별절차를 승계하여 특별보고관, 특별대표 등 전문가를 임명할 수 있게 하였다. 우리나라의 서창록 교수는 인권위 자문위원에 이어 유엔 시민 정치적 권리위원으로, 이양희 교수는 유엔아동권리 위원장에 이어 미얀마 인권문제 특별보고관으로 활약한 바 있으며 차기 인권최고대표 후보로 물망에 오르고 있다.

인권위원회 시절부터 그리고 현행 인권이사회의 사무국이자 집행기구 역할을 하는 것이 유엔인권최고대표사무소Office of the High Commissioner of Human Rights, OHCHR이다. 인권최고대표사무소와 제네바 주재 대사들로 구성된 인권이사회는 제네바에서 인권 관련 제반 토의와 사무를 처리한다. 인권최고대표들은 인권의 원칙에 충실한 명망 높은 인사들이 맡아서 제네바에서 독자적인 영역을 구축하고 독립적으로 일한다.

반기문 총장 임기 중에는 코피 아난 시절 2004년에 임명된 캐나다 출신의 루이즈 아버Louise Arbor가 2008년 여름까지, 남아공 출신의 나비 필레Navi Pillay가 2014년까지, 반 총장 선출시 경쟁자였던 요르단 왕자 제이드 알 후세인이 반 총장의 임명을 받은 후, 반 총장 임기를 넘어 2018년까지 재직하였다. 2006년 당시 외교부 국제기구 국장으로 반 총장 경선에 힘쓰던 강경화 박사는 국제적 경쟁을 뚫고 반 총장 선출 이전에 아난 총장에 의해 인권최고 부대표로 임명되어 개성이 강한 대표들을 보좌하면서 제네바 외교단을 잘 관리하여 높은 평가를 받은 바 있다.

반 총장의 입장에서는 이들 거물급 최고 대표들의 의견을 경청하고 지지하면 되는데, 특히 각종 분쟁지역 현장에서 발생하는 인권문제도 원칙에 충실하게 처리하는 노력이 필요하여 긴밀한 협업이 필요한 경우가 발생한다. 분쟁지역에 나가있는 모든 임무단에는 인권담당관이 파견되어 당사국의 인권실태를 평가하고 시정을 요구하곤 하는데, 당시 진행 중인 협상이 있거나 특수한 사정이 있어서 특별대표나 본부의 간부가 이러한 의견을 충분히 반영하지 않으면 인권을 경시하는 태도로 비난받을 위험이 있기 때문이다. 한편 아프리카지역에서 특정 국가의 협조확보가 긴요한 상황에서 인권문제가 제기되고 정부 측이 이에 반발하고 협조를 철회하는 경우, 곤혹스러운 상황이 발생하곤 한다. 유엔본부 측은 이럴 때 교섭을 위한 '정치적 여유political space'가 필요하여 문제를 순차적으로 해결하자는 입장을 간접적으로 표명하는데, 인권 담당자는 무조건 원칙만 주장하는 경우가 많기 때문이다. 황이 정승이 분쟁이 붙은 양쪽 사람을 보고 당신 말도 맞고 당신 말도 맞다 해서 비난을 받는 옛말이 있듯이, 양측 모두 이해가 가는 상황이기 때문에 정말 결정이 어렵다. 이러한 측면도 특정 국가이익이 아니라 보편적 원칙과 가치에 기반한 국제기구 임무의 특징이라 하겠다. 반 총장은 가급적 인권기구의 입장을 수용하고 가치의 훼손이 없도록 최선을 다하였다. 강경화 부대표는 이러한 상황에서 최고대표의 태도를 적절히 유도하는 한편 최고대표의 뜻을 사무총장에게 잘 전달하는 역할을 하여 양측 간의 소통과 협력에 기여했다.

(2) 여성의 권리

인권 분야에서 반 총장이 역점을 둔 부분이 여성 권리 확대women empowerment와 모자보건maternal health이었다. 국제적 기준으로 볼 때 여성의 권리가 낙후된 대한민국 출신인 반 총장은 역으로 여성의 권리를 확보하여 여성의 사회진출 기회를 확대해야 한다는 믿음이 강했다. 그에게는 어머니 신현순 여사의 삶과 부인 유순택 여사의 삶을 보면서 느낀 여성에 대한 불평등과 불공정이 마음 깊이 자리 잡고 있었고 여성 인권이라는 주제를 놓고 업무에 임하면서 그런 기억과 아픔들이 소환되면서 더욱 열렬한 여성권리 신장의 지지자가 되었다.

반 총장은 2010년 6월 'Every Woman, Every Child' 운동을 출범시키고 그 후 5년에 걸쳐 임산부 사망 및 영아 사망 건수를 1,600만 명 이하로 줄이고 당시 3,300만 건으로 추산되는 원치 않는 임신을 막는 사업을 전개하였다. 특히 소중한 생명을 몸속에서 키우고 탄생시키는 산모들의 건강을 지키기 위한 여건을 개선하자는 모자보건

문제에 있어서는, 열학한 한국의 의료 여건 속에서 한국 어머니들이 해산에 들어가면서 댓돌 위에 벗어놓은 신발을 돌아보면서 과연 아기를 낳고 나면 살아서 저 신발을 신고 나갈까 자문했다는 생생한 이야기를 인용하여 많은 사람의 심금을 울렸고 NGO와 언론의 많은 지지를 끌어낼 수 있었다.

유엔은 2006년부터 유엔 체제 일관성system-wide coherence을 증진하기 위한 조직개혁을 추진하고 있었는데, 반 총장은 유엔 기구들과 NGO 일반 대중 및 전 세계 여성들 사이의 협력을 증진하기 위해 2010년에 '유엔여성기구(원래는 '성평등과 여성권리 신장을 위한 유엔 기구 UN Entity for Gender Equality and Women Empowerment', 속칭 UN Women)' 창설을 추진한다. 이 기구는 그동안 유엔 시스템에 흩어져 있던 여성을 위한 각종 조직을 통합하여 유엔 전체 차원에서 각종 여성 문제를 효과적으로 처리하는 기구로 추진되었다. 여기에는 여성 지위 향상국Division for Advancement of Women, DAW, 여성 지위 향상을 위한 국제 연구훈련원INSTRAW, 성 문제와 여성 지위 향상에 관한 특별 자문관실Office of the Special Advisor on Gender Issues and Advancement of Women, OSAGI, 유엔여성개발기금UN Development Fund for Women, UNIFEM이 속하는데, 이들 간에 서로 중첩되는 일을 정리하여 효율적인 체제를 만들고 보다 고위직이 이끌어 위상도 높아진 조직을 구축하는 것이 목표였다. 그런데 세상의 많은 관료조직이 그러하듯이 흡수대상이 되는 조직의 책임자들이 통합에 반대하고 그러한 이유로 이들의 출신국 정부마저 새로운 여성기구 창설에 반대하기로 담합하고 다른 나라까지 설득하는 일이 벌어졌다. 반 총장은 해당 국가 대표들을 일일이 만나서 새로운 강력하고 효율적인 새 기구의 필요성을 역설하고 기존 기구의 장들은 새로운 체제 내에서 과거와 같은 역할을 계속 수행 해나갈 것임을 설명하고 설득해 나갔다.

2010년 7월 2일 유엔총회는 유엔여성기구의 창설을 승인했다. 이 승인 절차는 이 기구가 여성의 출산 선택권이나 완전한 정치적 권리 허용 등 자국의 국내 사회규범과 일치하지 않는 활동에 집중할까 우려한 일부 국가 때문에 당초 계획보다 늦어졌다. 유엔여성기구의 첫 사무총장으로는 여러 명망 높은 여성 지도자들 가운데 사회운동가 출신으로 칠레 대통령을 지낸 미셸 바첼렛이 선정되었다. 유엔여성기구가 출범하던 날 나는 유엔본부 사무실에서 유엔TV를 시청하고 있었는데, 반기문 총장이 유엔총회 회의장 무대에 등장하자 장내가 떠나갈 듯한 환영의 함성이 회의장을 메우는 것을 보면서 깜짝 놀랐다. 반 총장이 흥분한 목소리로 자랑스럽게 바첼렛 사무총장을 소개하자 장내는 록 콘서트에서나 접할 수 있는 열광의 도가니로 변하였다. 나는 이 환호를 반 총장이나 바첼렛 대통령의 인기로 해석하지 않았다. 저토록 목말라 했구나, 그들의 정당한 위치와 권리를 알아주기를. 그것을 조금이라도 증진하기 위한 제도와 틀을 접하는 감격이 저토록 크다는 것을.

미셸 바첼렛 유엔인권최고대표, 전 유엔여성기구 사무총장

유엔여성기구는 그 이후 많은 활동을 하면서 여권신장의 구심점으로 자리 잡았다. 바첼렛 사무총장은 다시 칠레로 돌아가 대통령에 재선되었고, 내가 2015년 박근혜 대통령을 수행하여 칠레를 방문했을 때 '우리가 함께 일했잖아요!'라면서 박 대통령에게 나와의 유엔

추억을 언급하는 따뜻함도 보여주었다. 그는 대통령 2기 임기를 마치고 그의 국제적 위상과 인권분야의 업적을 바탕으로 유엔인권최고대표로 선임되어 제네바에서 일하고 있다. 2021년 2월 쿠데타가 발발한 미얀마의 민주주의와 인권 회복을 위한 화상회의를 광주시장이 유엔인권최고대표와 하기를 희망하여 내가 연락을 드렸더니 바첼렛 대표는 흔쾌히 수락해 주었다. 유엔인권최고대표가 타국 지자체장과 회의를 하기 쉽지 않았을 텐데 지금도 고맙게 생각한다. 2013년 칠레 대선에 다시 나가는 바첼렛 후임으로 남아공의 품질레 믈람보-응구카 전 부통령이 사무총장으로 선임되고 2021년 9월에는 시마 사미 바후스 전 주유엔 요르단 대사에게 인계하면서 일종의 지역순환이 이루어진다.

반 총장의 여성권리 신장에 대한 의지는 무엇보다도 인사에서 확연히 드러났다. 유엔은 고위직 인사를 할 때 인사위원회가 일차적인 심사를 하여 사무총장에게 3배수의 후보자를 올리게 되어 있었다. 반 총장이 아무리 여성 간부를 만들고자 해도 이 3배수 후보자에 여성이 보이지 않았다. 객관적인 점수를 통하여 비교하여 3등 안에 들거나 그 보직이 필요로 하는 경력을 갖춘 사람을 찾고자 할 때 그런 자격을 갖춘 여성 후보가 없다는 것이다. 왜냐하면 그들은 오래전부터 지속된 차별로 중간 간부에도 올라오지 못해서 이러한 경력을 쌓지 못했기 때문인데, 그것을 기준으로 삼으면 기존의 불평등이 해소될 리가 없었다. 따라서 반 총장은 극약처방을 한다. 즉, 여성이 점수로 밀려 3배수 안에도 못 들어갈 경우, 두 명은 점수대로 남성을 하더라도 세 번째 후보는 반드시 여성을 넣으라는 것이다. 그런 다음에 큰 하자가 없으면 반 총장이 그 여성 후보를 발탁하였다. 반 총장은 기존의 불평등과 차별이 워낙 극심하기 때문에 때로는 인위적인 노력을 통하여 그들을 도와줄 필요가 있다고 역설하면서 여성 간부의 비율을 조금씩이라도 올리는 노력을 전개하여 많은 사람을 감동시켰다. 물론 일부 여성은 자신이 여성이어서 발탁되기보다는 객관적인 실력으로 선택되었다고 믿고 싶다고 주장하기도 하였다. 속으로는 반 총장의 과격한 개혁 마인드에 매우 고마워했으리라.

분쟁지역에서 여성의 안전과 인권은 매우 취약하다. 전쟁 상태 속에서 여성들은 교전 당사자들의 성고문과 성폭력의 대상이 되어 형언할 수 없는 고통을 당한다. 문제는 이러한 분쟁을 종식하고 평화를 지키기 위해 파견된 유엔의 평화유지군이 그 추악한 범법자가 될 때의 모순과 절망감이다. 평화유지군으로 아프리카 지역에 파견된 다른 나라의 아프리카 병사들이 평화유지군 기지 안에서 보호하는 민간인 여성, 심지어 아동에게 안전을 보장받는 대가로 성행위를 제공해야 한다는 압력을 가했다는 신고가 들어왔다. 반 총장은 이러한 신고가 당사자의 심각한 인권침해임은 물론 유엔의 세계적인 명성을 더럽히고 현장의 성과를 깎아내리고 지역의 존경심과 협력을 훼손하고 그간 희생의 의미조차 퇴색시키는 행위라고 개탄한다. 반 총장은 이번에도 한국에서 쓰이는 개념을 도입한다. "지휘 책임." 아무리 하부 병사에 의해서 저질러지는 범법행위도 최고지휘관의 책임이라는 것이다. 중앙아프리카공화국 평화유지군의 연이은 사건에 따라 반 총장은 중앙아안정화임무단을 지휘하는 세네갈의 가예 장군의 사임을 단호하게 요구하였다. 이를 통하여 유엔 평화유지군의 지휘부는 반 총장의 '무관용 정책'이 정말로 엄중하게 실행되는 것임을 직시하고 긴장하지 아니할 수 없었다.

한편 이런 분쟁지역 여성 인권을 보호하는 효과적인 방법 중 하나는 여성부대, 여성경찰의 설립 그리고 여성 지휘관의 임명이다. 여성 지휘관은 성범죄자에 대한 임무단의 대응 방식을 정할 수 있고 여성이 상급자로 존재하는 것 자체가 병사들의 과오를 줄일 가능성이 높기 때문이다. 반 총장은 2010년 3월 스웨덴의 안 마리 울레르를 유엔평화유지활동부의 경찰 업무 자문관으로 임명하고 평화유지 분야에 여성경찰의 확대에 박차를 가하였다. 한편 반 총장은 2014년 5월 노르웨이의 크리스틴 룬드 소장을 사이프러스 평화유지군UNFICYP 사령관에 임명하여 유엔의 군사임무단을 이끄는 첫 여성을 배출하였다. 반 총장 재임 10년간 여성 병력은 2007년 1,400명에서 2016년 3,200명까지 증가하고 이 추세가 계속되어 2019년에는 5,200명에 도달하였다. 2007년 라이베리아에는 최초로 여성만으로 구성된 경찰부대를 배치하여 성적 트라우마에 시달리는 수많은 소녀를 보호하고 안정시키는 데 기여했다.

반 총장은 자신이 초청받아 방문하는 나라의 정상에게 항상 질문하는 사항이 있다. "당신 정부에 여성 장관이 몇 명이냐, 여성 국회의원이 몇 명이냐"라는 것이다. 유엔총회에서도 반 총장은 여성의 정치 참여를 막는 사회적·법적 장애물을 해소하라고 각국 지도자들에게 촉구했다. 심지어 사우디 국왕도 이 말에 귀를 기울이고 샤리아 법원에 32명의 여성을 임명했다. 회원국은 유엔에도 여성 대사를 더 보내기 시작하여 2007년 11명이던 여성 대사는 이임 시점에는 40명으로 불어났다.

반 총장의 이러한 여성이 자신의 정당한 자리를 찾도록 하는 노력을 많은 이들이 인지한 결과, 아시아 여성 NGO 아시아 이니셔티

브는 2017년 반 총장 퇴임 후 첫해에 '반기문 여성권익상Ban Ki-moon Award for Women's Empowerment'을 제정하여 매년 반 총장을 초청하여 시상식을 거행하고 있다.

(3) 보호책임(R2P)

'보호책임'이라고 거칠게 번역되는 Responsibility to ProtectR2P는 좀 복잡한 개념이다. 그냥 보호책임이라고 하면 누가 무엇을 어떻게 보호하는지가 불확실하다. 그 배경을 보자면, 우선 특정 국가가 정치적·법적·경제적·군사적 수단을 통하여 자기 국민의 안전과 인권을 보호할 책임을 지고 있음을 전제할 때, 이 국가가 이 의무를 충실히 이행하지 않고 오히려 그들을 박해하고 위험에 처하게 할 때 국제사회는 과연 해당 국가의 '주권불가침'의 원칙을 존중하면서 '강 건너 불' 보듯이 해야 할 것인가?라는 문제의식에서 출발한다. 특정 국가가 통치 능력 부족이나 잘못된 지도자의 행위로 국민의 안전과 인권이 위협받을 경우, 국제사회가 나서서 이들을 '보호할 책임'이 바로 이 보호책임이라는 개념이다.

어찌 보면 당연하고 바람직스러운 원칙으로 보이나, 문제는 이러한 새로운 개념이, 자기 할 일만 하면 되는데 남의 국내 상황에 참견할 근거를 마련해 준다는 점에서 서방 선진국의 개입할 가능성에 신생국들이 민감하게 반발하게 되는 것이다. 따라서 이 개념을 주장할 경우, 인권 보호에 대한 (지나치게) 깊은 신념이 있거나 이를 추구하는 데 있어 타국의 주권을 무시해도 된다고 하는 입장으로 보이게 된다. 크레티앙 캐나다 총리가 2004년 노무현 대통령과 가진 정상회담에서 당시 개념이 제기되기 시작하던 '보호책임'에 대한 견해를 물

보호책임 개념을 정립한 에드워드 럭 교수와 프란시스 뎅 교수

었다. 표면적으로 단어를 통역해도 무슨 의미인지 다가오지 않는 상황이 발생하자 반기문 당시 외교보좌관이 개입하여 수습했다는 일화가 있다. 그랬던 반 장관이 이제 유엔의 수장으로서 이 민감한 개념을 정립하고 이끌어 가는 입장에 서게 된 것이다.

반 총장은 R2P가 기반하고 있는 핵심 가치를 ① 자국민을 보호할 당사국의 책임 ② 각국이 이 의무를 충족하도록 도울 국제사회의 책임 ③ 대규모 잔학행위가 일어날 조짐이 있거나 이미 벌어질 경우, 국제사회가 개입할 의무로 규정하고 있다. 첫 번째 의무는 자명한 것이나, 국제사회의 개입을 규정한 것은 그동안 철칙으로 여겨오던 주권불가침, 국내문제 불개입이라는 국제사회의 기본 질서를 혁명적으로 바꾸는 의미가 있었다. 회원국들의 거부감은 이만저만이 아니었다. 예산위원회를 통해 예산지원을 거부하는 방해도 등장할 정도였다.

반 총장은 미국의 에드워드 럭 교수와 남수단 출신의 학자이자 대량학살예방 특별고문인 프란시스 뎅의 도움을 받아 2009년 1월 보호책임의 이행에 관한 보고서를 총회에 제출하고, 이 개념에 대한 포괄적인 비전을 제시한다. R2P의 의미와 적용방식, 민간인을 보호할 궁극적인 책임주체 등을 처음으로 상세하게 개념화하였다. 반 총장의 선거운동 중 공약의 하나였다.

2년 후 이 개념 정리는 매우 시의적절한 것으로 드러났다. 아랍의 봄이 시작되고 리비아에서 반란이 일어나면서 카다피가 자국민을 헬기와 군사력을 동원하여 학살하기 시작하자, 바로 이 개념을 적용하는 '시범 케이스'가 되어버린 것이다. 안보리는 반 총장의 권고에 따라 2011년 3월 NATO가 리비아 상공에 비행금지구역을 설정하는 것을 승인하고 리비아 정부군은 궤멸하고 국민들은 구출되었다. 이 작전이 리비아 군중에 의한 카다피 살해에까지 이르자 러시아는 서방의 정권교체regime change 각본에 의한 결과라고 강하게 반발하고, 향후 R2P 개념에 의한 인도적 개입에 대한 거부권 행사를 선언하였다. 러시아는 시리아 내전에서 아싸드의 대국민 잔학행위에 대한 개입에 거부권을 행사하여 안보리를 무기력하게 만드는 불행한 결과를 가져왔다.

그러나 보호책임R2P이라는 개념을 국제사회에 정립하는 데 뛰어든 반 총장의 결의를 우리는 잘 기억해야 한다. 왜냐하면 이제 어느 위정자도 자기 맘대로 자국민을 잔학하게 괴롭힐 수 없다는 것을 인식해야 할 것이기 때문이다. 물론 러시아의 거부권 행사가 없어야 하겠지만. 나는 당시에 이 개념이 얼마나 논쟁을 불러일으키고 한편 반 총장의 성품을 보여주는 계기가 되었는지 몰랐는데, 어느 유엔 관련 논평가는 반 총장이 이 민감하기 짝이 없는 개념의 실제 적용을 위해 위험을 무릅쓰는 것으로 보고 놀랐다고 술회하는 것으로 보고 깨달았다.[18] 반 총장은 가끔 웃으면서 '사람이 좀 무식해야 사고를 치지?' 하곤 했는데, R2P 개념화 과정이 정확히 그런 상황이었다. 자기가 옳다고 믿으면 이것저것 계산하지 않고 위험을 감수하면서 달려드는.

---

18 당시 그가 쓴 표현은 "Ban stuck his neck out." 칼날을 피해야 할 순간에 강심장으로 목을 내밀었다는 표현이었다.

4 인류의 미래와 기후변화

2000년대 초 기후변화는 한국인들에게는 낯선 주제였다. 반 총장도 사무총장 경선 출마와 함께 이 문제가 세계가 직면한 몇 가지 위기 중 하나로서 사무총장 당선 후 최우선 과제로 삼겠다고 선언하였으나 그 중요성이 가슴에 다가오지는 않았다. 당선이 확정된 후 인수기간에 반 총장은 코피 아난 임기 후반기부터 전략기획 담당 사무차장보를 맡은 하버드 교수 출신의 밥 오어로부터 기후변화 문제의 중요성을 브리핑 받으면서 이 문제를 반 총장 임기 중 전략 의제로 삼을 것을 건의 받고 이를 실행에 옮기기로 결심한다. 반 총장을 놀라게 한 것은 취임 전 주요국 순방기간 중에 일어난다. 영국에서 마가렛 베켓 외교장관이 반 총장을 위한 만찬을 주최했는데 베켓 자신이 전직 환경장관 출신이고 후일 외교장관 후임이 되는 데이비드 밀리밴드 환경장관이 자리를 함께 하였으며, 기후변화의 경제적 영향에 대한 권위자인 니콜라스 스턴 교수도 참여한 것이다. 이들의 의도는 명확했다. 반 총장-당선인에게 기후변화 문제의 중요성을 뇌리에 심어주고 반 총장이 이 문제를 다룰 준비가 얼마나 되어있는지를 확인하는 면접 시험장 같았다. 반 총장은 그들의 질문 하나하나에 성의 있게 답변하면서 만찬 대화를 이어 갔다. 나는 반 총장이 언제 그렇게 많은 지식을 흡수했는지 경탄해 마지않았으나, 뒤에 가서 물어보니 반 총장은 밥 오어가 올렸던 브리핑 자료에 있는 내용을 기억해가며 진땀을 흘렸다고 실토했다. 내가 보기에 반 총장이 본격적으로 기후변화 공부를 하겠다고 결심한 것은 그날 저녁이 아니었나 생각된다. 그리고 그는 어떤 계기가 있을 때마다 기후변화 문제를 강조하였다.

가장 대표적인 일화는 2007년 1월 16일 조지 W. 부시 미 대통령과 사무총장 취임 후 첫 만남이었다. 당시 공화당 정부는 기후변화 문제에 소극적이었기 때문에 이 만남에서 기후변화가 다루어지기를 꺼렸다. 그러나 반 총장은 아랑곳하지 않고 대화 도중에 기후변화의 심각성을 언급하였고 부시는 미국의 노력에 비해 중국과 인도가 소극적임을 지적하였다. 반 총장은 이 회담을 마친 후 가진 기자회견에서도 기후변화가 논의되었다고 설명하여 미국 측을 당혹하게 만들었지만, 나머지 유엔 관련자들에게서는 환호를 받았다. 반 총장은 취임 첫해 2007년 유엔총회에서부터 기후변화 정상회의를 개최하고 세계의 관심을 집중시키고자 하였다. 반 총장은 부시 대통령을 초청하였고 미국은 원래는 난색을 표했으나 반 총장의 끈질긴 설득에 부시 대통령의 반 총장에 대한 개인적인 호감으로 참석하기로 결정한다. 반 총장이 희망하던 총회연설은 사양하고 세계 지도자 30여 명이 모인 비공식만찬에 참석하여 연설만 하고 떠나기는 했지만, 미국의 참석은 의미가 컸다. 그런데 부시 대통령의 결정적인 도움은 12월 발리 개최 유엔기후변화협약 당사국회의COP13에서 나타난다. 반 총장은 회의 중반에 참석하여 순조롭게 진행되는 회의에 대해 보고를 받고 각국 지도자들과 회담을 가진 후 유엔이 독립시켜준 인근의 동티모르를 방문하였다. 그런데 발리의 밥 오어가 발리 회의의 교착상태를 긴급 보고하면서 반 총장이 돌아와 주최국인 인도네시아 유도요노 대통령과 이를 풀어내기 위한 노력을 해달라는 것이었다. 당시 선후진국 간의 불신으로 후진국은 자신의 성장을 저해할 약속을 거부했고 선진국도 중국과 같은 후진국에 유리한 조건을 수용하기를 거부했다. 특히 미국의 완고한 입장이 가장 큰 걸림돌이었다. 그런 상황에서 반 총장이 다시 발리로 돌아와 회의에 참여하고 곧이어 미국 대표 도브리안스키 국무차관이 컨센서스에 참여하기로 하면서 돌파구가 열렸다. 이에 환호하면서 다른 주요국들도 공약을 재확인하면서 그 이후 기후변화 협상의 기초인 '발리 로드맵'이 채택되었다. 반 총장은 이러한 기적 같은 미국의 입장 변화가 어떻게 이루어졌는지 궁금해 했다. 그런데 부시 대통령의 퇴임을 2주 앞둔 2009년 1월 6일 백악관에서 가진 양측 부인을 포함한 4인만의 작별 오찬에서 부시는 2007년 12월 도브리안스키가 미국입장에 대한 최종지침을 요구했을 때 자신의 뇌리에 반 총장이 떠올랐고 도브리안스키에게 반 총장이 원하는 대로 해주라고 지침을 내렸다고 회고했다. 반 총장은 부시 대통령의 이러한 결정이 2015년 파리기후협약 채택에 중요한 기여를 했다고 평가했다. 나도 유엔에서 부시 대통령을 본 적이 있지만 그는 자신의 유엔총회 연설 직전 대기실에서 총장을 위해 일을 하다가 자신의 눈치를 보는 나에게 이리 와서 사진을 같이 찍자고 할 정도로 스스럼없는 지도자였다. 한국에서 열린 President's Cup 골프대회에 부시 전 대통령이 주최인사로 참석했을 때, 나도 행사에 초대받아 부시 대통령에게 인사한 적이 있다. 내가 유엔에서 반 총장을 모시고 일할 때 부시 대통령을 뵌 적이 있다고 했더니, 부시는 반 총장은 좋은 분이지요, Secretary-General Ban, he's a good man!이라고 회고하였다.

2008년 11월의 오바마 대통령의 당선은 유엔에게 특히 반기문 총장에게는 천군만마를 얻은 것과 다름없는 효과를 주었고 반 총장 임기 10년 중 8년을 오바마와 함께 보냈다는 것은 반 총장에게는 큰 행운이었다. 발리 로드맵에 기초하여 2008년 12월에 폴란드 포즈난에서 COP14 회의를 성공적으로 개최한 후 국제사회는 2009년에 코펜하겐에서 열리는 COP15에서는 구속력 있는 합의를 이룬다는 희망을 품고 "Seal the Deal(타결을 마무리 하자)"이라는 구호부터 만들어 분위기를 조성해나갔다. 반 총장은 2009년 9월 유엔총회에서도 기후변화 문제를 위한 정상회의를 소집하여 오바마 대통령을 비롯한 100여 명 정상이 뜻을 같이하였다. 기후변화 문제의 중요성을 인지하는 민주당에, 지적인 접근을 하는 오바마 대통령의 적극적인 참여를 예상하면서 코펜하겐 회의에 대한 여론의 기대는 높아져만 갔다.[19]

12월 15일 드디어 대망의 본회의 날이 오고 열띤 토의가 선·후진국 대립형국으로 전개되고 아직 탄소 감축을 위한 희생할 준비가 되어있지 않은 BRICS(브라질, 러시아, 인도, 중국, 남아공)로 대표되는 후발 대국들이 자신들의 경제개발을 희생하지 않겠다는 저항이 심각한 상황이었다. 반 총장은 17일 밤 덴마크 여왕 주최 만찬이 열렸던 장소로 선진국, 후진국은 물론 수몰 위기 섬나라 등 28개 주요국 대표들을 소집하여 반 총장과 EU 의장을 포함한 30명이 모여 새벽 2시까지 핵심 사항에 대한 논의를 계속하였다. 반 총장과 오바마 대통령은 회의실 구석구석을 돌아다니면서 의견을 결집하고 호주의 케빈 러드 총리, 독일의 앙겔라 메르켈 총리도 적극 토의에 임했다. 중국은 기후변화 대사, 인도는 환경장관을 출석시켜 놓고 자국 총리의 부

19 유엔기후협약기구에서 주최하는 회의이나, 유엔은 회의의 중요성을 감안하여 당시 데스몬드 파커 유엔 의전장을 코펜하겐에 사전 파견하였는데, 그것도 미덥지 않아서 반 총장은 내가 직접 사전에 가서 어떻게 준비되고 있는지 감독(?)하라고 지시하였다. 회의장은 기후협약기구(UNFCCC)에서 평소같이 준비하고 있었으나, 총장의 별도 회담 계획이나 회의 폐막 후 촬영할 단체 사진을 안보리상임이사국 중심으로 준비하는 등 기후변화 회의의 취지와 맞지 않는 여러 계획이 있어 형식상 나보다 상급자인 파커와 논쟁을 통해 바로잡느라 고생하던 기억이 있다.

담을 회피하는 전략을 구사하였다. 나는 이 회의장 구석에 배석하여 지도자들의 내공의 차이, 중국의 지금의 모습을 예견하게 만드는 대사급 실무자의 기세등등한 태도를 관찰할 수가 있었다. 18일 오후에는 원자바오 중국 총리가 묵던 호텔에 오바마 대통령이 불시에 찾아가 인도, 브라질, 남아공과 '뒷담화'하는 현장을 적발(?)하고 중국과 최소한의 합의 도출을 위한 담판을 벌였고 반 총장과 라스무센 덴마크 총리도 원자바오에게 각각 설득노력을 전개한 결과, 인도, 브라질, 남아공과도 큰 틀의 합의를 이룬다. '28개국+유엔, EU' 회의는 18일 밤에 다시 모여 오바마와 4개국 합의를 토대로 최종합의문을 12월 19일 새벽 2시까지 준비한다.

한편, 일단 4개국을 설득하고는 협상 타결을 낙관한 오바마는 마침 워싱턴 폭설 예보 때문에 일찍 출발하면서, 그도 정치인인지라 공적을 내세우기 급한 마음에 협상이 거의 타결되었다고 언론에 발설해 버렸다. 밤새도록 발언이 이어지는 본회의장과 별도로 밀실 협의가 이루어졌다는 소식에 각국 대표단들의 격앙된 반응이 속출했다. 주최국 덴마크는 나름 스마트한 나라임에도 큰 회의를 주도한 경험 부족 때문인지 회의 운영이 주도면밀하지 못한 측면이 있었다. 밤을 꼬박 새면서 진행된 본회의는 30개국 협의 결과를 상정하지도 못하고 각종 발언이 이어지다가 아침이 되어서야 진정국면에 들어섰는데, 라스무센 의장은 30개국 회의에서 준비된 결의안을 합의로 처리하면 되는 상황이 되었다.

의사봉을 두들겨 채택을 확정할 순간에, 라스무센 총리는 매너리즘인지 진심으로 확인하고 싶었는지, 이의가 더 없냐는 질문을 한다. 그 순간 합의문의 내용에 반대하는 목소리가 회의장 내에 다시

코펜하겐 기후회의에서 숙의 중인 반기문 총장, 덴마크 총리(의장), UNFCCC 사무국장과 부국장

들끓었다. 그때, 베네수엘라 대표인 클라우디아 살레르노 참사관은 발언하겠다고 금속제 명패로 책상을 난폭하게 내리치다가 손이 찢어져 피가 줄줄 흐르는 장면이 연출되고 회의장은 아수라장이 되어버렸다. 순간 당황한 라스무센 총리는 합의문 채택이 부결되었다고 선언하고 먼저 회의장을 떠나버린다. 이에 미국 대표를 포함한 선진국 대표들이 반발하면서 의장은 사라진 연단으로 몰려오고 엉뚱한 유엔 사무총장에게 항의하는 목소리마저 나왔다.

이 대목에서 반 총장은 좌절하지 않고 본능적으로 최선의 선택이 무엇인지 판단한 것 같다. 30개국 회의의 협의 결과를 어떠한 형태로든 공식기록으로 남기는 것이다. 본회의는 난장판 속에 정회되고, 반 총장은 나를 포함한 유엔 직원들에게 반대파의 주축을 이룬 나라 대표들을 찾아 모으라고 지시했다. 우리는 쿠바, 니카라과, 베네수엘라, 인도 등 대표들을 불러 모았고 반 총장은 회의장 구석 공

코펜하겐 기후회의 와해 직전 중남미 대표들을 설득하는 반 총장

간에서 그들에게 하고 싶은 이야기를 하라고, 자기가 다 듣겠다고 하였다. 손에 붕대를 감은 클라우디아 참사관은 반 총장의 경청하는 자세에 눈물을 흘리고 쿠바 외교장관, 니카라과 대표 등은 진지하게 자신들의 의견을 개진하였다. 한 시간 동안 그들의 불만과 지적을 들어준 반 총장은 그들의 우려를 충분히 반영하겠다고 약속하고 한편 이번 회의의 결과물이 반드시 도출되어야 함을 설명하고 그들의 협조를 부탁했다. 결국 당초 준비한 합의문Copenhagen Accord은 당사국 전체가 아닌 30개국이 협의한 내용으로 그리고 당사국 총회의 정식 '채택'이 아니라, 하나의 자료information로서 유의take note하는 수준으로 조정하기로 합의하였다. 이와 같이 반대파의 의견을 존중하는 차원에서 구속력이 낮은 형태의 문서로 코펜하겐 합의를 채택하면서 말도 많고 탈도 많던 코펜하겐 기후정상회의는 19일 정오에 막을 내렸다. 기대했던 성공은 아니지만 앞으로 나아갈 이정표는 남기고.

코펜하겐 합의는 ① 지구 평균 기온의 상승이 산업화 이전 대비 섭씨 2도를 넘지 않아야 한다는 점을 명시하여 최초로 온실가스 감축목표(산출하면 170억 톤)를 설정하고 ② 이를 이루기 위해 재정적, 기술적으로 취약한 후진국이나 도서 국가들을 위한 선진국의 재원 마련 목표도 설정하여 2012년까지 매년 100억 달러를 미국, 일본, 유럽이 기여하고 2013년에서 2020년까지는 매년 1,000억 달러씩 조성하기로 설정하였다.[20] 당시에는 정식 채택되지 않고 참고문서 정도로 채택된 코펜하겐 합의는 당초 목표한 2012년 유효기간이 끝나는 교토의정서를 대체할 구속력 있는 협정이 아니었지만 사실상 회원국들이 기후변화 문제를 토의하는 과정에서 지향하는 지침이자 후속 협의의 토대로 이용되었으며 궁극적으로 2015년 파리협정 타결의 밑거름이 되었다. 이는 최악의 상황에서도 끝까지 포기하지 않고, 형식에는 유연함을 보이면서 본질을 지켜냄으로써 국제적합의의 틀을 남겨놓은 반 총장의 집념과 전략적 마인드의 결과인 것이다.

그 다음 해부터 반 총장은 코펜하겐 합의를 바탕으로 꾸준한 진전을 일구어 나가는데, 특히 매년 9월의 유엔총회에서는 정상급행사를 통한 기후변화 문제에 대한 관심을 제고하고 협약 타결을 향한 모멘텀을 조성하고, 12월의 기후변화협약당사국회의COP에서는 환경장관들과 기후변화문제에 대응하는 구체적인 메커니즘을 만들어서 실질적 내용에서 진전을 이루는 전략을 계속 이어나갔다. 2010년 멕시코 칸쿤 회의, 2011년 남아공 더반 회의, 2012년 카타르 도하 회의, 2013년 폴란드 바르샤바 회의, 2014년 페루 리마회의에 이르기까지 국제사회는 반 총장의 시나리오에 따라 나머지 현안을 하나하나 풀어가면서 2015년 파리 회의의 클라이맥스를 향해 나아갔다. 2015년 개최국 프랑스 정부는 코펜하겐의 실패를 되풀이하지 않기 위해서 주도면밀하게 준비에 착수했다. 당시 프랑스 외교장관은 80년대에

20 이 목표는 실제로는 달성되지 못하고 있다가 2021년 글래스고에서 개최된 COP26에서 설정된다.

2015년 파리기후협약 채택 순간: 피게레스 UNFCCC 사무국장, 반 총장, 파비우스 프랑스 외교장관(의장), 올랑드 프랑스 대통령

미테랑 정권에서 30대에 총리를 역임한 로랑 파비우스였는데 노련한 그가 회의 운영을 맡은 것은 큰 도움이 되었다.[21] 특히 12월 12일 컨센서스에 마지막 걸림돌이던 니카라과와의 이견이 해소되었다는 전갈을 듣자마자 파비우스 장관은 2009년의 라스무센 총리와 같은 망설임 없이 의사봉을 휘둘러 최종합의안 채택을 공식화했다. 반 총장은 올랑드 프랑스 대통령과 함께 단상으로 들어가 함께 자축하고 모든 대표단은 환희의 축제 분위기에 휩싸였다.

유엔은 2016년 4월 22일 지구의 날에 뉴욕에서 파리협약 서명식을 가졌는데 175개국이 서명하여 그전 서명식 기록을 갈아치웠다. 그러나 협약의 발효를 위해서는 전세계 온실가스 배출의 55%를 차

21 그는 프랑스 총리 시절 노신영 총리의 초청으로 한국을 방문한 바 있고 당시 노 총리의 의전비서관이 반기문 총장이었는데 반 총장이 이러한 인연을 그에게 언급했는지는 확실치 않다.

지하는 55개국의 비준이 필요하여 미국이나 중국 같은 거대 배출국(두 나라만 합쳐서 38%)이 빠진 상황에서 그 속도는 느릴 수밖에 없었다. 반 총장은 2016년 말에 끝나는 본인의 임기 안에 파리 협약이 발효하기를 바라는 마음이었는데 2016년 9월 항조우 개최 G20 정상회의에서 시진핑과 오바마가 반 총장에게 직접 비준서를 기탁하는 장면을 연출하여 최대배출국으로서 기후변화 문제 해소에 책임을 다하겠다는 의지를 확실히 보여주었다. 9월 30일 유럽연합은 반 총장의 열정적인 연설을 청취한 후 이 협약에 대한 비준 절차 신속처리를 의결했다. 이러한 긍정적 물결이 누적된 결과, 파리협약은 2016년 11월 4일에 발효되었다. 미국 대통령 선거가 바로 전날 11월 3일에 트럼프 대통령을 선출하였고 그는 취임 후 미국을 파리협약에서 탈퇴시켰으니 아슬아슬하게 협약의 발효는 시킨 셈이다. 그리고 2020년 대선에서 승리한 바이든 대통령은 2021년 1월 20일 취임식 당일에 파리협약에 재가입하여 기후변화 문제에 있어 미국의 지도적 역할을 재확인하였다.

2006년 11월 반기문 총장이 새로운 영역으로 관심을 갖기 시작하던 기후변화문제는 어느새 그의 평생의 과제가 되어버렸다. 그는 사무총장 임기를 마치고 귀국한 후 '보다 나은 미래를 위한 반기문 재단'을 운영하면서 계속 기후변화에 대한 국제적인 논의에 참여하면서 국제사회의 적극적인 대응을 주문하고 한국 정부도 전향적인 역할을 해야 함을 강조하였다. 한국 정부는 2019년 당시 한국 국민들이 가장 우려하던 환경문제인 미세먼지 문제에 대한 대응을 이끌어 달라고 반 총장에게 국가기후환경회의 위원장직을 제안하여 반 총장은 이를 수락하고 2년간 한국 정부의 기후환경 정책에 대한 조언을 제공한다. 반 총장은 기후변화 문제에 대한 각종 국제행사에 대면 또는 비대면 연사로 참여하고 있다. 2021년 12월 영국 글래스고우 개최 COP26에도 직접 참석할 정도로 아직도 기후변화 의제를 챙긴다. 유엔사무총장으로서 전 인류를 위한 자신의 최대 업적이 끝까지 제대로 이행되기를 바라는 간절한 마음이 보이는 듯하다.

글래스고우 회의에서 합의한 결과에 따라, 2022년은 예외적으로 정상차원의 COP 회의를 1년 만에 이집트 홍해변의 휴양지 샤름엘셰이크에서 개최하고 1년간 이행실적을 점검하고 앞으로의 목표를 구체화해 나간다고 한다. 인류가 다 함께 힘을 합쳐 우리 지구를 보다 살기 좋은 상태로 만들어 후손들에게 물려주어야 할 것이다.

PART
06

유엔의 조직문화

06

유엔의 조직문화

유엔은 모든 회원국이 모여서 논의하는 장이고 사무국도 각종 회원국 출신 직원들이 모여서 그야말로 '사해동포(四海同胞)' 정신으로 서로 도우면서 전 인류의 대의를 위하여 일하는 곳이다. 직원들 가운데 자기 소속 국가에서 고위직에 있다가 직급을 낮추어 유엔 직원이 되거나, 유엔에 와서 일하고 나서는 소위 '유엔 벌레UN bug'에 물려서, 즉 인류 전체를 위해서 일하는 경험과 보람을 잊지 못하고 사무국 일을 찾아 돌아오는 경우도 종종 있다. 물론 후진국에 비해서 봉급 수준도 높고 뉴욕 같은 환경에서 근무하면서 자녀 교육 및 장래 정착에 도움이 되니 순수하게 이타적인 생각만으로 그러한 결정을 하는 것은 아닐 것이다.

전쟁이 없는 세계, 모두가 풍요로운 세계, 누구나 기본적인 인권을 인정받고 보호받는 사회를 만들자는 공통의 목표는 의문의 여지가 없다. 그러나 실제로 유엔에서 일하는 이들은 국제역학 관계의 역사와 현재의 우열 관계가 유엔 기구 고위직과 중하위직의 분배, 국제무대에서 논의되는 의제 설정의 주도권, 국제사회에서 통용되는 논리와 문화, 심지어는 사용언어에까지 영향을 미치고 있음을 피부로 느끼지 않을 수 없다. 여기서는 이와 같은 유엔 기구의 문화적 특성을 관찰해 본다.

앞서 서두에 언급한 바와 같이 우리는 모든 생활방식에서 아직도 19세기를 주도한 유럽 중심의 '서세동점' 방식의 세계화에서 벗어나지 못하고 있다는 것이 유엔 현장에서도 드러난다고 보인다. 그러나 그것은 기분 나빠할 일도 아니고, 우리가 받아들여야 할 현실fact of life인 것이다. 최근 몇 세기 역사의 흐름의 결과가 현재에 미치는 것이고 그들의 조상들의 노력과 행운이 우리 조상들의 나태와 불운을 누르고 구조적으로 정착해 있기 때문이다. 유엔이라는 조직 자체가 제2차 세계대전 직후 서구 중심으로 창설되었고 거기에 60년대부터 아시아·아프리카의 신생 독립국들이 대거 참여하였으며 우리나라는 비록 건국 이후 옵서버 자격으로 유엔 과정에 참여하기는 했지만, 공식적으로는 그보다도 30년이 늦게 가입한 것이니 새삼스러운 이야기일 수도 있겠다.

1 사무국 고위직의 분배

(1) 본부: 정무분야

유엔 사무국의 고위직 분배는 명문화되어 있는 규칙이 없다. 그러나 유엔의 고위직 임명은 한국이 각료 임명 시 지역 안배를 하듯이 선·후진국 간 균형을 맞추기도 하고 세계 각 지역에 골고루 고위직이 돌아가도록 배려하기도 한다. 그러나 무엇보다도 뚜렷한 경향은 가장 중요하다고 보이는 정무 관련 부서는 서구 주요국에 배당되고 경제개발 문제나 조직 관리와 같은 상대적으로 부차적인 문제를 다루는 부서에 비서구 출신 인사들이 보임되는 것이다.

유엔사무총장과 총회의장은 안보리 상임이사국에서 나오지 않는다. 이미 그들이 대단한 특권을 독점하고 있기 때문인데, 사무총장은 이미 알아본 바와 같이, 서구의 주변국 아니면 후진국 가운데 소국에서 배출해왔다. 나는 개인적으로 대한민국은 그 면적만 작아 보이고 일본과 중국 사이에 끼인 위치에서 왜소해 보이지만, 사무총장을 배출하기에 너무 강한 나라라는 생각이 들었다. 그간 사무총장 배출국은 한국 같이 경제적으로나 군사적으로 세계 10위권에 속하는 나라는 없었기 때문이다. 아무튼 우리의 주변 때문에 과소평가되는 것이 유리한 면도 있었다고 보인다. 총회의장도 지역순환 원칙으로 돌아가면서 지역그룹에서 선출하는데, 우리 앞의 55차 총회의장은 핀란드, 우리 뒤의 57차 의장은 체코 출신인 것을 보면 알 수 있다. 반 총장 재직 중에도 총회의장들은 북 마케도니아FYROM에서 시작해서 니카라과, 리비아, 스위스, 카타르, 세르비아, 안티구아 바부다, 우간다, 덴마크를 거쳐 피지로 끝났다.

그런데 실제로 사안을 다루고 조치를 취하는 사무국의 주요 간부 직책은 이야기가 다르다. 여기에서 다시 강대국의 점유가 돌아온다. 유엔이 분쟁을 해결하여 전쟁을 막는 성격이 강함을 비추어 볼 때 정무 기구의 역할이 가장 중요한데, 현재 이 기능은 정무평화구축부DPPA, 평화활동부DPO, 인도지원부OCHA의 3대 부서가 수행하고 있고 이들은 미국, 프랑스, 영국 출신 사무차장들이 이끌고 있다.

유엔의 중추부서인 정무·안보리부Department of Political and Security Council Affairs담당 사무차장은 냉전 종식 이전까지는 소련의 트로이카 방식 사무총장의 대안으로 소련이 도맡았다. 그러나 냉전 종식 이후 정무부Department of Political Affairs로 개편되고 나서는 러시아, 시에라리온, 나이지리아 국적도 잠시 맡았지만, 영국 출신이 코피 아난 임기의 대부분을 차지한다. 반 총장 선출 이후, 반 총장은 영국의 독점체제를 무너뜨리고자 (그리고 타인의 시각에서는 그의 친미 성향을 드러내면서) 미국 출신 사무차장을 등용한다. 린 파스코Lynn Pascoe, 제프리 펠트먼Jeffrey Feltman 두 사람이 반 총장 1기와 2기를 맡았고 구테레스 선출 후에도 이 전통은 계속되어 주유엔 차석대사 출신의 로즈마리 디칼로Rosemary DiCarlo가 정무담당 사무차장을 맡고 있다. 2019년에는 그간 유엔의 기능으로 진화해온 평화구축peace building 활동을 추가해서 정무·평화구축부DPPA로 확대·개편하였다. 원래 미국은 안보리를 주도하는 국가로서 사무국의 정무부서를 맡으면 너무 영향력이 크다는 우려에서, 유엔에 대한 최대공여국으로서 유엔 예산을 직접 관리한다는 명분으로 관리부Department of Management 사무차장을 대대로 맡아 왔다. 그것이 반기문 총장이 전격적으로 미국을 정무부 사무차장에 임명하면서 관리부는 유엔사무국에서 관리·회계 분야 업무를 오래 다뤄온 다양한 국적의 다른 직원들이 맡아왔다.

푸른 철모로 상징되는 유엔 평화유지 활동은 이스라엘의 독립과 함께 발발한 제1차 중동전쟁의 휴전을 달성한 미국의 흑인학자 랄프 번치Ralph Bunche가 창시하였다. 초기에는 특수활동실Office of Special Operations로 조직되어 번치 이후 영국인 브라이언 어카트Brian

미국의 린 파스코 정무사무차장, 영국의 존 홈즈 인도지원 사무차장, 프랑스의 알랭 르루아 평화유지 사무차장, 그 옆에서 수잔나 말코라 현장지원부(DFS) 차장도 보인다.

Urquart와 마락굴딩Marack Goulding으로 이어지다가 1992년 부트로스-갈리 총장의 유엔 사무국 개혁 일환으로 평화유지활동부Department of Peacekeeping Operations, DPKO로 재편되어 굴딩 이후 코피 아난이 담당 사무차장을 맡았다가 아난의 사무총장 당선 당시 프랑스의 찬성 조건으로 프랑스 국적 임명을 요구함에 따라 프랑스인(베르나르 미예, 쟝마리 게에노)을 임명하고 반기문 총장(알랭 르루아, 에르베 랏수스)과 구테레스 총장도 프랑스인(쟝피에르 라크루아)을 임명해 왔다. 유난히 자존심을 밝히는 프랑스로서는 남는 장사를 한 것 같다. 2019년에는 부서 이름을 평화유지에서 평화관련 전반적 활동을 포함하는 평화활동부Department of Peace Operations, DPO로 변경하였다.

인도지원부는 부서명Office for Coordination of Humanitarian Affairs, OCHA이나 부서장의 복잡한 직책 명칭Undersecretary-General for Humanitarian Affairs and Emergency Relief Coordinator을 보면 앞의 두 부서와는 성격이 다소 다르다. 원래 자연재해 그리고 뒤에는 무력분쟁 속에서 위급한 상황의 민간인을 보호하고 지원하는 역할 수행 때문에 수많은 민간구호 단체들과 연계되어 활동한다. 따라서 '조정' 기능이 중요하고 민간분야 경험자들이 많이 참여하게 된다. 1991년에 설립된 이후 얀 엘리아슨(스웨덴, 후일 반 총장의 부총장), 피터 한센(덴마크), 야수시 아카시(일본), 세르지오 데 멜로(브라질), 켄조 오시마(일본), 얀 에겔란트(노르웨이) 등 다양한 국적 출신이 맡아왔는데 2007년 반 총장 취임과 함께 정무에서 밀려난 영국으로 정착이 되었다. 존 홈즈John Holmes 대사는 영국 외교부의 요직인 주 프랑스 영국 대사를 역임하고 반기문 총장이 이끄는 유엔으로 옮기도록 영국 정부의 지시를 받았는데, 자신이 전통적으로 영국에게 할당되어온 정무부를 맡을 것으로 기대하고 있다가 인도지원부를 맡으라는 반 총장의 청천벽력과 같은 말을 듣는다. 그는 전혀 예상 밖의 처사에 무척 당황했다고 회고록에서 술회하나, 마음을 고쳐먹고 더욱 열심히 일하여 많은 민간단체와 협력하여 분쟁지역에서의 인도적 지원을 이끄는 유엔의 역할을 공고히 하는 데 기여했다. 한편 세계 각지의 내전이나 재해 속에서 인명의 보호는 더욱 중요한 사안이 되어가고 민간분야 단체들의 활동도 확대되면서 인도지원부의 역할도 더욱 확대되고 있고 영국도 계속 이 부서에 영국 고위 외교관을 보내오고 있다.

(2) 본부: 비정무분야

위와 같이 정무분야 주요 3대부서는 미국 · 프랑스 · 영국이 3분하는 체제가 계속되고 있는 반면, 기타 주요국들의 지분도 어느 정도 자리를 잡고 있다. 소련은 앞서 살펴본 바와 같이 유엔 초기에는 본부 정무부 사무차장을 계속 맡아왔는데 냉전 종식 이후는 제네바 사무소장을 하고 있다. 반 총장이 카자흐스탄 외교부 장관 출신 토카예

프(현 카자흐스탄 대통령)와 유엔 직원 출신 덴마크 국적의 마이클 몰러를 기용한 바 있으나 구테레스 총장 들어와서 다시 러시아 외교관을 기용하여 현재에 이르고 있다. 중국은 한때 총회의사부Department of General Assembly and Conference Management, DGACM을 맡아오다가 반 총장의 당선과 함께 보다 실질 문제를 다루는 부서를 희망하여 경제사회부Department of Economic and Social Affairs, DESA를 맡아서 샤주캉, 우홍보에 이어 현재의 류전민 사무차장으로 이어지고 있다.

상임이사국 이외의 국가로는 결국 기여금을 많이 내는 나라 또는 인구가 많은 대국이 고위직 자리를 가져가게 된다. 2019~2021년 기여금 상위 10위가 미국, 중국, 일본, 독일, 영국, 프랑스, 이탈리아, 브라질, 캐나다, 러시아이고 한국은 11위였는데, 2022년부터 한국은 9위로 올라선다. 이 가운데 안보리 상임이사국을 제외하면 일본, 독일, 브라질, 캐나다가 고위직을 맡아오곤 했다. 우리가 관심을 가질 만한 회원국은 일본인데 일정 부서를 고정적으로 맡지 못하고 아카시 인도지원사무차장→오오시마 인도지원사무차장→다나카 군축담당 사무차장→아카사카 홍보담당 사무차장→ 다카수 관리담당 사무차장→나카미츠 군축담당 사무차장의 순으로 변천하였다. 그러나 어느 한순간에도 사무차장 보직 하나는 쥐고 있는 형국이었다. 그 외에 대국으로서 영향력도 있고 우수한 인재가 있고 조기 영어교육의 이점이 있는 인도 또는 인도계가 상대적으로 많은 자리를 차지한다.

(3) 유엔 전문기구

유엔 전문기구들은 유엔 '기금과 사업funds and programmes'으로 불리는데 뉴욕에 소재한 3대 기구가 유엔개발 계획United Nations

Development Programme, UNDP, 유엔아동기금United Nations Children's Fund, UNICEF, 유엔인구기금United Nations Fund for Population Activities, UNFPA이다.

이들 기구는 각자의 독자적인 이사회가 있고 이사국들의 자발적 기여금으로 만드는 별도 예산으로 운영되어 유엔 본부와의 관계에 있어 중세시대 자기 성城을 지키는 성주와 같은 독립성을 갖고 있다. 따라서 기구의 장은 유엔사무총장이 임명하되 각 이사회와 협의하여 결정하도록 되어있다. 이 가운데 개도국의 경제개발을 위한 자문과 각종 지원을 담당하는 UNDP가 가장 규모가 코고 UNDP 총재는 유엔 조직 내에서 사무총장, 사무부총장에 이은 서열 3위로 알려져 있다. 72년 창설 이후 미국이 거의 30년간 총재직을 독차지 하다가 코피 아난 후반기 1999년에 영국인 말록-브라운이 임명되고 터키 경제학자 케말 더비쉬, 전직 뉴질랜드 총리 헬렌 클락, 독일계 브라질인 환경전문가 아킴 슈타이너가 이어서 임명되었다. 세계 각국의 아동들의 건강과 복지를 위한 1946년에 설립된 기구 UNICEF는 대대로 예외 없이 미국인들이 총재를 맡아왔다. 유엔인구기금은 후진국의 인구폭발을 막기 위한 전략을 마련하고 필요한 지원을 제공하는 기구인 만큼, 다양한 개발국 출신의 엘리트들을 기용하고 있다. 1969년 이후 필리핀, 파키스탄, 사우디, 나이지리아, 파나마 국적 인사가 총재직을 수행했다.

유엔 직접 산하기구들은 사무총장이 임명하고 총회가 승인하는데 여기에는 유엔인권최고대표UNHCHR, 유엔난민최고대표UNHCR[1] 그

1 과거에는 high commissioner 직책을 일본식으로 판무관으로 번역했는데 최근 최고대표로 우리말 표현이 바뀌었다.

리고 반 총장이 새로 창설한 유엔여성기구UNWOMEN이 있는데 강대국을 제외한 국가 출신을 선임하고 있다. UN-WOMEN 초대 사무총장으로 반 총장이 선임한 바첼렛 전 칠레 대통령은 다시 대통령에 당선되어 2번째 임기를 마치고는 인권최고대표를 맡아 재직 중에 있는데 최근 칠레 사상 최연소 대통령(바첼렛과 같은 진보진영)이 선출되고 나서 이 진보정부를 지원하기 위해 국내정치로 복귀할 예정으로 알려져 있다. 현 유엔사무총장 구테레스도 유엔난민최고대표 출신으로 우리가 유엔에서 간부회의를 할 때 화상으로 제네바에서 참석하면서 항상 유엔의 이상에 충실한 열정적인 의견을 표명하던 기억이 있다. 일본의 유명한 국제주의자 오가타 사다코 여사도 1990년대에 난민최고대표직을 맡은 바가 있다. 우리나라 강경화 전 외교장관은 인권최고부대표로서 당시 까칠하고 완고한 인도계 남아공 판사 출신 나비 필레Navi Pillay 최고대표를 잘 보좌해서 제네바 외교가에서 호평을 받았다고 한다. 강 장관은 이미 알려진 바와 같이 한국 외교장관 재직 후 UN-WOMEN 사무총장에도 출마했으나 아쉽게도 요르단 후보에게 밀려 낙선하고 말았다.

그 외의 전문기구들은 독자적인 이사회에서 투표를 통해서 선출하여 기여금 액수와 일치하지는 않지만, 후보의 자격에서 현격한 차이가 나지 않는 이상, 입후보자 국가의 득표력, 즉 국력과 대개 일치한다. 제네바의 WTO, 비엔나의 IAEA, 헤이그의 OPCW 등의 기구는 자체 이사회에서 이사국들의 투표로 결정하는데 WTO 사무총장은 응고지Ngozi Okonjo-Iweala 전 나이지리아 재무장관, IAEA 사무총장은 주오스트리아 아르헨티나 대사 출신 라파엘 그로시 Rafael Grossi, OPCW 사무총장은 주네덜란드 스페인 대사 출신 페르난도 아리아스Fernando Arias가 각각 선출된 바 있다. 우리나라는 강경화 전 외교장관이 경쟁을 통해 코피 아난 총장의 선택을 받아 인권최고부대표Deputy HCHR를 역임한 바 있다. 유엔 본부에서 군축담당 사무차장을 역임한 김원수 대사는 OPCW 사무총장 경선에 도전했다가 아리아스 대사에게 석패한 바 있다.[2]

(4) 사무총장 특별대표 (Special Representatives of Secretary-General)

안보리는 특정 분쟁 해결을 위한 결의를 통화시킬 때 유엔 직원들이 현장에 투입되어 분쟁 당사자들을 조언하고 그들 간의 협상을 지원하는 임무를 부여하는, 따라서 임무단mission을 구성하는 경우가 많다. 여기에는 현장에서 정전협정이나 평화협정 준수 여부를 감시하는 유엔 평화유지군도 투입되지만, 이들을 지휘하고 접수국과의 각종 협상을 하고 유엔 입장을 전달하는 정무적인 역할을 하는 최고위 인사를 사무총장 특별대표SRSG로 임명한다. 유엔 내부에서 관록이 붙은 직원이나 세계 각국 정부의 외교관들이 특별대표로 추천되고 사무총장의 임명을 받는다. 여기서도 서구 출신이 절대 다수를 점한다. 그것도 영·미 계통이 우세이며 캐나다, 호주, 뉴질랜드에서 인재를 찾는 경우도 많다. 프랑스는 본부 보직은 노리지만, 현장의 지휘관은 상대적으로 적어 보인다. 독일도 종종 있는데, 독일인답지 않게 왜소하고

---

2 이런 면에서 최영진 대사와 같이 강경화 박사도 반기문 총장보다 유엔 전입 선배라고 할 수 있다. 나는 종종 김원수 차장이나 나는 반 총장님의 힘으로 '낙하산'을 타고 유엔에 진입했지만, 강 박사는 순전히 자기 실력으로 경쟁을 통과한 케이스라고 구별한 바 있다. 반 총장의 둘째 딸 반현희 씨도 반 장관의 총장 진출 시 UNICEF에서 이미 일하고 있었기 때문에 자신이 아빠보다 유엔 선배라고 가족 내에서 강조한다고 한다.

차분한, 주이집트 대사 출신 마틴 코블러Martin Kobler는 아프가니스탄, 이라크, 콩고, 리비아 등 어려운 곳에서 유엔임무단을 연달아 이끄는 기록을 세웠다.

특이한 것은 네덜란드 국적이 특별대표에 임명되는 경우가 많았던 것이다. 이는 네덜란드가 크지 않은 나라로서 대외협력에 의존도가 높아 국제무대에서 소통할 능력이 있는 인재가 많아서가 아닌가 생각된다. 반 총장 초기에 UNFCCC 사무총장을 맡았고 한국에서 GGGI 사무총장도 역임한 이보 드 보어Yvo de Boer도 네덜란드 관료 출신이고, 중동협상 담당 로버트 세리Robert Serry는 오랫동안 복잡한 중동정세를 잘 관리했고, 코트디부아르특별대표를 최영진 대표 후임으로 이어받은 버트 쾬더스Bert Koenders는 말리특별대표도 지낸 후 네덜란드 외교장관으로 영전하여 빌렘 국왕과 함께 방한하여 의전장이던 나와 재회한다.[3] 여성 외교관 시그리드 카그Sigrid Kaag도 시리아와 레바논에서 특별대표를 역임하고 본국에서는 외교장관과 통상·개발협력장관을 역임하는 기염을 토했다.

아시아 출신은 서구 중심으로 이루어진 다국적 임무단을 지휘하는 역할을 맡은 경우가 상대적으로 적은 편이다. 일본은 야수시 아카시가 1992년 캄보디아 내전을 수습하는 특별대표를, 1996년 인도지원 사무차장을 역임한 뒤 1999년 유고연방 내전을 담당하는 사무총장대표personal representative를 역임한다. 우리나라는 한승주 외교장

3 쾬더스는 말리특별대표 시절, 뉴욕 출장 중 유엔본부에서 개최되는 간부회의에 참석하여 내 옆에 착석한 적이 있는데, 락스타 같은 장발의 외모와 대조적으로 그의 손에는 당시에 유행하던 토마 피케티의 「21세기의 자본」이 들려 있어 그 책에 관한 대화를 주고받았다. 그러한 인연으로 그는 2014년 11월 빌렘 네덜란드 국왕의 방한 당시 작은 사고를 수습하는 데도 도움을 주었다.

관이 1996년 사이프러스 담당 특별대표로 임명된 바 있고 최영진 대사가 2007년 코트디부아르 담당 특별대표로 임명되었다.

(5) 빈국의 인재들, 신생국의 인재들

유엔 간부 직원들이 대부분 강대국에서 오기도 하지만, 최빈국이나 신생국에서도 좋은 인재들이 차라리 본국을 벗어나서 유엔에서 재능을 발휘하는 경우도 종종 있다. 즉, 모든 것은 각자 하기 나름이라는 것이고, 역으로 별로 기대 받지 않는 빈국 출신인 경우, 더 인정받는 기회도 생긴다는 것이다.

서부 아프리카의 말리는 면적은 남한의 12배로 넓지만, 낙후된 경제사회적 여건으로 살기 힘든 나라(2018년 개인소득 $891)이고 최근에는 IS의 발호로 테러 위험도 커져가는 나라이다. 영어 표현 중에 "어디더라, '팀북투'라던가?"하면 사람들이 알지 못하는 오지라는 말인데 팀북투는 바로 말리에 있는 고대왕국의 유적지가 있는 곳이다. 즉 말리가 얼마나 벽촌인지 알려주는 말이라고 하겠다. 그런데 내가 유엔에 있던 시절 두 명의 말리인이 중요한 국제기구 두 개의 수장을 맡아 많은 사람들을 놀라게 한 일이 있다. 나는 각종 유엔 기구들이 참여하는 연찬회에서 이 두 사람을 만났다.

80년대 중반부터 대두한 불치병 후천성면역결핍증AIDS을 막는 국제적 노력을 결집하는 UNAIDSJoint United Nations Programme on HIV/AIDS의 미셸 시디베Michel Sidibé 사무총장은 프랑스에서 국제개발 분야 학사를 취득하고 말리 및 아프리카 지역 각종 NGO에서 활동하다가 UNICEF 콩고사무소에서 유엔 일을 시작하고 2001년에 UNAIDS로 옮겨서 2009년 사무총장에 오른 인물이다.[4] 한편 국제통

최빈국 말리가 낳은 국제인재 ITU의 투레와 UNAIDS의 시디베

신연맹International Telecommunication Union, ITU의 아마둔 투레 Hamadoun Touré 사무총장은 인텔세트사의 아프리카 지역 위성통신 분야에서 잔뼈가 굵은 전문가로서 2007년에 사무총장에 오른다.[5] 내가 연찬회 현장에서 받은 인상은 두 사람 다 외향적이고 달변이며 시종 웃는 얼굴을 하는 좋은 성격이었다. 이들의 활약을 보면서 마치 독립전후 시기의 우리나라가 국제무대를 주름잡는 이들을 배출한 것처럼 대견하게 생각되었다.

서부아프리카의 가나와 베냉 사이에 끼어있는 토고도 작은 빈곤국(2019년 1인당 소득 $682)인데 이곳 출신의 질베르 응보Gilbert Houngbo[6]는 토고에서 대학을 나온 후 장학생으로 캐나다에서 회계재무를 공부한 후 회계사로 일하다가 UNDP에 입사하여 관리직으로 성장하여 2005년에는 아프리카 담당 총재보까지 승진한다. 토고로서는 보기

4 그는 유엔을 떠나고 나서는 말리 보사부 장관이 되어서 말리의 코로나19와의 싸움을 이끈다.

5 그는 IT 전문가답게 국제기구에서 은퇴해서는 수입이 좋은 민간분야에서 일하고 있다.

6 불어 발음으로는 '응보'인데 한국인들끼리는 묵음인 H를 살려서 '우리나라 흥부가 아프리카로 갔다'는 우스갯소리도 하였다.

드문 국제적 인재인 응보는 2008년 토고 대통령이 총리로 영입하여 4년간 총리를 지낸 후 국제무대로 돌아와 2013년 국제노동기구ILO 부총장, 2017년 아프리카농업개발국제기금IFAD 총재를 지내는 화려한 경력을 쌓고 2022년에는 우리나라 강경화 장관을 물리치고 ILO 사무총장으로 돌아간다. 그야말로 '흥부의 금의환향'이 아닐 수 없었다.

나 같은 세대의 사람들은 체코슬로바키아라는 국명에 익숙하다. 이 나라는 공업지역 중심의 체코와 농업지역이 많은 슬로바키아 지역이 합쳐 구성되었는데 세계 역사상 보기 드문 '평화로운 이혼'을 통하여 1993년에 두 나라로 쪼개졌다. 기존 체코슬로바키아의 관공서는 체코 프라하에 남았으니 슬로바키아(면적 49,000㎢, 2021년 인구 544만 명)의 수도 브라티슬라바에는 새로운 정부를 구성하고 구 정부에서 경험 있는 사람들을 활용하여 자리를 채웠다. 그러니 구 정부에서는 소수였을 슬로바크 사람들이 새 정부에 참여한 후 내부적으로도 승진이 빨랐지만, 국제무대에서도 두각을 나타내는 경우가 많았다. 반기문 총장의 주오스트리아 대사 재직 시기에 비엔나에서 유럽안보협력기구OSCE 사무총장(1999~2005)을 지낸 얀 쿠비쉬Jan Kubis는 2006년부터 슬로바키아 외교장관을 맡았는데 반 총장 취임 후에는 종종 코소보 문제 등 관련 조언해주는 역할을 하다가 장관직을 그만두는 2009년에 유엔유럽경제이사회ECE 사무총장을 맡은 뒤, 2011년에는 아프가니스탄 담당 특별대표, 2015년에는 이라크 담당 특별대표를 계속 맡고, 구테레스 총장 취임 후에는 2019년 레바논 담당 특별대표, 2021년 리비아 담당 특별대표를 계속 맡으면서 유엔에 기여하며 활약하여 반 총장과의 인연으로 인한 관운만이 아니라 실력으로도 인정받고 있다. 한편, 주멕시코 슬로바키아 대사를 30대에 역임한 미로슬라브 옌차Miroslav Jenca는 OSCE 중앙아시아 지소 소장을 지낸 뒤 2008년 신설된 유엔예방외교 중앙아시아 지역센터UNRCCA 소장으로 임명된 후 2015년에는 뉴욕 본부로 와서 정무부 유럽·중앙아시아·미주 담당 차장보ASG로 임명되어 일하고 있다. 그 외에도 2012년에서 2020년까지 슬로바키아 외교장관을 지낸 미로슬라브 라이체크Miroslav Lajcek는 유엔은 아니지만, 보스니아-헤르체고비나 문제나 세르비아-코소보 문제에 대한 EU 고위대표를 맡았고 외교장관 재직 중에는 유엔총회 의장을 맡아 활약하기도 하였다.

현재 총회의사관리부DGACM 사무차장을 맡고 있는 모세 아벨리안Movses Abelian은 젊은 나이에 주유엔 아르메니아 대사를 지낸 후 유엔사무국에 자리를 잡고 안보리 담당 국장, 관리부 사무차장보를 거쳐 현재 자리로 2021년 승진하였다. 과거 소련 내부의 작은 공화국이었다가 독립한 몰도바의 주유엔 대사를 하면서 한승수 총회의장 당시 21명의 부의장 가운데 한명이었던 이온 봇나루Ion Botnaru는 대사 역임 후 귀국하지 않고 사무국에 합류하여 총회국장을 오랫동안 지낸 후 미국에서 은퇴하였다. 아벨리안의 전임자로서 총회의사진행부를 이끌다가 관리전략부Department of Management Strategy 사무차장으로 옮긴 케서린 폴라드Catherine Pollard는 자메이카 출신으로 80년대 후반 UNDP 취직 후 유엔 내에서 계속 성장하여 업무능력을 인정받은 경우이다.

이와 같이 작은 나라일수록 재능이 있는 인물들이 모국에서보다는 국제무대에서 활동할 동기가 많고 결과적으로 더 많이 포진하는 over-represented 상황을 낳게 된다고 보인다. 유엔은 그러한 인물들이 꿈을 펼칠 수 있는 무대이다.

2 문서주의와 법률주의

유엔 사무국은 다양한 국적 출신의 직원으로 구성되어 있으나 그 업무 문화는 영국 관료주의 전통에 기반하고 있다고 한다. 우선 철저한 '문서주의'로 대부분의 행정이 공식문서의 교환으로 진행된다. 물론 21세기 들어서는 이메일을 통하여 이루어지지만, 문서를 통한 공식요청과 회신이라는 형식은 그대로 유지되고 있다. 반 총장이 퇴근할 때 가방 한가득 자료와 결재 서류를 가지고 가는데, 퇴근 이후에도 그의 결재를 요하는 문서가 서류봉투에 담겨 관저에 끝없이 배달된다. 모범생 스타일의 반 총장은 다음날 있을 행사의 연설문과 회의 참고자료를 다 읽고 소화하고, 이해하기도 힘든 행정적인 사항을 포함한 각종 문서를 결재하느라 저녁 식사 이후에 자정 직전까지, 그리고 새벽 4시 반에 기상해서 아침 식사 직전까지 서재에 앉아있어야만 했다. 일각에서는 유엔 관료제의 극치가 간부들이 자신의 결정

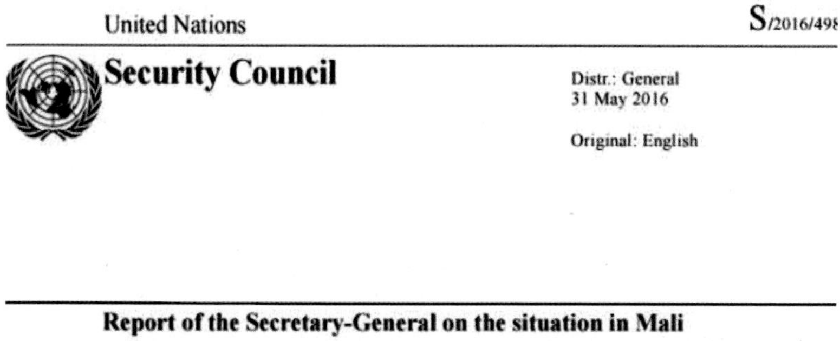
United Nations S/2016/498

Security Council

Distr.: General
31 May 2016

Original: English

Report of the Secretary-General on the situation in Mali

I. Introduction

1. In its resolution 2227 (2015), the Security Council extended the mandate of the United Nations Multidimensional Integrated Stabilization Mission in Mali (MINUSMA) until 30 June 2016 and requested me to report on its implementation,

전형적인 유엔 문서: 안보리 보고서

에 책임을 지기 싫어해서 '상방 위임upward delegation'하는 나쁜 풍습이 생겨서 사소한 사안까지도 상부에 올려서 승인 받은 증거를 남겨놓는다고 개탄하기도 하였다.

문서주의와 직결되는 것이 '법률주의'이다. 법에 따라 하는 행정은 어찌 보면 바람직한 보편적인 원칙이기도 하지만, 우리식 표현으로 하면 '법대로 하자'는 좀 경직적인 태도도 엿보인다. 고용계약상의 유엔 직원들의 권리와 관련하여 분쟁이 수반되는 경우가 종종 발생하고 이는 유엔 내의 행정심판소Administrative Tribunal를 통하여 조정되는데 대부분 직원들이 승소한다. 새로운 사무총장이 취임하여 최고 간부진이 바뀌는 것은 자연스러운 일인데, 전임 사무총장과 계약기간이 남아있는 경우, 잔여계약 기간의 급여를 모두 정산해 주게 되어있어 그만두는 사람이 오히려 '땡큐'인 상황도 발생하는 것이다. 유엔이 취한 정책과 조치의 결과 발생하는 피해에 대해서도 법률대로 따져서 보상을 해주는 일도 발생한다. 이것도 당연한 일이기도 하지만 정책 자체의 장단점보다도 이러한 피해발생과 보상 가능성에 과도한 신경을 쓰면서 정책을 수립하게 만드는 부작용도 있다. 그런 의미에서 법무실Office of Legal Affairs의 사무총장에 대한 조언은 매우 중요하다. 총장이 추진하는 일에 어떤 법률적 위험이 도사리고 있는지 사전에 방지하는 역할을 담당하기 때문이다. 그런데 바로 그 역할 때문에 법률담당 사무차장은 악역Devil's advocate을 하게 되고 사무총장에게 스트레스를 주기도 한다. 그런 측면에서 아일랜드 출신의 패트리샤 오브라이언Patricia O'Brien 사무차장은 보다 진취적으로 일을 성취하고자 하는 반 총장의 의욕을 눈치 채고, 법률적 장애물이 있더라도 발전적인 해석을 통해서 총장의 운신의 폭을 넓혀주거나, 필요한 경우에는 창의적인 탈출구를 제안하는 역할을 하여 높은 평가를 받았다.[7] 바로 이러한 전향적 역할이 모두가 바라는 법률고문의 전형이 아닌가 생각된다.

문서와 법률에서 이미 암시가 되었지만, 유엔은 결과도 중시하지만 절차도 매우 중시하는 기구이다. 모든 결정에 충분한 검토와 관련자들 간의 숙의가 이루어진 결과라는 기록이 있어야 한다. 특히 인사에 관해서는 사무총장과 같은 개인의 선호로 결정되지 않도록 인사위원회를 통하여 객관적인 지표로 평가하여 복수로 후보자를 추천하여 사무총장이 회원국의 역학관계와 본인의 평가를 고려하여 최종 결정을 하게 된다.

특히 앞서 언급한 여성 간부를 늘리기 위한 반 총장의 유난한 노력은 이러한 절차와 형식을 중시하는 직원들을 놀라게 한 바 있다. 큰 하자가 없으면 가급적 여성 후보를 발탁하여 여성 간부의 비율을 조금씩이라도 올리는 노력을 전개한 반 총장의 정책은 뿌리 깊은 유엔의 절차주의에 대한 혁명이었다.

내가 이끌던 의전실도 공석에 대한 지원자들이 세계 각지에서 수백 명이 몰려든다. 우선 서류전형에서 후보군을 축소하여 전화로 인터뷰를 하면서 좁혀나가는데, 이 서류전형에서 탈락한 모든 지원자에게 친절하게 당신이 무엇이 부족해서 탈락했다는 설명이 들어간 서한을 의전장 명의로 발송해야 하는 것이었다. 나는 그래도 하방위임downward delegation을 해서 나보다 유엔 내 경험 많은 유능한 의

7 그는 반 총장을 보좌한 이후에도 좋은 인상과 재능을 바탕으로 승승장구하여 아일랜드 정부의 주제네바 대사와 주프랑스 대사를 역임한 후 현재는 주이탈리아 대사를 연달아 맡고 있다.

전차장이 대신 하도록 부탁했다.

공식 업무는 이와 같은 책임소재를 명확히 하는 기본 체제에 그러한 책임을 회피하는 실제 관행이 교차하는 문화로 이루어져 있는 반면, 직원들 간의 문화는 역시 영미 또는 서구문화를 반영하여 유연한 편이다. 웬만하면 서로 직책보다는 이름으로 호칭한다. 주말레이시아 대사 및 주인도네시아 대사를 역임한 미국의 린 파스코 정무담당 사무차장은 '미스터 파스코'라고 부르면 '오, 플리스, ('아, 그러지마~!'의 의미) 그냥 린이라고 불러' 하는 식이다. 총장은 다들 총장님!Mr. Secretary-General이라고 부르기는 하는데, 간부들끼리는 그것도 귀찮아서 SG(에스지)라고 부른다. 분위기 봐가면서 '미스터 에스지'라고도 하고. 내 경우 서양 동료들은 처음에는 발음도 어렵지만 이오치올! 예첼! 하고 부르면서 익숙해지는데, 내가 이끄는 부서의 하급자들은 나를 한국에서 온 점령군으로 눈치를 봤는지 다들 '미스터 윤'이라고 불렀다. 나도 모르게 나는 린과 같이 편하게 부르라는 말을 하지 못했다. 그러나 나는 그들을 내 호주머니를 털어서 뉴욕의 한국 식당에서 갈비를 먹고 노래방에 데려가서 어울리곤 했다. 다들 지금은 사라진 한국의 직장 문화를 즐거워하는 모습을 보면서.

3 언어: 영어의 중요성

영어는 한국인들의 고질적인 고민 중 하나이다. 많은 이들이 나는 멋있게 말한 것 같은데 상대방, 특히 원어민이 못 알아들을 때의 당혹한 순간을 경험해봤을 것이다. 남의 나라 말 잘하는 게 뭐가 그렇게 중요한가? 대학입시로부터 사회에 나온 후 입사시험에 이르기까지 왜 영어시험 성적이 좋아야 하나? 문제는 그 영어라는 언어가 어느새 세계인의 공용어가 되었고 특히 인터넷 시대 도래 이후 영어의 보편적 사용은 더욱 강화되었다는 것이다. 이러한 현실은 국제 비즈니스를 하는 사람들도 많이 느끼겠지만, 국제기구에서 일하면서도 절실하게 다가온다.

최근에 대선 토론에서 '기축통화'의 정의를 놓고 논란이 벌어진 바가 있었다. 국제경제학에서 기축통화 발행국가에 발생하는 특권을 설명할 때, 일반적인 국내화폐 발행을 통해 발생하는 이득을 표현하는 '세뇨리지seigniorage'라는 표현을 빌려오기도 한다. 이는 중세 영주seignior가 화폐를 주조하면서 화폐가 갖는 명목가치(화폐에 찍힌 가격)가 그것을 주조하는 데 들어가는 금속(원료 금의 가치)의 실질가치보다 높을 경우, 이 화폐의 주조를 통하여 영주가 얻게 되는 차익을 말하는 것이다. 기축통화는 국제적으로 그 가치를 인정받기 때문에 어디서나 통용되고, 따라서 이론적으로는 기축통화국은 자국 돈을 마음껏 찍어내서 원하는 물건을 남의 나라에서 살 수 있다.

나는 이런 세뇨리지가 언어의 세계에서도 존재한다고 생각한다. 바로 국제공용어로 인정받는 영어의 위치다. 국제기구 근무에 있어 영어는 정말 중요하다. 그리고 영어로 구성된 사고체계에 익숙한 나라가 아무래도 유엔이 지향하는 목표와 업무체계가 자연스럽게 다가온다. 그리하여 영국이 안보리 상임이사국이지만, 영연방에 속하는 나라들, 특히 영국인들이 정착한 캐나다, 호주, 뉴질랜드는 물론 종종 남아공 국적도 이러한 영어문화권의 수혜자로서 유엔기여금 같은 객관적 통계보다도 많이 유엔에 진출하거나 직책을 받는다. 게다가 인종적으로는 다르지만, 과거 영국의 지배를 받아서 영어가 엘리트들의 필수과목이거나 인도와 같이 방언이 너무 많아서 영어가 업무용 언어가 되다시피 한 경우도 국제사회에서 언어상 이점을 누린다. 특히 주유엔 대사를 역임하는 인도/파키스탄의 엘리트들은 영국 본토 사람들보다도 고전적인 영어를 구사한다는 평판이 있을 정도다.

따라서 대대로 방글라데시, 파키스탄, 인도, 네팔의 남아시아 국가들은 유엔 평화유지군 병력을 가장 많이 제공하고 소중한 경험도 쌓으면서 본국의 외화획득에 기여하고 있다. 여기에 이집트, 에티오피아, 가나, 르완다 등 영어를 사용하는 아프리카 나라들, 그리고 인구 대국 인도네시아와 중국이 평화유지군 병력 공여국가 상위순위에 추가된다.

나는 현재 세계를 주도하는 서구문화의 대척점에 있는 문화가 동북아시아 지역이라고 생각한다. 나머지 지역은 우리보다 조기에 서구문화와 접촉이 이루어지고, 독자적인 문화가 있었어도 서구로부터 많은 부분을 흡수하고, 독자적인 문화가 없었으면 더욱 쉽게 서구 문명이 뿌리를 내릴 수 있었다고 보인다. 그러나 한중일로 구성된 동북아시아 지역은 중국 유교문화로 대표되는 독자적인 전통과 사고방식이 오랫동안 자리 잡고 있었기 때문에 동도서기에 중체서용으로 서구를 수용했다 하더라도 서구와 역사적으로 더욱 밀접한 관계를 맺고 상호작용을 해온 중동이나 아프리카 사람들보다 적응이 느리지 않은가 생각된다. 그래서 단순한 어학의 문제를 넘어선 문화의 차원에서 한중일이 서구문화 중심의 국제무대에서 가장 불리한 입장에 있다고 보인다. 그러니 한·중·일 출신 외교관/국제공무원들이 세뇨리지에 더해 이러한 문화적 차이까지 극복하면서 국제무대에서 서구인들의 틀에 맞추어 그들과 대등한 실력을 보이고자 노력하는 것은 눈물겨운 일이 아닐 수 없다. 그러한 전제를 깔고 우리가 보다 개방적인 태도를 가지고 서구 문화와 언어를 접근해야 할 것으로 보인다.

억양이나 발음을 따지는 우리나라 국민은 의아해할지 모르지만, 위급한 전투상황에서 이런 남아시아 사람들이 더 빨리 영어를 이해하고 자신을 명확히 표현하는 능력이 있다고 평가된다.[8] 우리 군도 평화유지군 공여 순위 56위이지만, 우리의 국제사회에서의 지위나 군의 규모로 보면, 이보다는 기여도가 높아야 하고 특히 지휘관에 많이 진출해야 하는데 여기서 언어능력이 큰 요소가 되고 있다. 그야말로 총알이 날아다니고 폭탄이 떨어지는 긴박한 상황에서도 소통이 이루어져야 하기 때문이다.* 우리나라는 황진하 전 의원이 유엔사이프러스임무단UNFICYP 평화유지군 사령관을 역임한 후 여러 지휘관이 나온 바가 있다. 가장 최근에는 레바논 동명부대 근무 경험도 갖고 있는, 이집트에서 나의 국방무관 역할을 수행해준 김재경 대령이 유엔인도–파키스탄정전감시단UNMOGIP 부사령관으로 근무하고 있다.

불어도 영어와 함께 업무용 2대 언어 중 하나로 지정되어 있어

8 이런 면에서 동남아나 중남미 사람 발음이 허술해 보여도 우리보다 소통이 잘 된다. 우리가 우리 발음이 정확하다고 생각하는 것은 우리가 우리말 자모에 기초하여 외국어를 발성하고 청취하기 때문에 그런 발음이 잘 들리는 것으로 착각하기 때문이다

* 한국의 영어능력으로 인한 제약에 대해서 이와 반대되는 시각도 있다. 내가 주유엔 한국대표부에 근무하던 2006년경 평화유지활동부 직원들과 오찬을 가질 기회가 있었다. 그때 내 옆에 앉은 터키 출신의 아타 예니군(Ata Yenigun) 과장은 평화유지군 경찰병력 담당 부서에 있었는데, 그는 한국이 우수한 경찰이 많은데 왜 평화유지 경찰에 참여가 저조하냐고 물었다. 구체적인 자료가 없는 상태에서, 평소 우리 군경이 어학능력이 부족하다는 통념에 사로잡힌 나는 우리 경찰이 능력이 뛰어난 분들이 많은데 영어가 부족해서 해외에 파견할 여유가 없는 것 같다고 둘러댔다. 그랬더니 아타는 웃음을 머금고 내가 거짓말을 한다고 하는 것이다. 한국 경찰이 우수해서 외국 경찰들을 받아서 연수를 시키는데 무슨 영어를 못하는 사람이 문제냐는 것이었다. 나는 무안해졌다. 사실은 평화유지 경찰과 같은 업무가 부담스럽고 국내 승진에 도움이 안 되어서 자원하는 사람이 없는 것 같았다. 그런데 신기하게도 2018년에 내가 주이집트 대사로 부임해서 만난 김현수 경찰영사가 동티모르 임무단의 경찰업무를 하고 온 경력이 있었다. 김 영사는 동티모르의 경험을 소중하고 자랑스럽게 생각하고 있었고 나는 그가 앞으로도 경찰분야에서 국제무대에 내세울 만한 인재가 되겠다는 생각이 들었다. 마침 이제는 평화유지군 경찰국장이 된 옛 친구 아타가 이집트에 회의가 있어서 카이로를 방문한다고 연락이 와서 김 영사를 소개하고 장래 잠재적 후보로 눈도장을 찍어 두었다. 모든 기회를 활용해 경험을 늘려야 한다.

불어도 잘하면 '금상첨화'라고 하겠으나 우선 영어로 자유롭게 의사표현과 상대방을 이해하는 능력이 우선 갖춰져야 다국적인이 근무하는 국제기구와 평화유지군에서 자기 역할을 제대로 수행할 수 있으니 영어의 중요성은 아무리 강조해도 지나치지 않다고 하겠다. 동양인 관점에서 서구 중심의 서세동점의 세계가 억울할 수는 있겠지만,

그 반대의 세계가 성립할 때까지는 그 틀을 존중하면서 추가의 노력을 하면서 그들의 문화와 업무방식과 언어를 이해하고 내재화 하는 수밖에 없을 것이다.

PART
07

다자외교의 과제

07

다자외교의 과제

1. 다자외교와 다자주의: 법과 질서

다자외교에 대한 우리의 여행을 마치기 전에 다자주의multilateralism라는 개념을 생각해 보자. 다자주의는 다자외교와 정확히 일치하는 것은 아니지만 다자외교를 통하여 잘 유지하고 성장시킬 수 있는 국제질서이다.

서울대 이근 교수에 의하면, '다자주의는 어떤 질서의 운영방식(법, 제도, 원칙, 규범 등)을 다자가 합의하고 따르는 것'을 의미한다. 특히 이 교수는 다자주의와 다극질서에 대한 혼동을 경계하면서 국제사회의 권력 질서가 일극이냐, 양극이냐, 다극이냐와 상관없이 국제사회의 구성원 간에 이러한 합의와 이를 준수할 의지가 있을 때 다자주의가 지속 가능하다고 본다. 이는 특히 지난 반세기 동안 국제관계 분석가들 사이에 유행하던 '미국이 곧 쇠퇴하면 누가 미국을 대체하고 어떤 질서가 유지될 것인가?'라는 질문과 직결된다. 즉, 미국의 국력이 결국 상대적인 쇠퇴의 길을 걷게 되는 경우에도 국제사회가 다 같이 국제 자본주의 시장 질서를 따르고 이를 관리하면 사실상 세계 질서는 그 전과 같이 다자주의 기조 위에 유지된다는 것이다. 그러한 연유에서 바이든 미국 대통령이 당선된 후 미국이 주도하는 일극체제를 언급하지 않고 '다자주의에 기초한 국제질서'를 회복하고자 하는 의지를 천명한 것이다. 즉 다자주의라고 해서 미국의 초강대국 역할을 저해하는 것이 아니고 오히려 미국이 이러한 질서를 수호할 의지를 가진 상태에서 특별한 물리력을 사용할 필요도 없이, 성원들이 이미 그 질서에서 혜택을 본다는 믿음 아래 질서를 존중하고 지켜나가는 작업에 함께 참여하는 상황을 구축하는 것이다.

현행 다자외교의 각종 장치와 운영과정은 법과 질서 중심의 다자주의를 지켜나가는 효과적인 도구가 된다. 우리 한국도 이러한 질서의 수혜자이기 때문에 다자외교에 적극 참여하고 다자주의를 수호해 나가는 당사자가 되어야 함은 당연한 일이다. 그러나 우리 국민이나 지도층에서 이러한 다자주의 질서의 존재, 그것의 효과성 및 효용성, 그리고 우리가 그 질서의 혜택을 보는 다수 국가 중 하나, 아니 가장 혜택을 보는 국가라는 사실을 인식하는 정도가 떨어지는 현상을 볼 수 있다.

이는 누가 좋아서도 아니고 누구의 압력에 의한 것이 아니라, 우리가 냉정하고 철저하게 국제사회 속에서 우리의 위치가 어디이고, 우리의 이익이 무엇인지 따져볼 때 자명하게 도달하는 결론인 것이다. 그럼에도 특정 국가에 대한 막연한 반감, 아니면 막연한 동질의식에 기초하여 타국이나 체제에 대한 호불호를 표현하는 많은 한국

대중에 대해 우리 학계에서 또는 지식인들이 나서서 이러한 다자주의와 우리나라의 관계에 대한 인식을 높일 필요가 있다.

아울러 우리에 있어 각국과의 양자외교를 통한 우호관계와 안보·통상이익을 확보하는 동시에 다자외교의 장에서 이러한 국제질서의 유지 그리고 질서의 진화와 변형 과정에 참여하고 이러한 변화의 의미를 충분히 이해하고 아울러 우리의 이익을 확보하는 작업은 갈수록 중요성을 더해 갈 것이다. 그것이 다자외교 현장에서 뛰는 우리 외교관들이 수많은 회의 참석과 결의안 심사라는 일상을 넘어서서 지향해야 할 일이다.

2 인류 공통의 의제를 다루는 틀

다자외교는 대규모 전쟁의 사후처리를 위하여 발생하였고, 여러 국가에 걸치는 사무를 관장해야 할 각종 수요가 발생함에 따라 이에 필요한 서비스를 제공하기 위하여 상설 국제기구라는 형태가 탄생하였다. 인류는 두 차례의 비극적인 세계대전을 겪은 경험과 반성에서 세계 모든 국가가 동시에 참여하여 토론을 통하여 세계평화와 안정을 수호하는 방안에 합의해 나가는 방향으로 외교 방식을 진화해 왔다. 이러한 과정에서 국제연맹이라는 최초의 실험과 국제연합/유엔이라는 현존하는 기구는 상설 사무국에서 새로운 종(種)의 관료인 '국제공무원'을 배출하고 이들은 각국의 국가이익을 초월한 인류 전체의 이익을 수호한다는 정신을 함양하게 된다. 유엔 무대에서 일하는 각국의 외교관들도 인류 전체를 고려해야 한다는 당위를 더욱 느끼고 있다고 본다. 아무래도 그들에게 주어진 역할은 소속 국가에 대한 충성과 국익 확보가 우선이겠지만.

전쟁과 평화의 문제가 냉전 종식으로 어느 정도 수면 아래로 가라앉으면서 인류 전체가 어떻게 하면 빈곤과 기아를 극복하고 불평등과 인권탄압 없이 살 수 있을지를 고민하게 되었다. 그러한 노력의 결과로 새로운 천년을 맞이한 2000년에는 국제사회가 유엔에 모여 8개의 MDGs라는 지표를 설정하고 인류의 노력을 쏟아 상당한 수준의 삶의 개선을 가져왔으며 2015년에는 이를 대체하여 삶의 개선은 물론, 우리의 터전인 지구를 보호하면서 인류의 미래를 담보하기 위한 17개의 지속가능개발 목표 SDGs를 설정하여 다시 한 번 인류의 노력이 집중되어야 할 분야를 제시하였다. 아울러 지속가능한 우리의 미래를 확보하는 데 가장 큰 위협인 기후변화 문제도 유엔을 중심으로 일시적인 좌절과 후퇴도 맛보면서 치열한 논의과정을 거쳐 이에 대처하기 위한 틀을 파리기후협약이라는 형태로 마련하게 되었다. 우리는 아직도 이에 대한 구체적인 조치와 공약을 결집하는 중이지만 적어도 이러한 틀에 대한 합의는 인류가 지금까지의 자기파멸적인 경로를 피할 수 있는 '집단이성'이 있다는 희망을 주는 거대한 진일보였다.

비엔나 체제를 주도하던 19세기 지도자들도, 국제연맹을 창시한 윌슨 대통령도, 유엔을 만들어 총회의장으로 이끌어 갈 것을 꿈꾸던 루즈벨트 대통령도 21세기 현시점에서 펼쳐지는 유엔을 중심으로 한 다자외교의 역할을 상상조차 힘들었을 것이다. 인류의 많은 발명품이 그러하듯이 최초 창시자의 비전을 시대의 수요에 맞게 활용하는 후대 사용자들의 창의성과 유연성도 참으로 중요한 요소라 하겠다. 그럼에도 최초 창시자들이 획기적인 비전을 통하여 우리에게 이러한 변용과 발전이 가능한 밑그림을 제공한 공을 잊지 않아야 할 것이다. 특히 과학기술의 발달이 더욱 세계를 가깝게 하나로 만들어 놓은 지금, 이러한 틀의 효용성은 더욱 발휘되고 있으며, 앞으로도 많은 논의가 다자외교의 틀 속에서 이루어질 것으로 기대된다.

2022년 2월 발생한 러시아의 우크라이나 침공은 주권평등 및 내정불간섭이라는 기존의 국제질서를 근본적으로 뒤흔들어 놓고, 냉전 이후 하나 된 세계를 몇 개의 블록으로 분절화할 우려를 가져다주고 있다. 더구나 전쟁과 평화의 중심도구인 유엔을 지탱하는 기둥인 안보리상임이사국이 침략행위를 자행하면서 일각에서는 유엔의 근본적인 존재이유를 의문시하는 상황도 발생하고 있다. 그러나 현재 진행 중인 여러 가지 글로벌한 인류 공통의 과제는 유엔이 아닌 다른 포럼을 통하여 추진하기는 불가능할 정도로 유엔의 위치는 확립되어 있다. 우크라이나 전쟁에 있어서도 유엔이 인도주의적 지원을 넘어서서 전쟁을 중단하고 정치외교적인 타결을 유도하는 역할을 해야 함은 자명하지만, 결국 유엔이라는 기구는 사무국뿐 아니라 그것을 구성하는 회원국의 기구이므로 이를 어떻게 활용할지에 대한 회원국의 상상력과 의지가 더욱 중요한 역할을 하는 시점이라고 보인다.

아울러 러시아의 우크라이나 침공 사태는 1945년 종전 당시의 세력 분포를 동결하여 반영하고 있는 안보리상임이사국이라는 불평등한 체제의 한계를 여실히 보여주는 사례가 되었다. 이 사태는 최근에 리히텐슈타인의 주도로 유엔총회를 통과한 결의안에서 보듯이 이러한 불평등을 바로잡기 위한 개혁의 기폭제가 될 잠재력을 가지고 있다고 보인다. 거부권 사용의 자제로부터 시작하여 각종 특권의 유지 여부에 대한 냉철한 검토가 이루어져 유엔이라는 인류 공통의 도구가 한 단계 업그레이드되어 세계 시민의 신뢰를 회복하는 날이 오기를 기대해 본다.

맺는 글: 다자외교로 한반도의 한계를 극복하면서

대한민국은 제2차 세계대전 이후 성립된 국제질서의 가장 큰 수혜자 가운데 하나이다. 여기에는 한반도의 평화와 안정을 지켜온 한미 동맹관계가 가장 중요하겠지만, 미국이 구축한 다자주의 질서도 더욱 유리한 환경을 조성해 주었다. 최근 신정부 출범 직후 개최된 한미 정상회담에서도 확인되었듯이 동맹관계 자체가 안보협력을 넘어선 다양한 분야의 협력을 추구하고 공유한 가치에 바탕을 둔 파트너십을 지향해 나간다고 할 때 바로 이러한 다자주의 질서의 유지와 발전에 기여하는 역할을 하도록 우리의 시야도 한층 넓어져야 함은 당연한 일이다.

한반도가 분단 상태를 지속하는 한, 우리 외교는 북한으로부터의 침략을 예방하고 분쇄할 수 있는 태세를 갖추고 궁극적으로 남·북한 통일을 가져오는 바탕을 준비하는 데 가장 높은 우선순위를 두고 외교역량과 국민의 지지를 투입하는 것은 당연하다. 그러나 오랜 세월을 그런 기본 세팅default position을 유지해오면서 우리가 놓치는 것이 무엇인지 인지하지 못하는 타성에 젖어있는 것은 아닌지 생각해 볼 때도 되었다.

다자외교는 바로 이러한 한반도 평화와 통일을 향한 노력에도 큰 도움을 주는, 갈수록 확대되는 유용한 외교 플랫폼이라고 할 수 있으며, 국제무대에서 문화적 매력과 우수한 인력을 가진 한국이 더욱 빛날 수 있는 무대이기에 더욱 중요한 것이다. 대한민국은 정말 남다른 역사적 배경과 현재의 강점, 그리고 뛰어난 실력도 가진 나라이다. 핵무기보유국이 되거나 안보리 상임이사국이 될 필요도 없이 '민주주의와 산업화'를 동시에 이룩한 성취만으로도 국제무대에서 한국의 역량을 알아주고 첨단산업을 필두로 한 한국 경제와 세계인을 매료하는 한국 문화에 세계는 탄복한다.

그런 상황에서도 한반도 문제와 4강 외교에만 집착하는 우리의 모습은 대학원 과정에 있는 학생이 고등학생 문제집을 계속 주무르는 모습으로 보일 수도 있다. 앞서 언급한 바 있는, 한국이 분단 현실 때문에 국제무대에서 충분히 실력을 발휘하지 못하여 아쉽다는 타국 외교관의 지적은 우리 현실을 이해하는 진심 어린 분석일 수도 있고 한편 지나치게 우리 자신의 문제에만 몰입한 우리의 모습을 외교적으로 표현한 것일 수도 있다.

우리도 이제는 눈을 크게 뜨고 인류 앞에 대두한 문제를 식별하고 인지하는 감각을 계발하고 이를 해결하는 역량을 배양해야 한다. 21세기 한국 외교는 세계평화와 협력의 틀을 짜고 인류 공동의 도전에 대처하는 구심점이 되는 다자외교 현장에서 자신감을 가지고 그 실력을 발휘해야 할 것이다. 그럼으로써 우리 조상이 내려주신 '널리 이롭게 하는' 홍익인간(弘益人間)의 유구한 전통을 비로소 세계무대에서 실현할 날이 곧 다가오리라고 믿는다.

끝

Suggested Reading

관심 있는 독자 여러분은 이 책을 쓰면서 참고한 아래 서적들을 읽어 볼 것을 추천하고자 한다.

Ban Ki-moon, Resolved(2021), Uniting nations in a divided world, Columbia University Press

Boutros Boutros-Ghali, UNVANQUISHED: A U.S.-U.N. Saga, 1999, Random House

Henry Kissinger, A World Restored: Metternich, Castlereagh and Problems of Peace(Reprint), 2013, Echo Point

Henry Kissinger, Diplomacy, 1994, Simon & Schuster

Inis L. Claude, Jr., Swords into Plow Shares, The problems and progress of international organizations, 4th edition (1984), Random House

James Traub, The Best Intentions: Kofi Annan and the UN in the Era of American World Power, 2007, Picador

Niall Ferguson, Kissinger 1923-1968: the idealist, 2015, Penguin Press

Stanley Meisler, United Nations: a History, revised edition, (2011), Grove Press

Stephen Schlesinger, Act of Creation: The Founding of the United Nations, 2003, Westerview

Thant Myint-U and Amy Scott, The United Nations: A Brief History (1945-2006), 2007, International Peace Academy

남정호, 반기문: 나는 일하는 사무총장입니다 (2014), 김영사

남정호, 반기문의 도전 (2016), 김영사

반기문, 결단의 시간들: 세계를 하나로 (2021), 김영사

다자외교의 재발견

초판발행 2022년 8월 30일

지은이 윤여철
펴낸이 노 현

편 집 전채린
표지디자인 이소연
제 작 고철민·조영환

펴낸곳 ㈜ 피와이메이트
서울특별시 금천구 가산디지털2로 53, 210호(가산동, 한라시그마밸리)
등록 2014. 2. 12. 제2018-000080호
전 화 02)733-6771
f a x 02)736-4818
e-mail pys@pybook.co.kr
homepage www.pybook.co.kr
ISBN 979-11-6519-311-9 03340

정 가 17,000원